MÉMOIRES

D'OLIVIER

DE LA MARCHE

IMPRIMERIE DAUPELEY-GOUVERNEUR,

A NOGENT-LE-ROTROU.

MÉMOIRES

D'OLIVIER

DE LA MARCHE

MAITRE D'HOTEL

ET

CAPITAINE DES GARDES DE CHARLES LE TÉMÉRAIRE

PUBLIÉS POUR LA SOCIÉTÉ DE L'HISTOIRE DE FRANCE

PAR

HENRI BEAUNE ET J. D'ARBAUMONT

TOME PREMIER

A PARIS

LIBRAIRIE RENOUARD

HENRI LOONES, SUCCESSEUR

LIBRAIRE DE LA SOCIÉTÉ DE L'HISTOIRE DE FRANCE

RUE DE TOURNON, N° 6

M DCCC LXXXIII

EXTRAIT DU RÈGLEMENT.

Art. 14. — Le Conseil désigne les ouvrages à publier, et choisit les personnes les plus capables d'en préparer et d'en suivre la publication.

Il nomme, pour chaque ouvrage à publier, un Commissaire responsable, chargé d'en surveiller l'exécution.

Le nom de l'éditeur sera placé à la tête de chaque volume.

Aucun volume ne pourra paraître sous le nom de la Société sans l'autorisation du Conseil, et s'il n'est accompagné d'une déclaration du Commissaire responsable, portant que le travail lui a paru mériter d'être publié.

Le Commissaire responsable soussigné déclare que l'édition des Mémoires d'Olivier de la Marche, *préparée par* MM. H. Beaune et J. d'Arbaumont, *lui a paru digne d'être publiée par la* Société de l'Histoire de France.

Fait à Paris, le 3 *juillet* 1883.

Signé Mis DE BEAUCOURT.

Certifié,

Le Secrétaire de la Société de l'Histoire de France,

J. DESNOYERS.

MÉMOIRES

D'OLIVIER DE LA MARCHE

INTRODUCTION.

TABLE.

Cy commence le premier volume des memoires de la Marche adrechans à très illustre prince l'archiduc Phelippe d'Austrice, duc de Bourgoingne, de Lothrich, de Brabant, etc.[1].

Le prologhe de l'acteur; et comment il presente son livre à l'archeduc Phelippe, son prince, son seigneur et son maistre.

Et premierement l'intitulation de ce present volume qui contenra les parties qu'il entent de declarer en cestui volume et aux aultres, enssemble la presentation et excusation de l'acteur.

La declaration de l'advenement d'Austrice; et aucunement de France; et comment Austrice fut royaulme; et que d'Austrice yssit le premier Roy de France, et ce avant l'advenement Jhesucrist; et le blason des vielles armes d'Austrice. Enssemble du

1. Ce sommaire est emprunté textuellement au manuscrit de la Bibliothèque nationale, fonds franç., nº 2868, contemporain de l'auteur, quoiqu'il n'émane pas de sa main. Il a paru bon de le reproduire à raison des indications finales qu'il renferme sur le plan d'Olivier de la Marche. Il ne se trouve d'ailleurs dans aucun des autres mss. connus.

Comment la Magdelaine converty le Roy de Bourgoingne et devint crestien.

Comment la croix sainct Andrieu fut apportée au royaulme de Bourgoingne; et pourquoy les Bourguignons d'ancienneté portent ladicte croix pour ensaigne.

Comment Bourgoingne perdit le nom de royaulme; et comment Clovis, premier Roy de France, prist le baptesme par la predication de sainct Remy; et de Clotilde, fille du Roy de Bourgoingne, femme dudit Clovis.

Du duc Phelippe le Hardy, filz du Roy de France; et des trois causes pourquoy ledit Phelippe fut nommé Phelippe le Hardy; et comment il fut filz, frere et oncle de Roy de France.

De l'ancienneté des Roys de France; et comment le royaulme vint à la lignie de Valois; et quelque peu de la question des Franchois et des Anglois; et comment la duchié de Bourgoingne vint par succession au Roy de France.

Comment le duc Phelippe se maria à madame Margherite, fille du conte de Flandres; et comment la duchié de Bourgoingne fut donnée par le Roy de France au duc Phelippe, et les condicions du don.

De la mutacion des armes de Flandres; et comment le lyon fut concquis sur les Sarrasins; et des vaillances que fist le conte Phelippe de Flandres; et des armes que porterent le duc Phelippe et la contesse de Flandres, besayeul de mondit seigneur du costé maternel.

Du duc Jehan de Bourgoingne, filz d'iceulx, qui se nomma Jehan sans paour; de ses grans fais; et pourquoy les filz aisnez de la maison de Bourgoingne se sont nommez contes de Charolois; et augmenta ses armes du lyon de Flandres; et se maria à madame de Baviere, fille du duc Aubert de Baviere, conte de Haynaut, de Hollande, de Zellande et seigneur de Frize.

Du duc Phelippe, ayeul de mondit seigneur, filz d'iceulx, que l'on nomma Phelippe l'asseuré, de ses vaillances, bontez et vertus; et de son temps fut la maison de Bourgoingne moult augmentée de seigneuries dont il amplia ses armes; et se maria à madame Ysabel de Portugal dont il eut lignée.

De l'advenement du Roy Jehan de Portùgal et de ses faicts; et comment luy bastard fut esleu Roy de Portugal; et des grans choses que ont fait anciennement les bastards.

Comment ce Roy Jehan se maria à madame Phelippotte de Lanclastre, dont yssit madame Ysabel dessusdicte.

De l'advenement d'Angleterre et ramentevances de pluseurs grans choses advenues au royaulme d'Angleterre.

Du duc Charles, grant pere de mondit seigneur, nommé Charles le traveillant. De ses faictz et emprinses et de ses grans affaires; et comment il se maria à madame Ysabel de Bourbon, dont il eut lignée, et de la grant gherre que eurent les deux grans peres de mondit seigneur l'archiduc l'un à l'encontre de l'autre, l'Empereur et le duc Charles.

De l'ancien advenement de la maison de Bourbon, et dont vint le nom; et comment Bourbon fut premierement duchié et depuis la mort du Roy saint Loys.

Comment l'archiduc Maximilian d'Austrice espousa madame Marie de Bourgoingne, qui furent pere et mere de mondit seigneur.

Des faictz de mondit seigneur l'archiduc Maximilian, de ses gherres et affaires contre le Roy Loys de France. Des rebellions qu'il eut contre ses subjectz à son advenement; et depuis de la gherre qu'il eut aux Liegois, et de celles d'Utrecht, et de plusieurs incidences.

De la nativité de ses enfans. Comment monsieur l'archiduc fut chevalier et eut la thoison. De la mort de Franchoix monsieur; et depuis du trespas de madame Marie nostre princesse.

De l'aliance faicte par les estas de madame Margherite d'Austrice à monsieur le daulphin du vivant du Roy Loys; et comment elle fut menée et livrée en France.

Comment les Gantois contre leur promesse retindrent à Gand mondit seigneur nostre jeune prince; et de la gherre qu'ilz firent au Roy, son pere; et comment il les subjugha et recouvra son filz.

Comment monseigneur Maximilian fut Roy des Rommains dignement esleu du vivant et en la presence de l'Empereur Frederic, son pere.

Comment ceux de Bruges, par la mort d'autres subjectz rebelles portez du Roy de France, prindrent le Roy des Rommains et le mirent en prison fermée, et prindrent prisonniers plusieurs de ses serviteurs et en firent les aucuns morir et decoler et les aultres payer raenchon; et furent menez à Gand où ilz furent longhement prisonniers.

Comment l'Empereur en sa personne et pluseurs princes d'Alemaigne vindrent en Flandres; et comment fut mis hors de prison le Roy.

De la rebellion de messire Phelippe de Clèves, et de la gherre qu'il fist au Roy et ès pays par decha par estre soustenu des Franchois.

Comment l'Empereur et les princes s'en retournerent en Alemaigne, et aussy le Roy des Rommains; et comment le duc Albrecht, duc des Zaxsen, fut ordonné par l'Empereur, le Roy et les princes au gouvernement de monseigneur l'archiduc et de ses pays; et de ses vaillances, diligences et vertus; et comment il besoingna par decha.

Comment les royaulmes de Hongherie, Dalmacie et de Croacie revindrent en la main du Roy des Rommains par la mort du Roy Mathias; et de l'apointement fait entre luy et le Roy de Boesme; et comment il reconcquist la seigneurie de Austrice sur ledit Roy de Boesme.

Comment certain traictié de mariage fut traictié entre la fille heritiere de Bretaigne et le Roy des Rommains; et comment le Roy de France print et espousa ladicte heritiere et delaissa le mariage faict de luy et de madame Margherite d'Austrice.

Comment le Roy de France refusa de rendre ladicte madame Margherite, enssemble les seigneuries baillées en mariage à ladicte madame Margherite, et refusa de tenir le traictié de paix fait l'an IIII^{xx} et deux.

Comment le Roy des Rommains fist alliance aux Roys d'Espaigne et d'Angleterre, nommeement contre le Roy de France, et comment chacun d'eulx se mist en devoir.

Du grant traveil, sens et diligence que employa en sa personne le Roy des Rommains à pacifier ung different et grant esmeute de gherre commencée entre les princes de la maison de Baviere; et la grant aliance d'Alemaigne que l'on dist le bon; et comment vertueusement il tira service de toutes les deux armées à l'encontre des Franchoix.

Des grans choses qui advindrent à l'occasion dudit mariage rompu; et du refus de l'entretenement de ladicte paix.

La conclusion de ce present volume est la remonstrance que fait l'acteur comment, pour les grans fais des ancestres, seigneurie, beaulté, ne jeunesse, nulz ne s'y doit oublier, ne oultrecuidier; et des subjections en quoy est l'homme de Dieu, de fortune, de diverses maladies et de tant de perilz mondains, concluant de prendre son secours et seureté et son esperance en Dieu seulement.

Et pour certaines causes, je n'ay point en ce present volume parlé d'aucuns articles mis en la table pour ce que j'entens en escripre plus amplement ou IIIe volume de mes memoires; et por ce ne le tiengne nulz à faulte ne à oubliance, car je ne l'ay pas fait sans cause.

PROLOGUE.

Le prologhe de l'acteur ; et comment il presente son livre à l'archiduc Phelippe, son prince, son seigneur et son maistre[1].

Reverence, honneur, oblacion et gloire soit rendue, attribuée et presentée à la saincte Trinité ; et doctrine, bon exemple et euvre proffitable à vous, mon souverain seigneur, mon prince et mon maistre, Phelippe,

1. Denis Sauvage déclare dans la préface de l'édition donnée par lui à Lyon, chez Guillaume Rouillé, « à l'Escu de Venise, » 1562, in-fol., à la suite de la *Cronicque de Flandres,* qu'il a tiré le texte d'Olivier de la Marche « de la librairie de la maison de la Chaux, en la comté de Bourgongne, » librairie dont il parle assez longuement dans sa préface de la *Cronicque de Flandres.* Le manuscrit dont il fait usage est, dit-il, un « exemplaire escript en papier, et en bonne et belle lettre, mais sans vraye punctuation à la mode du temps passé. » Il avoue qu'il a été souvent forcé de « luy aider à s'expliquer, et principalement en toute sa première préface, » c'est-à-dire dans la présente introduction, qu'il a ainsi appelée, et « non pas premier volume des mémoires, ainsi qu'Olivier de la Marche sembloit vouloir en quelques lieux. » En d'autres termes, il a corrigé le texte du manuscrit. Celui dont il s'est servi est évidemment le n° 2869, fonds fr., de la Bibl. nat., quoiqu'il ait eu peut-être également connaissance du ms. n° 2868 de la même Bibliothèque. Nous avons pensé qu'il convenait de donner la préférence à ce dernier, qui est plus ancien, qui a une saveur particulière à cause de sa forme moins châtiée, et qui offre certainement la première rédaction d'Olivier de la Marche, quoiqu'il n'émane point de sa main. Mais nous avons tenu à en compléter le sens, quelquefois un peu obscur, en y introduisant entre crochets les mots nécessaires à son intelligence. Ils sont empruntés le plus

par la grace de Dieu archeduc d'Austrice, premier de ce surnom, duc de Bourgoingne, de Lotrich, de Brabant, de Lembourg, de Luxembourg et de Gheldres, conte de Flandres, d'Artois, de Bourgoingne palatin, de Haynau, de Hollande, de Zellande[1] et de Zuytphen, marquis du sainct empire, seigneur de Frise, de Salins et de Malines, filz de très illustre et très sacré prince Maximilian d'Austrice, par la clemence divine Roy des Romains, et de ma souveraine princesse, feue de très noble memoire, madame Marie, ducesse de Bourgoingne, dame et seule heritiere de la très haulte, puissante, doubtée et renommée maison de Bourgoingne, et des seignouries suyvantes [la duché de Bourgongne] ès intitulacions cy dessus escriptes, et d'aultres seignouries pluseurs dont les noms attribuez ès mandemens et choses servans à tiltres ne font nulle mention pour cause de briefté, comme des contez de Mascon, Charolois, Auserrois, Bouloigne, la visconté d'Ausone, la seignourie de Betune, de Chasteau Chynon, Noyers et aultres seignouries et nobles parties. Et,

souvent au ms. nº 2869, dont Denis Sauvage a fait usage dans son édition, presque toujours reproduite du reste par les éditeurs postérieurs. Nous avons également indiqué en note les principales variantes qui s'y trouvent, ainsi que la plupart des corrections heureuses ou malheureuses de Denis Sauvage. Ainsi, les variantes placées en note dans l'édition actuelle sont, sauf indication spéciale contraire, puisées dans l'édition de 1562. Quant aux Mémoires proprement dits, qui ne se trouvent pas dans le ms. nº 2868, nous les publions d'après le même ms. nº 2869 qui en offre assurément le meilleur texte, en nous bornant à relever en note les changements qui y ont été apportés dans les éditions de 1562, 1567, 1616 et 1645. Il en a été de même pour l'*État de la maison de Charles le Téméraire*.

1. « De Namur et... » (Ms. nº 2869 et édit. de 1562.)

pour abregier[1], je puis icelle princesse nommer et mettre par escript en son vivant la plus grande heritiere qui soit venue à ma congnoissance[2].

Et ainsi, noble prince[3], je, Olivier, seigneur de la Marche, chevalier[4], natif de Bourgoingne, grant et premier maistre d'ostel de vostre maison, plain de jours, chargé et furny de diverses enfermetez et persecuté de debile viellesse, neantmoins par la grace celeste plain de pluseurs et diverses souvenances, veant et cognoissant mon cas, et [que] à cause de mon viel eage ne vous puis faire service personnelement selon mon desir, tant en armes, en ambassades ou aultres travaulx, — car à l'heure que j'ay ceste presente epistre commencée[5], je suis en la soixante sixiesme année de ma vie[6], dont je loue mon Createur du passé, luy recommandant le surplus et le submetz à son bon plaisir et grace, — ces deffaultes doncques à moy advenues, et comme honteux d'estre personne inutile en si

1. « De Charolois et d'Auxerrois, de la signeurie de Béthune, de Chasteauchinon, de Noyers, et d'autres nobles parties, et telles que, pour abréger. » (Édit. de 1562.) « Bouloigne et la visconté d'Ausone » sont omis dans le ms. n° 2869.

2. V. pour les titres de Philippe le Bon, Mathieu d'Escouchy, édit. Beaucourt, t. I, p. 265, 350-51, et t. II, p. 92, 94, et pour ceux de Charles le Téméraire, *infra* le ch. I du liv. I des *Mémoires*.

3. « Après cette humble adoration de Dieu et affectueuse recongnoissance de vous, monsigneur et noble prince... »

4. Ce dernier mot manque dans l'édit. de 1562.

5. 1493. « Que je commence à dicter ce présent escrit... »

6. Si l'on rapproche cet âge de celui qu'Olivier de la Marche attribue plus loin à Philippe le Beau, l'*Introduction* aurait été écrite en 1488, et Olivier serait né en 1423. Mais nous croyons que le chroniqueur s'est trompé sur son âge et qu'il est né vers 1428. L'*Introduction* aurait donc été commencée vers 1493. V. la *Notice biographique*.

noble service que le vostre, considerant[1] aussi que vous estes à l'heure presente soubs dix ans[2] et en si jeune eage que longuement noz jours ne peuvent voyagier ensemble, toutesfois, pour l'aquit de ma leaulté, l'amour que j'ay à vous, et [afin] que le service que je vous doy soit et demeure plus longuement en vostre vertueux souvenir, je me suis resolu de labourer et mettre par escript certaines memoires abregées, appellant Dieu en mon ayde et sa glorieuse mere, esquelz j'espoir que vous lirez et pourrez veoir par mes escrips trois parties qui seront[3] à la haulteur de vostre seignourie exemplaire, miroir et doctrine, utiles et proffitables pour le temps advenir.

A la premiere[4] j'ay intention de vous monstrer et

1. « Pour louer mon créateur du passé, luy recommander le surplus, et le submettre à... estant comme honteux, par ces défautes à moy avenues, d'estre... et considérant... »

2. Philippe d'Autriche, né le 22 juillet 1478 à Bruges, mort le 25 septembre 1506, à Burgos. Si cette *Introduction* a été écrite vers 1493, Philippe aurait eu 15 ans.

3. L'édition de Denis Sauvage, celle de Lautens de Gand et les postérieures donnent : « Me suis résolu, appelant Dieu à mon aide et support, de reveoir et recongnoistre quelques escripts, autresfois par moy recueillis des livres anciens, pour mieux vous introduire à la lecture de certains mémoires des choses que j'ay veues moy-mesme avenir de mon temps, espérant que vous y pourrez lire et veoir plusieurs poincts qui seront... »

4. « Car par cette introduction j'ay intention de vous monstrer de quelles maisons vous estes descendu, et, par mesme moyen, comment vous avez succédé en plusieurs signeuries d'icelles, en vous racomptant sommairement, et comme par abrégé, les cas les plus mémorables qui soyent avenus en icelles maisons, et principalement en celle de Bourgongne. Puis, au premier livre de mes mémoires, j'espère vous faire veoir amplement, et de poinct en poinct, ce que j'ay veu en cette vostre maison de Bourgongne,

declarer au vray combien vous estes gentilhomme, et la genealogie et très haulte descente dont vous estes venu de pere et de mere, non pas pour vous donner gloire, orgueil ou oultrecuidance par votre royale [et noble] naissance, mais affin que vous louez et honnorez ce bon Dieu qui de noble sang et haulte seignourie vous a fait venir et eslevé vostre nativité sur les aultres, qui tousjours a la puissance[1], se son plaisir l'eust permis, que vous fuissiez venu et demouré homme de petite valeur, ung laboureur, mecanicque ou yssu d'aultre basse personne dont grace luy devez[2]. Et aussi que[3] se vous ne suivez et tenez le chemin et sente des vertus fructueuses, comme ont fait voz[4] bons ancesseurs, vous en ayez honte devant vos yeulx et vous reprenez de vous meismes et chastiez[5] de vos deffaulz. Car le saige dist qu'il vauldroit et seroit plus licite à l'homme et seroit mieux son prouffit d'ame et [d']honneur d'estre filz d'un porchier gardant les pourceaulx regnant en vertu, que d'estre yssu de royale origine, vivant en souillure de vice.

depuis l'an mille quatre cens trente-cinq, jusques au soixante-septième, auquel an mourut le bon duc Philippe, vostre bisayeul maternel, luy succédant Charles, vostre ayeul, sur la succession duquel commencera le second livre de mes mémoires, continuant jusques à vostre temps. Mais si j'ay entrepris de vous monstrer et déclairer au vray combien vous estes gentilhomme, et la généalogie et très haute descente dont vous estes venu, ce n'est pas pour, » etc.

1. « Au lieu que, si son plaisir l'eust permis, sa puissance est telle, que vous fussiez, » etc.

2. « Tellement que grandes grâces luy devez. »

3. « C'est aussi afin que, » etc.

4. « Fructueuses de voz, » etc.

5. « Vous reprenant et chastiant vous-mesme, » etc.

La seconde partie de mes memoires[1] sera fondée à vous declarer et faire apparoir par quelle raison et par quel droit vous sont venues les successions dessus escriptes en patrimoine de heritaige, ces belles, grandes et haultes seignouries delaissées par de très haulte et laborieuse renommée feu le duc Charles, vostre grant pere, que Dieu absoile[2]. Et de lui je parle expressement pour ce que de tout morut vray possesseur, et les laissa en succession possessant à feue de très vertueuse souvenance madame Marie de Bourgoingne, que Dieu absoile, vostre mere et sa seule heritiere. Et de son temps[3], par guerres, griefz, traictiez contraires et aultres violences à elle faictes et survenues, pluseurs des seignouries susdictes ont esté et sont tirées et distraictes de vostre main et pouvoir, comme plus à plain pourrez à la croissance de voz jours voir, et mesmement par la poursuite de ces presentes memoires, se Dieu m'en donne temps et grace[4].

1. « D'avantage, si je vous déclaire par quelle raison et par quel droit vous sont venues les successions de ces belles et grandes signeuries dessus escriptes, estant délaissées en patrimoine d'héritage par de très-haute, » etc.

2. « Que Dieu absolve, et duquel je parle expressément, pour ce que de tout mourut vray possesseur, à ferre de très vertueuse, » etc.

3. « Que, considérant qu'au temps d'elle, » etc.

4. « Et mesmement par la poursuite de mes mémoires, si Dieu me donne temps et grâce de les accomplir, vous serviez et priez Dieu si dévotement, qu'il vous donne la grâce de recouvrer, conquerre et venger les torts à vous faicts, à l'honneur, profit et gloire de vostre très noble maison, ainsi qu'en augmentant le nombre de mes ans, et en diminuant de corps et de vie, le cueur me croist et ravigoure en bon espoir que la remettrez sus nonobstant qu'elle ayt esté tant grevée par voz ennemis,

Et dont en augmentant le nombre de mes ans et en diminuant de corps et de vie, le cœr me croit et ravive en bon espoir que Dieu, se vous le servez devotement, vous donnera grace de retourner conquerre et vengier les tors fais à vous, à l'honneur, prouffit et gloire de ceste noble vostre maison arruinée, destruicte et grevée par vos ennemis privez et estranges.

Et tiercement, Dieu en mon ayde[1], je vous monstrerai toutes les choses dignes de memoire, prosperes [et] adverses, advenues de mon temps en ceste noble maison où j'ay prins nourreture et demeure, sans changier aultre party, cincquante ans ou environ de mon eage, qui pourra servir à la haulteur de vostre entendement de trois choses[2]. La premiere, comme j'ay dit dessus[3], de vous regler ès nobles et vertueuses euvres et fais de voz ancesseurs. La seconde, afin de louer et gracier le hault Dieu celeste des gloires et bonnes fortunes advenues à voz ancesseurs et dont encoires vous vous en sentez[4] en honneur et prouffit. Et tiercement[5], se vous trouvez que Dieu ait permis à la fortune que toutes emprinses ne soient pas venues à souhait et selon le desir des haulx entrepreneurs, que ces coups de foüetz et divines batures fierent et hurtent à la porte de vostre pensée pour ouvrir le guichet de sage

privés et estrangers, qu'elle soyt presque destruicte et ruynée. » — Dans le ms. nº 2869, le mot *voir* est remplacé par *scavoir*.

1. « Au demeurant, si je vous monstre aussi, Dieu aidant, etc. »

2. « Cela puisse servir de trois choses à la hauteur de vostre entendement. »

3. Ces derniers mots ne figurent pas dans l'édit. de 1562.

4. « Et desquelles vous vous sentez encor, » etc.

5. « Et la tierce, afin que, » etc.

memoire, affin que vous doubtiez[1] et creniez les persecutions du ciel, et que oultrecuidance d'amis, d'avoir ou de seignourie ne vous facent ung tempteur[2] de Dieu, ung deslieur de fortune et ung cuideur de valoir, pour mener à fin les choses impossibles, sans avoir regart[3] à la perdicion de noblesse et [à la] destruction du peuple, et estre oublieux[4] de requerir Dieu en souverain ayde, sans lequel nulle emprinse ne peut venir à bonne fin.

Helas, mon prince, mon seigneur et mon maistre, je plains et regrette, pour mener ces trois poins jusques à vostre cognoissance, que je suis lay, non clerc, de petit entendement et de rude langage, et regrette que je ne puis avoir le stile et subtil parler de messire George Chastellain, trespassé, chevalier de ma cognoissance, natif flameng, toutesfois mettant par escript en langaige franchois, [et] quitant a fait de belles et fructueuses choses de mon temps, que ses euvres, ses fais et la subtilité de son parler luy donront plus de gloire et de recommendations à cent ans à venir que jourduy, ou que n'ay je[5], par don de grace, la clergie, la memoire ou l'entendement de ce vertueux et recommendé escuyer, Vas de Lusane, portugalois, eschanson à present de madame Marguerite d'Angleterre, ducesse douairiere de Bourgoingne[6], lequel a fait tant d'euvres,

1. « A ce que vous redoubtiez, » etc.
2. « Contempteur. »
3. « Égard. »
4. « Et sans estre soigneux. »
5. « Ou que je n'ay, » etc.
6. Sœur d'Édouard IV et troisième femme de Charles le Téméraire.

translations et aultres biens dignes de memoire, qu'il fait aujourd'huy à extimer entre les sachans, les expe-rimentez et les recommendez de nostre temps, ou que ne m'a Dieu donné l'influence de rethoricque si prompte et tant experte, comme à maistre Jehan Molinet, homme venerable et chanoine, et lequel je sçay estre laborieux et songneux de mettre par escript toutes haultes et vertueuses adventures venues à sa cognoissance. Et la cause pourquoy je parle de ces trois est pour ce que je les ai hantez et cogneus, et puisque je ne puis attaindre à la practique de leur sçavoir, je au moins feray[1] et adreceray mes memoires cy après escriptes devant ceulx d'iceulx qui me survivront[2], affin que s'il y a chose qui puisse amplier et aydier leurs haultes et solempneles euvres, ilz s'en aident et servent, comme celui qui fait ung chappel de marguerites, roses et aultres fleurs plaisans et precieuses, et à la fois y met[3] aultres flourettes de moindre extime, pour paracom-plir et parfaire son chappelet et donner couleur et lustre au demourant.

Sy prie Dieu que mon euvre leur soit agreable, et à vous, mon souverain seigneur, prouffitable et de bon exemple, vous recommandant l'auteur[4] vif et mort, qui vous serviroit voulentiers loyaument de coer et de pensée.

Et pour ce qu'il peut advenir que, par la cause de

1. « Mais, pour ce que je ne puis atteindre à la pratique du savoir de ces trois (desquels j'ay expressément parlé, pour ce que je les ay hantés et cognus) à tout le moins je feray, » etc.

2. « A ceux d'iceux qui me serviront. »

3. « Se sert d'autres, » etc.

4. « L'acteur. » (Ms. n° 2869.)

ma viellesse ou le commendement de ce hault Dieu tout puissant à qui toutes personnes de chascun estat sont subjectes, soit en mort, en vie, en santé ou maladie, ou que peut estre je n'aray loisir de parfaire mon emprinse et mon bon vouloir, je supplie à ceulx qui auront charge de vostre noble personne et de voz affaires, qu'ilz veuillent, en deffaulte de moy, recueillir mon euvre pour la vous presenter en temps et en lieu, et tant faire, en charité de noblesse, que mes memoires soient visitées avant la presentacion d'icelles devant vous, pour leur donner, selon leur merite, correction, reboutement ou addresse.

Fournissant doncques et accomplissant ma promesse, selon l'epistre[1] de cy dessus, je commenceray, pour le premier, à vous declarer et donner à entendre les nobles lignes, le noble sang et la royale genealogie dont vous estes yssu de pluseurs pars, et commencerons à ceste très haulte et renommée maison d'Austrice, qui est vostre surnom, vostre cry et vostre premier tiltre. Car en vous est chambgié et mué le nom de ceste maison dont les princes se nommoyent de Bourgoingne, et vous demeure le surnom d'Austrice, par originele succession de vostre noble pere. Et puisque doncques c'est vostre premier cry, c'est bien raison que je parle premiers de celle très noble genealogie et descente, laquele se peut, par droit, presenter en haulteur de seignourie sus toutes les maisons de la Germanie[2].

1. « L'escript. »

2. Maximilien allait plus loin qu'Olivier de la Marche sur ce point : il enseignait à Philippe le Beau que la maison d'Autriche « est la première noble et ancienne maison, selon l'ancienneté de

Et se je me vouloye arrester à escripre et metre en euvre l'ancienneté de ceste dicte maison et les grans choses advenues par vos ancesseurs de celluy costé, certes j'aroye trop à faire et seroye homme prolix en mon labeur, qui pourroit causer annuyance à vous et aux lisans. Mais toutesfois ne me puis je passer de dire aucunes choses dignes de ramentevance, et puis reviendray ès prochaines lignies de vostre descente le plus brief et au vray qui me sera possible.

CHAPITRE Ier.

La declaration de l'advenement d'Austrice ; et aucunement de France; et comment Austrice fut royaulme; et que d'Austrice yssit le premier Roy de France, et ce avant l'advenement Jhesucrist ; et le blason des vielles armes d'Austrice. Enssemble du blason des armes nouvelles d'Austrice, et pourquoy on les nomme vielles et nouvelles.

Je treuve par les anciennes cronicques que la seignourie d'Austrice, à present archiducié, fut jadis royaulme, et que, après la très cruele et longue guerre qui fut entre les Troyens et les Grecz, recommencée[1] par la prise faicte par Paris de Troyes de Helaine, femme du Roy Menelaus, et dont la cité de Troyes fut

toutes les maisons et royaumes du monde. » (*Mémoire* donné par l'empereur Maximilien à Guillaume Pingon ; *Collection de documents historiques,* t. I, aux Archives de Belgique.)

1. « Commencée pour la prise d'Hélène, femme du Roy Menelaus, faicte par Paris de Troye, dont la cité, » etc.

destruicte, et tant de haulx princes mors et exillez, que c'est encoires pitié de le recorder et lire, ung prince exillié, parent et filœl[1] du Roy Priam de Troyes, par la permission de Dieu, [luy et son peuple] descendirent en aucunes parties de la terre, à présent nommée Austrice, et s'espandirent par le payz, et tant firent que ilz conquesterent la terre. Et se fist icelluy prince, qui s'appelloint Priam, Roy d'Austrice, et y regna chevaleureusement et en grant puissance. Celluy Priam eut pluseurs enfans et grant lignie, et dont l'un[2] qui n'estoit point l'aisné fut appellé Marchomires, moult bon, vaillant, saige et renommé prince, et chevalier de grant conduite et adresse[3].

Et en ce temps pareillement Francio, fils du preux Hector, exillié et dechassé de Troye, par bonne fortune tant traveilla qu'il arriva au noble et fertile pays que l'on appelle France, où il augmenta celle belle cité de Lutesse qu'il fist nommer Paris, du nom de son oncle Paris de Troyes, et fist moult de biens au pays[4].

1. Fils du fils. (Note de Denis Sauvage.)

2. « L'un des fils, » etc.

3. Lautens de Gand met ici en note : « Il y auroit trop à disputer sur ces matières et ne souffriroit une petite annotation, à raison de quoy il s'en faut rapporter à ce qui en est. » — Cependant l'origine fabuleuse attribuée par Olivier de la Marche à la maison d'Autriche n'était pas encore complètement discréditée au XVIIe siècle, puisqu'en 1641 Joseph Pelizer de Sala s'éleva dans sa *Fama Austriaca* contre les généalogistes qui la repoussaient.

4. Sur cette origine de Paris, v. Frédégaire, *Historia Francorum epitomata,* la Chronique de Roric, celle d'Hugues de Saint-Victor, Vincent de Beauvais, Raoul de Presles, la Chronique de Philippe Mousket, la *Légende des Flamens,* 1568, Paris, chez Galiot du Pré, p. 10 et 12, dont l'auteur s'inspire visiblement d'Olivier de la Marche, et les *Grandes Chroniques de France,* notamment le ms. de la Bibl. nat., fonds franç. n° 2746, fol. 97.

Et sont les historiographes en debat, si ce nom France vint premiers dudit Francio, leur prince, ou se du temps[1] des Romains, pour ce que celle nation, à eulx subjecte et tributaire, chassa des palus[2] une grant cohorte et compaignie de tyrans et larrons, que l'on nommoit les Wuandes[3], et que lesdis Rommains ne povoient subjughier, pour le fort lieu de leur demeure et pour leur grant puissance. Et dient aucuns acteurs[4] que pour la grant vaillance que firent les habitans entre Seine, Loirre et Oyse, de rebouter lesdiz Vuandes hors de leurs palus, les Rommains, en recognoissance de leur victoire, les affranchirent de toute servitude, et pour ce furent nommez[5] Francs, et dont[6] on les nomme Franchois et la terre France, combien que Orose, en parlant de ce nom de France et dont il vient, allegue Cornelius Tacitus, et dit que Franquo, qui ediffia Franquefort en Allemaigne, concquesta la partie des Gaulles que l'on nomme France, et nomma les habitans Francs, après son nom de Franquo. Mais je m'arreste plus à Francio, et est plus vraysemblable, pour ce que la mutacion[7] de la cyté de Lutesse fut muée à Paris. Et l'on sçet bien que le nom de Paris vient de Troyes pour les causes dessus escriptes; soit par l'une ou par l'aultre maniere[8], cette seigneurie est[9]

1. « Ou s'il vient du temps, » etc.
2. « Chacea hors de quelques palus. »
3. Vandales.
4. « Auteurs. »
5. « On les a nommés. »
6. « Depuis. »
7. Les éditions précédentes ont substitué « le nom » à « la mutacion. »
8. « Et par telle manière. »
9. « Fut. »

appellée France, ayant esté premierement elevée par Francio. Après la mort duquel, et de sa descente par lignie, c'est assavoir de Francio[1], la terre demoura sans seigneur, et estoit en celluy temps petitement duicte et apprinse en l'art de la guerre et [en] la discipline de la chevalerie. Et, pour tenir pied à leurs voisins, fut force aux Franchois de querir et mander[2] capitaine ou gouverneur, pour les conduire en leur deffense. Si advint que renommée, qui court et vole legierement par le monde, leur donna à cognoistre que Marchomires, filz du Roy d'Austrice, estoit moult vaillant prince, et duit aux armes. Si le manderent et requirent. [Il] vint et accepta le gouvernement de France, et si vaillamment, agreablement et bien se porta en sa commission[3], qu'il fut doubté et amez par sa valeur. Et telement que Marchomires, qui avoit[4] ung filz legittime, nommé Pharamon, traicta avecque les Franchois si avant qu'ilz furent contens de le recevoir Roy de France. Et fut Pharamon, filz de Marchomires d'Austrice, le premier Roy qui oncques fust en France, et, combien que celle lignie ne demoura[5] pas longuement, et qu'elle faillist assez tost, selon la Cronicque martinienne et aultres, toutesfois vous avez cest honneur que de vostre nom[6] d'Austrice sont yssus les premiers Roys de France.

Et[7] pour ce que aucuns pourroient demander et faire

1. Ces derniers mots manquent dans l'édit. de Sauvage.
2. « Quérir et chercher. »
3. « En sa charge. »
4. « Tellement que, se trouvant avoir un fils légitime, nommé, » etc.
5. « Dura. »
6. « Pays. »
7. « Or. »

argument, pourquoy Austrice, si renommée de povoir et d'amis, n'est demourée royaulté et en reale puissance et auctorité, ad ce je respons et sera trouvé vray que, du temps que les Allemaignes, que nous disons en la generalité de langaige Germanie, et la France, que nous nommons Gaule, furent payens et non enluminez de la loy de grace, il estoit moult de royaulmes particuliers. Mais quant le Roy des Roys, Jhesucrist, apparut sur la terre, plusieurs cognoissans le Roy souverain, laisserent par devocion le nom de Roy, pour attribuer et rendre honneur [et gloire] à Dieu le createur. Et aussi en ce temps commencerent à regner les grants Empereurs, tant en Grece, comme à Rome et en Germanie. Cest empire fist cesser le nom de pluseurs royaulmes, les ungs par force et les autres par amour et obeissance. Et oultre plus, j'entens que le Roy d'Austrice considera qu'il estoit de plus grants Roys que luy, et qui l'excedoient en siège et dignitez, et assez de semblables en equalité, et vouloit avoir tiltre à part, qui passast les ducs, et pour[1] ce se fist archiduc, en laquele dignité princiale il est le premier archiduc du monde.

Ainsi doncques j'ay devisé de l'ancienneté et premiere venue de ceste maison, où je ne me veuil riens ou peu arrester, pour ce que c'est devant l'advenement Jhesucrist. Et ne me puis passer[2], par la raison, que je ne devise aucune chose, pourquoy les armes de si noble seigneurie sont en deux manieres differentes les unes des aultres. Car les anciennes et vielles armes d'Austrice

1. « Et pour tant. »
2. « Mais je ne puis passer; par raison, » etc.

sont et se blasonnent d'asur à cincq alouettes d'or ou alerions[1]. Et certes je cuide avoir leut et trouvé ès histoires de Troyes qu'icelles armes furent apportées de Troyes par ledit Priam qui se fist Roy d'Austrice, et les nouvelles, que l'on dist les armes de la neuve Austrice, se blasonnent de gheules à une face d'argent.

L'istoire dit que celle grant seigneurie, par la grace de Dieu reduite à la saincte loy crestienne, pour ce qu'elle s'estend en divers quartiers, près des Turcs infideles et mescreans, et mesmement par Esclavonnie, icelle seigneurie[2] se trouva en grande guerre et debat contre les Sarrazins. Et firent les archiducs et princes du pays[3] pluseurs travaulx aux infideles par batailles, assaulx, courses et emprises, et les infideles à eux samblablement. Sy advint que chascun de sa part fist assamblée. Et entrerent les Sarrazins en Esclavonnie et les Crestiens firent assamblée pour les reboutter.

CHAPITRE II.

De la guerre que eurent les archiducs d'Austrice contre les Sarrazins; et comment icelles armes furent par le jeune duc renouvellées.

Et en ce temps estoit l'archiduchié departie en plu-

1. Ces deux derniers mots ne se trouvent pas dans les éditions imprimées.

2. Pour éviter la répétition du mot « seigneurie, » les éditions précédentes ont placé à la fin de la phrase l'incidence « pour ce qu'elle, » etc.

3. « En sorte que les archeducs et princes du pays firent plusieurs. »

seurs mains, par partaige d'enffans, successeurs chascun en son droit, et tous se disoient archiducs d'Austrice, comme encoires font et par touttes les seigneuries d'Alemaigne[1]. Sy estoit l'aisné et le chief, au temps de lors, ung noble prince nommé Jaspar. Il avoit nulz enffans et avoit ung jeune frere de xx ans, nommé[2] Frederick, beau chevalier et de grant corsaige. Et n'estoient pas si bons amis enssamble, pour aucunes questions de partaige, que freres devroient estre par raison. Toutesfois icelluy Frederick fist son assemblée grande et puissante, et marcha pour servir son Dieu et sa loy, garder son honneur, aydier son frere et son chief, et deffendre sa part de la seigneurie d'Austrice. L'archiduc[3] se trouva surprins de la venue des Sarrazins avant que Frederick, son frere, se peust joindre avecques sa compaignie, combien que moult vaillamment ledit Jaspar et les Crestiens reçeurent les mescreans. Là eut moult cruele bataille, et moult de gens mors d'une part et d'autre. Mais les Sarrazins estoient en si grant nombre qu'ilz reculerent les Crestiens à leur grant perte et dommaige, et estoient les Crestiens desconfitz sans remede, quant Frederick, le maisné, arriva sur la place et sa compaignie où pluseurs fugitifz crestiens se ralierent. Et neantmoins, par [la] grant force des Sarrazins, toutes les ensaignes, estandars, banieres, tant de l'archiduc Jaspar comme de Frederick,

1. « Comme encores tous tels princes d'Allemaigne prennent indifferemment le tiltre de leur maison. » — L'Autriche ne fut érigée en archiduché qu'en 1453 par l'empereur Frédéric IV le Pacifique.

2. « Un noble prince nommé Jaspar, lequel n'avoit nuls enfans, ains avoit un frère jeune de vingt ans, nommé. »

3. « Advint que l'archeduc. »

son frere, furent abbatues et reversées au grant dangier et peril de la fortune. Frederick avoit une blanche parure sur son harnas, pour estre cogneu entre ses hommes, et portoit à son bras dextre ung grand volet de blanche soye. Et pour ce qu'il trouva toutes les banieres et ensaignes de son seigneur et frere et les siennes abbatues et perdues, il prist le vollet [blanc en sa main et plongea ledict volet] au sang des mors telement qu'il fut tout tainct en rouge couleur, excepté le milieu du vollet qu'il tenoit en sa main, qui demoura blanc. De ce fist une nouvelle baniere et s'escria : « Austrice, serviteur de Jhesucrist! » et se ferist sy merveilleusement et de tel courage parmy les Sarrazins, et tant en occist, abbaty et mehaigna à la bonne suyte qu'il eut, qu'il recouvra la bataille, et furent Sarrazins desconfiz. Et fut le bon Frederick telement blechié et navré sur son corps en diverses parties, que la blanche parure dont ses armes furent couvertes et dont j'ay cy devant touchié, fut toute taincte et rougie de son sang, excepté ce qu'il demoura soubz la chainture de son espée, laquele demoura blanche[1]. Et comme le blanc demoura en la pongnie du vollet et fist face parmy le vermeil[2], fist le blanc demouré soubz la chainture face à la parure taincte du sang vermeil, venant du noble prince pour la deffense de nostre foy ; et la bataille gaignie par le vaillant Frederick, il fut sy bien pensé, mediciné[3], que en brief temps il fut gary, et regna depuis si longhement que par vraye succession il fut

1. « Excepté que ce qui estoit sous la ceinture de son espée demoura blanc. »

2. « Ainsi. »

3. « Et secouru de ses bleceures. »

seigneur et archiduc d'Austrice, et d'icelluy Frederick vous estes, par succession succedant, venu et yssu. Et pour memoire de la victoire, ledit Frederick, par conseil de sa noblesse, chargea de là en avant les secondes armes teles que je les ay declarées cy dessus.

Or vous ay je monstré pourquoy les armes furent muées et chambgées en Austrice, et pourquoy et comment l'on dist que la vielle Austrice en ses armes porte d'azur à cincq alouettes d'or, et la neufve Austrice porte de gheules à une face d'argent. Et ainsy pourrez entendre par mon escripture et veoir par les blasons entresuivans ce present chapitre[1], queles sont les armes de la vielle Austrice et de la nouvelle, et comment elles se blasonnent.

CHAPITRE III.

Comment l'archiduchié d'Austrice et toute celle seigneurie succeda par droite ligne à la laide dame, toutesfois vertueuse, laquele se maria au conte de Hausebroug, dont la lignée d'Austrice à present est yssue.

[Maintenant j'auroye beaucoup à deduire], se je vouloye besongnier et escripre, et moy arrester [à plusieurs choses, et mesmes] comme je treuve que toute la seigneurie d'Austrice escheut à une dame de ce nom, armes et lignage, et comme celle dame fut moult laide[2]

1. Les quatre derniers mots ne sont pas dans l'édit. de Sauvage. Ils font allusion à des blasons figurés dans le ms. n° 2868 à la place indiquée.

2. « Et comme celle dame, estant fort laide... fut mariée. »

de visaige, mais toutesfois moult belle en vertus, en noblesse et en seigneurie, et fut mariée à ung noble prince, conte de Abpsebrouch[1] par traictié et convenance tele, que les enffans d'eulx deux reprendroient les noms et les armes d'Austrice, comme il advint, et de celle lignie vous estes par vraye succession yssu, n'a pas grant temps. Mais de ces choses je me tais presentement, pour non estre prolix ; et est besoing que je habandonne toutes ces anciennetez, combien qu'elles sont dignes de memoire et à la louange de voz ancestres et de vous, pour venir aux prochaines lignies cogneues et de bonne et prompte memoire, tant par cronicques, traictiez, lettriages, mariages et aultrement que l'on treuve tous les jours, pour la preuve de mon escript, comme aussy et mesmes par vives voix[2], tesmongnans aucunes parties de mon recit.

Et commencerons à vostre bysayeul, pere de vostre ayeul, archeduc d'Austrice, sans en ce parler ne comprendre Empereurs, Roys ou aultres grans princes entre deux, ayans regné, du nom de ceste seigneurie, et dont estes yssu ; et mesmement me passe de declarer le droit et heritaige [à elle] escheu par succession par la mort de ce très noble prince de noble memoire[3], le Roy Lancelot d'Austrice, Roy de Hongherie et de Boesme[4], fils de l'archiduc Aubert d'Austrice, lesquels royaumes de Hongherie et de Boesme doivent appertenir à l'Empereur Frederick d'Austrice, vostre grant

1. Habsbourg.
2. « Aussi par vives voix mesmes. »
3. « Par la mort du prince de très noble mémoire. »
4. « Behaigne. » (Ms. n° 2869.) — Ladislas V, fils d'Albert V, né en 1440, mort en 1457.

pere vivant, et après au Roy, son filz, vostre pere, [et à vous], quant Dieu le permettera. Lesquelz royaumes ont esté[1] longhement detenus, contre droit, par ce puissant Roy Mathias[2], filz du blanc [chevalier] de la Valaquie[3], à present attitulé Roy dudit royaume de Hongherie, et dont plus à plain, à la croissance de voz jours, serez amplement informez pour poursuyr vostre droit.

CHAPITRE IV.

De Lopidus ou Lupus, archiduc d'Austrice, besayeul de monseigneur l'archiduc Phelippe, lequel Lopidus se maria à madame Cecile, fille du duc de Mylan.

Or revenons doncques à celuy qui fut vostre besayeul, car combien que[4] je ne soye pas, par nature ou par aprise, de la langhe d'Alemaigne, sy ay je enquis à la verité de ceste genealogie le plus qu'il m'a esté possible ne facil. Et treuve que vostre besayeul fut nommé Lepidus[5] ou Lupus, archiduc d'Austrice[6], lequel se maria à une fille du duc de Mylan, nommée Cecille, et n'est pas[7] de ceste lignie presente, yssue de la bas-

1. « Combien qu'ils ayent esté. »
2. Mathias Corvin (1443-1490).
3. Jean Hunyade, voïvode de Transylvanie (1400-1456).
4. « Encores que. »
5. « Lerpedus. »
6. Léopold le Preux, ou *Probus*, fils d'Albert II le Sage, qui fut duc d'Autriche et périt à la bataille de Sempach le 9 juillet 1386. Il avait épousé deux femmes, la première, Catherine, fille de Meinhard, comte de Goritz, et la seconde, Virida, fille de Barnabon Visconti, seigneur de Milan, mariée en 1366. (V. Paul Jove, *Vie de Barnabon*.)
7. « Qui n'estoit pas. »

tarde de Mylan et du conte Francisque dit Sforce[1], nouveau en celle seigneurie, mais[2] de leal et legitime heritage, et portant d'argent à ung serpent azur. Cestui serpent se nomme, à blasonner, une bice[3], et doit avoir sept tournans, dont l'ung est noué près de la teste, saillant de la gorge ung enfant marrissant de gheulles. Cest archiduc Lupus, vostre besayel, porta les armes d'Austrice, et pour ce m'en passeray legierement, car assez en ay declairé. Mais, pour l'estrangeté des armes de Mylan, je veuil ung peu touchier dont et par quele voye vindrent ès ducs de Mylan teles estranges armes.

CHAPITRE V.

Comment Boniface, conte de Pavie, conquist le serpent que portent les ducs de Mylan en leurs armes, et le blason d'icelles.

Je treüve que ung nommé Boniface, conte de Pavie, fut ung moult vaillant chevalier, voyageur et champion pour la foy crestienne. Celluy Boniface se maria à une fille heritiere du seigneur de Mylan, nommée Blanche, car encoires n'estoit ce pas duchié, et le premier filz qu'il eut d'elle fut estranglé au bers d'un[4] serpent de merveilleuse grandeur. Et fist icelluy serpent moult de maux paravant et depuis en celle con-

1. François Sforza, né le 23 juillet 1401, duc de Milan en 1450, mort le 8 mars 1466, avait épousé en 1441 Blanche Visconti, fille naturelle de Philippe-Marie Visconti, duc de Milan.

2. « Mais fut de loyale. »

3. « Biche, » ce qui est une faute grossière de l'édit. de 1562.

4. « Par un serpent. »

trée, et cescun s'enfuyoit devant celle cruele beste. Et en ce temps estoit ledit Boniface en ung voyage sur les Sarrazins, et à son retour fut adverty de la piteuse mort de son filz et des dommaiges que faisoit ledit serpent en son pays et ès voisinages. Le bon chevalier traveilla tant par curieuse poursuyte qu'il trouva ledit serpent en ung bois qui emportoit ung enfant en sa gorge. Celluy chevalier, par couroux de vengance, courut sus audit serpent. La beste laissa la prise de l'enfant qu'elle avoit meurdri, et courut sus audit chevalier, et dura la bataille entre eux deux moult longhement, et tant aida Dieu au chevalier qu'il couppa la beste par le milieu de son espée. Mais comme c'est assez la coustume d'un serpent de querir à se ranoer, celle beste qui fut moult longhe se ranoa près de la teste et jetta tant de venin, avant que le conte le peust de tous poins partuer, que le bon chevalier en cuida morir; et, pour celle vengance et victoire, les enfans dudit conte, qui depuis furent seigneurs de Mylan, portent en leurs armes d'argent à ung serpent et l'enfant marrissant, en la maniere dessus blasonnée, et comme l'en peut veoir par le blason[1]. Et à mon entendement l'Empereur, le Roy des Rommains, vostre pere, et vous après eulx, avez droit en la duchié de Mylan ou portion de droit, dont en pourrez[2] plus plainement

1. Une autre explication, non moins fabuleuse, a été donnée de l'origine de ces armoiries. D'après la *Légende des Flamens,* déjà citée, p. 148, « Othon, second prince de Milan, fils de Hélyprand, » qui portait auparavant sept couronnes dans son blason, prit la couleuvre de sable en champ d'argent, parce qu'il avait vaincu en Syrie un prince nommé Volux, qui blasonnait son écu d'une couleuvre ou d'une bysse.

2. « Dont vous vous pourrez. »

enquerir et[1] savoir la verité. Ainsy doncques vostre besayeul Loupidus porta d'Austrice la neufve, qui est l'escut d'argent à la face de gheules, et sa femme porta d'argent à une bisse d'azur à l'enfant marrissant, comme il est escript cy devant et comme vous pourrez veoir par les blasons cy dessus[2].

CHAPITRE VI.

De Arnestus, archiduc d'Austrice, qui se maria à la ducesse de Massen; et furent ayeul de mondit seigneur, et des armes que portent iceulx.

Et de ces deux yssit vostre ayeul nommé Arnestus[3], succedant archeduc d'Austrice. Celluy Arnestus se maria à une noble dame, fille du duc de Massen[4], et dient aucuns que celle ducesse de Massen estoit yssue par mere de la maison d'Austrice, elongnée de lignage. Et fut moult noble et saige et vertueuse dame, et d'eulx yssit vostre grant pere, nommé Frederick, encoires vivant, par la clemence de Dieu Empereur

1. « Et en savoir. »

2. « Cy dessus » ne se trouve pas dans l'édit. de Sauvage. Voy. la note 1 de la page 25.

3. « Ernestus. » — *Ernestus Ferreus*, mort en 1424. Il était quatrième fils du duc Léopold d'Autriche, et fut duc de Styrie et de Carinthie.

4. Le duc Ernest épousa en secondes noces, en 1412, Zimburge, fille du duc de Mazovie, qui lui survécut jusqu'en 1429, après lui avoir donné dix enfants, parmi lesquels Frédéric IV, dit le *Paisible* ou le *Pacifique*.

de Romme[1]. Et porta icelle ducesse de Massen de gheules à une aigle d'argent membrée, couronnée et lyée d'or, à la poitrine de l'aigle ung croissant de mesme.

CHAPITRE VII.

De l'Empereur Frederic, grant pere de monseigneur, et comment il se maria à madame Alienore de Portugal; et des armes qu'ilz portent; et aussi du regne dudit Empereur.

Cestui Empereur Frederic se maria à madame Alienore, fille du Roy de Portugal, et de ces deux est venu monsieur Maximilian, archeduc d'Austrice, vostre pere, par la clemence divine Roy des Rommains, deuement eleu et sacré en la presence[2] de l'Empereur Frederic, son pere et vostre grant pere, comme pourrez cy après mieulx sçavoir et entendre. Et porte le Roy de Portugal[3] d'argent à cinq escuchons d'azur, trois ampal et deux anfases; et sur chacun escuchon cincq besans d'argent, le champ en saultour, à une bordure de gheules, chatellée d'or, machonnée de sable [et] fermée d'azur, saillant dessous l'escu, soubz la bordure, une croix de sinoble flouronnée. Et dont j'ay empris à ceste cause de parler[4] de deux poins : l'un des faicts et regne de cestuy[5] vostre grant pere,

1. V. note p. suiv.
2. « En la place. »
3. « Cette dame portoit les armes de Portugal, qui sont, » etc
4. « Sur quoy j'ai empris à parler. »
5. « Cestuy empereur vostre. »

lequel porte les armes imperiales à cause de sa digne majesté, et de soy les armes d'Austrice, comme ses ancesseurs. Et pour l'autre point, j'entens de monstrer comment et par quel cause les armes de Portugal, qui est ung de vos quartiers maternels, sont de tant de pieces et comment elles sont augmentées et par plusieurs fois.

Et pour le premier point touchant vostre grant pere Frederic, archiduc d'Austrice[1], il fut heritier et successeur de l'archiducié après Arnestus, son pere, à XX ans, et se trouva en ses jeunes jours beau prince, riche et puissant d'amis et de seigneurie, et se prepara, pour le premier de ses fais, de visiter la terre saincte et les sainctes places et lieux où Jhesucrist, nostre redempteur, fist et acheva de sa divine bonté les euvres de nostre redemption, et tant et si sagement practicqua son voyage, qu'il fit en sa personne ce que depuis le temps du très vaillant chevalier payen Salhadin, ne depuis le très preu [et] très crestien Godeffroy de Buillon, n'a esté fait par prince crestien sans perte ou prison. Car, à XXIII ans de age, icelluy archiduc Frederic passa la mer, descendy en Surie, et estant en la terre sarrazine, en armes, à puissance de princes et de noblesse, sa banniere armoyée de ses armes desployée devant luy, vint au sainct sepulchre faire ses pellerinages, y demoura certains jours et retourna sans destourbier ou empeschement, dont la renommée fut grande par toute Crestienneté. Et ay depuis entendu que le Souldan, les Roys et princes

1. Frédéric IV, né le 21 septembre 1415, élu Empereur le 2 février 1440, mort le 19 août 1493.

sarrazins furent moult desplaisans de l'avoir souffert, et fait à croire que loing sejour luy causoit prejudice[1]. Et à XXV ans fut sacré Roy des Rommains, par vraye election, et depuis fut Empereur, et a ce noble prince desja regné cincquante ans que Roy des Rommains, qu'Empereur, en prosperité et en son entier. Et en l'eage de soixante dix ans est descendu des Alemaignes, acompaignié de grant nombre de princes et aultres, ses parens et subjectz, pour ce que ceulx de Brughes, au port et adveu des Ganthois et aultres Flamens rebelles, portez et soustenus du Roy franchoix[2], et eslevez par puissance de subjectz desobeissans, avoient pris sans tiltre de droit le Roy des Rommains, son filz, vostre pere, leur prince, mambour et naturel seigneur[3], et à qui ilz avoient fait serment, touchié à sa personne et tenu en prison fermée, comme plus à plain vous sera declairé tant au chapitre parlant d'icelluy vostre pere, comme en mon troisiesme volume où toutes choses dont je parleray seront amplement declairées[4].

1. Les éditeurs précédents ont mal corrigé en substituant à cette phrase : « et fait à croire que long séjour luy eust causé préjudice. »

2. « Roy des François. »

3. « Avoyent touché, pris, et tenu en prison fermée, sans tiltre de droit, le Roy des Roumains, son fils, mambour et père de vous, leur naturel prince et seigneur. » (Édit. de 1562.) Cette dernière version est la seule bonne. Maximilien, roi des Romains, était bien en effet tuteur ou mainbour de son fils Philippe le Beau, et celui-ci pouvait seul être qualifié de prince et naturel seigneur des Flamands, comme héritier du comté de Flandre, du chef de sa mère, Marie de Bourgogne.

4. « Comme plus à plein vous sera déclairé, en continuant la lecture de mes mémoires. » — V. ci-après le liv. II des *Mémoires*, ch. XI.

Cestuy noble viellart marcha jusques au milieu de Flandres, attendy la bataille et se presenta chevaleureusement. Et avant sa venue, pour la doubte de luy et de sa puissance, fut le Roy, vostre pere, delivré de la prison, et convoya son pere qui s'en retourna en Alemaigne, ayant accompli son desir en ceste partie. Et à l'heure que j'escrips cest article, est encore cestuy vostre grant pere vivant, le plus bel, le plus net et le mieulx en son entendement viellart que l'on peult[1] veoir ne cognoistre. Dieu en doint la fin comme le demourant.

Et, pour satisfaire à ce que j'ay dit, que pour le second point je deviseray du fait de Portugal, des armes et de l'augmentation d'icelles, je m'en voel aquiter, selon que j'en ay peut savoir et enquerre. Et aussi, pour ce que Portugal est ung des nobles quartiers dont vous estes prochainement yssu, et qu'en celluy royaume, par voz antecesseurs ont eté faictes moult de belles choses et dignes de memoire, je me delicte à vous donner à entendre dont viennent et procedent les armes dessus dites au Roy de Portugal, et si le lustre de[2] diverses pieces, comme sont icelles armes, procedoit de conqueste violente et tirannicque, je m'en tairoyx et en laisseroix le recit à plus subtil que moy ; mais, pour ce que lesdictes armes [ont esté] acquises et augmentées par vaillances et haultes emprinses, faictes sur les Sarrazins, infideles et ennemis de nostre saincte foy crestienne, je vous declaireray ce que j'en ay peu sçavoir, enquerre et apprendre, pour vous donner coer et exemple que tous biens fais sont

1. « Puisse. »
2. « Tant. »

tousjours remis en fresche memoire, combien et de quel long temps[1] qu'ilz soient advenus.

Je treuve que les premieres armes de Portugal sont d'argent et de ce seul metal, sans autre meslure, sinon qu'elles sont diaprées de mesmes ; et teles les portoit domp[2] Henry, conte d'Estorgues[3]. Icelluy se maria à une fille du Roy de Castille, et depuis sont lesdictes armes augmentées par quattre fois, comme je diray cy après, et tousjours pour acroistre [et soustenir] nostre saincte foy.

CHAPITRE VIII.

Comment le royaulme de Portugal fut concquis sur les Sarrazins; et des armes que portent les Roys de Portugal à pluseurs fois concquises.

Et est vray que cestuy conte d'Estorgues, nommé Henry, et celle fille de Castille eurent ung filz nommé Alonse, lequel, par sa grant chevalerie, travail, sens et vaillance, concquit sus les Sarrazins le royaume de Portugal. Et fut icelluy Alonse le premier Roy crestien d'icelluy royaume de Portugal. Et fit de sept villes

1. « Combien qu'il y ayt longtemps. »
2. « L'enfant domp. »
3. Henri de Bourgogne, fondateur de la monarchie portugaise, quatrième fils de Henri de Bourgogne, né vers 1057, mort en 1112, alla offrir son épée à Alphonse VI, roi de Léon et de Castille, dans la guerre qu'il faisait alors aux Arabes, et épousa vers 1094 Thérèse, fille naturelle d'Alphonse, qui lui apporta en dot le Portugal, dont, à la mort de son beau-père, il devint souverain indépendant, sous le titre de comte de Portugal.

sept cytez et sept eveschiez, et de la ville de Bracque[1] fit archeveschié, et moult donna et sacrifia de biens à l'Eglise, en l'augmentation de la foy de Jhesucrist. Depuis passa la riviere d'Ostrage et en la plaine de Campdorick[2] desconfist cincq Roys sarrazins, et pour leurs cincq batailles[3] qu'il avoit concquis, il mit et para ses armes, qui estoient d'un escu d'argent, comme dit est, de cincq escuchons d'azur, et les assist en l'escu en la maniere que j'ay dit en blasonnant lesdictes armes.

Cestui Roy Alonse prospera en lignie de filz et de filles, dont il fit de grandes aliances, [et] de luy et des siens descendy le Roy Alonse[4], qui moult traveilla en armes pour la foy crestienne, moult de Sarrazins fist morir de son temps, et moult de vaillances fit de sa personne, et dont moult de fois fut en dangier de morir tant en la prison des infideles, comme des bleceures et battures qu'il rechupt sur son corps en diverses batailles et rencontres. Or advint que le Pape se troubla contre icelluy Roy Alfonse, pour ce qu'il ne vouloit souffrir ung dixiesme que le Pape vouloit lever en son pays et royaulme[5], et fut le Roy de Portugal si traveillié des verges de l'Eglise qu'il fut constraint d'aler en sa personne à Rome, et prist jour de comparoir devant le Pere sainct et le triumphant conseil des cardinaulx. Le Roy Alfonse vint, vestu d'une longhe robbe

1. Braga.
2. Bataille d'Ourique (1139).
3. « Bannières. »
4. Alphonse II, dit le *Gros*, fils de Sanche Ier (1185-1223), roi de Portugal en 1211.
5. « En son royaume. »

sur sa cemise, sans avoir chausses, ne pourpoint. Et, après le devoir fait, tel que Roy doit au Pape, en soy humiliant, comme filz de l'Eglise, luy mesmes proposa son cas et ses excuses, et comment, pour la deffense de la foi crestienne, il traveilloit de tailles son royaulme et son peuple[1]. Et luy sambloit que le Pape ne luy devoit aultre chose demander. Et remonstra comment par moult de fois il avoit aventuré sur les Sarrazins sa noblesse et mesmes sa personne, et dont il vouloit monstrer sur son corps les ensaignes certaines[2]. Et demanda au Pape et aux cardinaulx là presens, se tous enssamble luy saroient monstrer autant de playes receues, pour la foy de Nostre Seigneur Dieu maintenir[3], que luy mesmes en monstreroit sur luy[4] presentement. Alfonse osta sa robe et devesti sa cemise et monstra son corps tout nud. Sur lequel fut veu ung merveilleux nombre de playes, dont cincq y en avoit sy près d'estre morteles que ce fust plus miracle que raison naturelle que de la mendre[5] il eschappast sans mort recevoir. Le Pape et les cardinaulx, veans ce noble tesmoingnage, furent honteux et desplaisans du traveil donné à ce noble et très catholicque Roy, le firent benignement revestir, et, après pluseurs honnourables excuses, le recongneurent bon et entier filz de l'Eglise, et, par l'advis de tous et en memoire de ses biens fais, luy fut ordonné de mettre en chacun

1. « Il travailloit assez son royaume, en levant grandes tailles sur son peuple. »
2. « Monstrer les ensaignes certaines sur son corps. »
3. « La foy de Dieu maintenir. »
4. « Luy seul... sur soy... »
5. Moindre.

des cincq escuchons d'azur, qui sont ès armes de Portugal, cincq besans d'argent en chacun[1]. Et ainsy fut l'escu d'argent augmenté de cincq escuchons d'azur et de recief paré de cincq besans d'argent en chacun escu, comme dit est.

Et puisque j'ay commencié à escripre de ce noble blason et armes de Portugal, je parferay le demourant de ce que je treuve desdictes armes, au mieulx que je l'ay peu savoir et treuver. Par succession[2] naturele, non pas de pere à filz, mais descendant de ligne et par descente[3] de temps, de Alfonse vint l'enfant domp Fernant, Roy de Portugal. Cestuy Fernant fut prince voyageur et vint ès parties de France[4], et se maria à une noble dame nommée Marie, fille du conte de Boulongne, et en eut ung filz nommé Henry, qui depuis fut Roy de Portugal. Celluy Roy Henry fist bordure ès armes de Portugal des armes de sa mere. Et, combien que la bordure des armes de Portugal soit[5] de gheules semée de chasteaulx d'or, ne desplaise aux paintres et aux deviseurs, car la bordure de gheules est bonne, mais les chasteaux sont faulx, selon l'entendement du Roy Henry, car ce doivent estre confennons[6] qui sont les armes de Boulongne. Mais, pour ce que le pays est loing, et par oubliance du vray, l'on a les confennons, qui doivent estre à trois lambeaux, chambgiez à chasteaux. Et ceste opinion je tiens de

1. Les éditions imprimées ont supprimé ces mots : « en chacun. »
2. « Et origine. »
3. « Succession. »
4. « Et vint en France. »
5. « Et combien que les armes de Portugal, quant à la bordure, soyent de. »
6. « Pour ce que ce, » etc.

pluseurs notables gens portugalois qui ont esté de ma cognoissance.

Or avons nous l'escu fait à trois fois et la bordure qui est la IIIIe ; et reste la ve cause de l'augmentation de cest escu, lequel est soustenu d'une croix de synoble, dont les quattre boutz se monstrent flouronnez ès quattre coings naissans dessoubz l'escu. Et de ce aucuns peuvent[1] dire que celle croix y fust adjoustée pour[2] ung Roy de Portugal, qui eut ceste grace de Dieu, que, combatant les Sarrazins, une croix s'apparut au ciel devant ses yeux qui moult le conforta et sa compaignie. Le bon prince fist son oroison à Dieu et dit : « Mon Dieu, Jhesucrist, j'ay ferme foy en toy et en ta passion doloureuse. Monstre ta croix à tes ennemis infideles, qui en toy ne veulent croire. » Et[3] dit l'istoire que la croix s'apparut aux Sarrazins et prestement furent desconfiz, et que pour ce fut mise soubz l'escu la croix naissant et soustenant ledit escu. A quoy je ne contredy point ; mais je treuve pour vray que les quattre boutz flouronnez qui sont de sinoble, furent mis par le bon Jehan, Roy de Portugal[4], car il fut de la religion David[5], qui sont chevaliers et portent en signe de religion la croix verde ; et, par sa vertu et renommée, fut tiré par les estas de Portugal hors de la religion et faict Roy, et de ceste matiere je parleray plus à plain en la poursuite de ce present

1. « Veulent. »
2. « Par. »
3. « Sur quoy. »
4. Jean Ier, de la branche d'Avis, roi de Portugal en 1385.
5. D'Avis. Les éditions de Lautens ou Lautte de Gand et autres disent : « religion de David, » ce qui n'a pas de sens.

volume. Ainsy doncques, ce noble escu fut augmenté par quattre fois, depuis l'advenement du premier Roy chrestien du royaulme de Portugal, et l'Empereur[1], vostre grant pere, porta les armes de l'empire, et madame vostre grant mere porta les armes de Portugal, comme cy dessus elles sont blasonnées.

CHAPITRE IX.

De monseigneur Maximilian, Roy des Romains, et comment il se maria à madame Marie de Bourgoigne, seule fille et heritiere; et furent pere et mere de monseigneur l'archiduc Phelippe; et queles armes ilz portoient.

Revenant à nostre matiere, de cestui Empereur Frederic, vostre grant pere, et de madame Alienore de Portugal vint monseigneur Maximilian, vostre pere; lequel, luy estant archiduc d'Austrice, se maria à madame Marie de Bourgoingne, ma souveraine dame et princesse, dame et seule heritiere de ceste grande maison de Bourgoingne, comme il a esté dit au commencement de mon prologhe. Et de ces deux vous estes yssu, et madame Margherite d'Austrice, à present Royne de France, et Franchois monsieur, qui trespassa enfant au bers en l'eage de quattre mois, et estes demouré seul fils et heritier de droit en toutes ces belles [et] grandes seignouries, combien que par aucunes voyes vous soient pluseurs seignouries ostées; et par quel moyen et comment il est advenu, je declaireray en la

1. « Et porta l'empereur. »

IIIe partie[1] de mon emprinse et de[2] la poursuite de mes memoires, se Dieu me donne[3] vie et loisir convenable. Et est bien[4] raison, se j'ay parlé que furent les autres dames mariées en ceste noble maison d'Austrice et dont vous estes yssu, et si j'ay monstré qui furent les quattre peres et les quattre meres dont vous estes venu de costé paternel, comme besayeul, ayeul, grant pere et pere, que je declaire et die qui furent les samblables du costé de vostre mere, ceste noble princesse de Bourgoingne, ma souveraine dame, de laquele je parleray par cet article, moins que je ne devroye, pour ce que j'entens de poursuyr par ordre ma matiere et de deviser la hauteur de sa descente. Et deviseray cette fois seulement queles armes elle portoit par succession de son pere, qui sont escartelées de France, de Bourgoingne, de Brabant, de Limbourg et de Flandres sur le tout, qui est d'or, au lyon de sable, mouflé de gris ; pour France, semez de fleurs de liz d'or, la bordure coponnée d'argent et de gheules ; pour Bourgoingne, six pièces en bendes d'or et d'azur, la bordure de gheules ; pour Brabant, de sables au lyon d'or, et pour Limbourg, d'argent au lyon de gheules et couronné d'or ; et sont icelles armes augmentées par pluseurs fois par seignouries et successions advenues en ceste noble maison de Bourgoingne. Doncques, mon souverain seigneur, vous estes filz et yssu de ce noble archiduc d'Austrice, par la clemence de Dieu Roy des Rommains, successeur apparent,

1. « En une partie. »
2. « Et à la poursuite. »
3. « Temps. »
4. « Cependant c'est bien. »

sans moyen, du grant empire de Romme, et de ce costé, tant en patrimoine de nom comme d'aliances, descendu si[1] noblement, comme je l'ay monstré le plus à la verité qu'il m'a esté possible. Or est bien raison que je parle, comme j'ay dit, qui vous estes et le noble lieu dont vous estes yssu, du costé de vostre noble mere, Marie de Bourgoingne. Et pour ce que je la nomme de Bourgoingne en seurnom, je m'arresteray quelque peu à escripre que ce fut, et que c'est de Bourgoingne, et ce que j'en ay peu apprendre par enquerir et par lire les anciennes istoires, et par experiment du present, et puis reviendray ès prochaines lignies cogneues, comme j'ay fait ès lignies paterneles. Et se je suis aucunement prolixe et long à mon recit, c'est contre mon desir et comme constraint pour mieulx donner à entendre ma matiere. Et est dommage que plus eloquent ou plus stillé d'escripre que moy ne donne l'entendement de ma declaration devant sy noble personne, mais j'ay espoir que mon vouloir sera tenu pour agreable.

CHAPITRE X.

De la declaration du costé de la mere; comment l'on nommoit Bourgoingne Alobrogie du temps des Rommains; et du regne de Bavais; et dont vindrent les premiers Roys de Bourgoingne.

J'ay tant enquis de ceste matiere de Bourgoingne que je treuve que Dyodore le Cecilien, ung moult ancien

1. « Estes descendu ainsi. »

historiographe grec et grant clerc, et duquel les euvres[1] et les escriptures qu'il a faictes[2] [sont moult] recommendées entre les orateurs, celluy Dyodore dist que Hercules le très renommé et dont les euvres sont[3] sy grandes que pluseurs tiennent le recit de ses faicts pour chose poetique, fantosme ou euvres[4] si merveillables qu'elles sont quasi non creables[5]. Et ne fut que tant de notables clercs ont approuvé ses magnificques fais, je, plain de simplesse, craindroye beaucop de allegher ceste matiere devant vostre seigneurie. Mais je prens courage et hardement[6] de reciter ce que dist Dyodore[7] qui met en effect que ledit Hercules, en faisant ses voyages et mesmes en allant en Espaigne, passa par le pays que l'on nomme à present Bourgoingne, et [y] print en mariage, selon la loy, l'une de ses femmes nommée Alise, laquele fut dame de moult grant beaulté et du plus noble sang et linage qui fust au pays. Et dit que de ceste Alise il eut generation, dont sont venus et yssus les premiers Roys de Bourgoingne. Et pour appreuve, vous trouverez ou duchié de Bourgoingne,

1. « Les livres. »
2. Ces quatre mots ne se trouvent pas dans l'édit. de Sauvage.
3. « Furent. »
4. « Ou choses. »
5. Il y a ici évidemment une lacune. Les précédents éditeurs ont cru la combler en intercalant après ces mots « celluy Diodore » la phrase suivante : « en dit quelque chose, parlant d'Hercule, etc. » Mais cette phrase ne s'accorde pas avec « dist que » du manuscrit n° 2868.
6. « Hardiment » (dans certaines éditions). « Hardement, » qui veut dire hardiesse, vaut mieux.
7. V. Diodore de Sicile, liv. IV, 19, et liv. V, 24. (*Extraits des auteurs grecs concernant la géographie et l'histoire des Gaules*, par M. Cougny, t. II, p. 355 et 373.)

ou quartier que l'on nomme Lauchois, apparence d'une cité ou ville qui se nommoit Alise, que celle dame fonda et luy donna son nom. Mais la ville a esté destruicte et arruynée par les guerres, qui de longtemps ont regné dans ce quartier. De celle cyté d'Alise font appreuve Lucan et Saluste, mesmement en recitant la grant rebellion que firent les Franchois, et mesmes ceulx d'Othung[1], à l'encontre de Cesar et des Rommains, lesquels[2] avoient eslevez contre ledit Cesar ung prince franchois, nommé Versingentoris, lequel assambla grant puissance de Franchois contre ledit Cesar et se loga en la cyté et à l'environ. Et ledit Cesar se loga au plus près, à tout les legions rommaines, et fortiffia ses tentes et son logis, où il eut beaucop à souffrir par la puissance desdis Franchois. Mais, par son sens et magnanime courage, il desconfit en la fin par bataille ledit Versingentoris et les cohortes franchoises et les remit en l'obeissance de Romme, comme devant. Et par ce pas trouverez appreuve de ladicte cyté d'Alise, dont j'ay escript [cy] dessus.

Et en ce temps d'Hercules et grant temps après, ceux que nous nommons Bourguignons se nommoient Allobrogiens. Et vault autant à dire Allobrogiens, selon que le interpretent messieurs les clercs, comme mal langaigé ou mal parlans. Et certes, combien que je soye nez de celle noble terre, j'appreuve assez l'interpretement, car le langage de soy est ruide et mauvais entre tous ceulx du[3] voisinage. Et dura ce nom d'Allo-

1. Autun.
2. « Lesquels François. »
3. « De leur. »

brogiens longhement, comme il est assez sçeu tant par les cronicques rommaines comme par les istoires de Belges, et durant le regne de la grant cyté de Bavais[1] et jusques à ce que les Rommains, qui moult de terres et de seigneuries mirent en leur subjection et soubz leur puissance, traveillerent à guerroyer les Germains. Et dura celle gherre par moult de temps et par moult d'années, car les Germains estoient fort et durement assaillis des Rommains et de leur grant puissance. Et les Germains, plains de noblesse et de peuple belliqueux, se deffendoient vigoreusement, et à la fois les ungs sur les aultres, ainsy que la fortune de la gherre adonne, passoient le Rin, chascun sur sa partie. Et tousjours convenoit, sur l'arriere saison, que chascun party se retirast à sa seurté, pour passer l'yver et practiquer nouvel assault à l'esté à venir, et estoit le fleuve du Rin comme une barriere entre les deux. Et pour ce que les Rommains trouvoient en ce pays d'Alobrogie terre fertile et plaine de biens[2], de bleds, de vins, de bois, de rivieres et de moult de commoditez necessaires à gens de gherre, en marchissant près de leurs ennemis, et aussy que le pays en pluseurs lieux est fort de roches et de montagnes, ilz choisirent ce lieu proprement, qui aujourd'huy est nommé Bourgoingne, pour leur retraitte, et là sejournoient et yvernoient, et y faisoient, selon les cohortes et compaignies, les ungs ès montagnes, les aultres ès vallées, pluseurs bourgs, clos et fermetures, les ungs de bois, les aultres[3]

1. Bavay, *Bagacum*, chef-lieu de canton de l'arrond. d'Avesnes (Nord), ancienne capitale des *Nervii*, prise d'assaut par César.
2. « Pleine de vivres, de blés. »
3. « De clostures de pierres. »

de pierres, et là se mettoient en seureté et se tenoient et fortiffioient esdis bourgs les ungs contre les aultres. Et telement furent iceulx bourgs[1] habitez par maniere de forteresses, et en firent sy largement et par tele habondance que l'on cessa de nommer iceulx pays Allobrogiens, et furent nommez et encores sont Bourguignons, c'est à dire habitans en bourgs.

CHAPITRE XI.

Comment et pourquoy en celle terre le nom d'Alobrogie fut laissié, et furent nommés Bourguignons; et ce avant l'advenement de Jhesucrist.

Aultres auteurs l'escripvent aultrement, comme Orose[2], qui en escript après le recit de Cornelius Tacitus, qui moult bien recita des histoires romaines et de pluseurs choses, et dit que les Vuandeles furent par les Rommains chassez hors de la Germanie et vindrent en Gaules, où ilz firent moult de maulx. Car ils estoient bien quattre cens milles, et depuis retournerent en leur pays, dont grant partie d'iceulx trouverent leurs maisons, forts, villes ou chasteaux brulez et destruis. Parquoy [il leur fut force de faire nouveaux edifices, et edifierent plusieurs bourgs pour eulx tenir en seureté; parquoy[3]] celle partie des Vuandeles

1. « Contre leurs ennemis, et contre leurs voisins, et même. »
2. Orose, VII, 32 et suiv.
3. Le ms. de la Bibl. nat. n° 2868 ne contient pas la phrase placée entre crochets; mais elle se trouve dans les éditions de Sauvage, de Lautens de Gand et les postérieures.

furent appelez Burgundiones, et dit on[1] que depuis les Vuandeles generalement retournerent en Gaules et firent de grans concquestes, et que iceulx Burgundiones s'arresterent près d'Authun et demourerent en la terre où ilz sont encoires et qui est aujourd'huy nommée Bourgoingne. Et se nommoit celle partie de Gaules Gaulle Belgicque, pource qu'ilz[2] estoient confederez en amistié avec les Belgiens, et dit ledit Orose qu'autres Vuandeles occuperent Esclavonnie[3], autres en Dalmacie et en Illirie, près de Venise, et occuperent Poulenne[4] et Boesme. Et sont, selon cestuy acteur[5], toutes les nations dessusdites venues et yssues des Vuandeles. Et pour mieulx parler à la verité, j'ay[6] enquis de pluseurs parties pour trouver le nom de Bourgoingne et dont il est venu. Sy vous plaise de prendre en gré ce que j'en ay peu savoir et dont fut eslevé premier le nom de Bourgoingne et des Bourguignons, selon que j'en ay pu enquerir et apprendre.

Durant le temps et tant qu'ilz se nommerent Allobrogiens et Bourguignons et qu'ilz tindrent la loy payenne, moult de Roys et de puissans princes regnerent et gouvernerent icelle seigneurie, où je ne me voel en riens arrester, pour ce que d'iceulx vous n'estes en riens descendu, synon[7] en nom seulement prins par voz ancesseurs de celle très ancienne sei-

1. « Dit. »
2. « Pour ce que ceux du païs. »
3. « Dont sont nommez les Esclavons. »
4. Pologne.
5. « Auteur. »
6. « Or donc, pour mieux en parler... je me suis ainsi enquis. »
7. « Fors que de nom. »

gneurie, qui toutesfois n'est point le vray sournom de vos prochains ancestres, comme je declaireray en ce present volume[1] et pourquoy, mais c'est le cry vray et notoire de ceste maison de Bourgoingne, et à ce propos je reviendray bientost. Et cependant poursuivray ma matiere le plus au vray que mon entendement le pourra comprendre, et laisserons toutes ces choses advenues avant l'advenement de Nostre Seigneur, pour reciter aucunes choses qui servent à nostre matiere et qui est bon de le savoir[2]; et treuve que tous les Roys, tant d'Alobrogie comme de Bourgoingne, qui est une meisme chose, soit du temps qu'ilz furent payens comme aussy depuis qu'ilz furent crestiens et baptisez, porterent leurs armes de six pieces à bendes d'or et d'azur, à la bordure de gheules, lesqueles armes durent encoires pour[3] Bourgoingne.

Je treuve[4] que l'an deux après le crucifiement de Jhesucrist, les deux Rois voisins de France et de Bourgoingne, tous deux payens, eurent moult cruele bataille l'un contre l'aultre. Et nombre l'istoire cent mille hommes mors des deux costez, et trouverez vray que la victoire fut pour les Bourguignons, et ce je recite pour appreuve que lors il avoit Roy en Bourgoingne.

1. « Escript. »
2. Les sept derniers mots manquent dans l'édit. de 1562.
3. « En. »
4. « Revenant à nostre matière, je treuve, » etc.

CHAPITRE XII.

Comment la Magdelaine converty le Roy de Bourgoingne et devint crestien.

Item je treuve que, l'an XIIIIe après le crucifiement de Nostre Seigneur, la glorieuse Magdelaine vint au lieu de Marcelle en Prouvence, et là converty à la saincte foy crestienne le Roy et la Royne de Bourgongne, et, par la predication et ennort de la saincte dame, les baptisa sainct Maximien à Arles en Prouvence, et prinrent le sainct baptesme le Roy et la Royne, et tous ceulx de leur royaulme firent baptisier ou morir. Et fut nommé ce premier Roy de Bourgongne crestien à son baptesme Trophume, et fut son parrin sainct Trophume, nepveu de sainct Pol l'apostele[1], lequel fut depuis archevesque d'Arles et le premier.

CHAPITRE XIII.

Comment la croix sainct Andrieu fut apportée au royaume de Bourgongne; et pourquoy les Bourguignons d'ancienneté portent ladite croix pour ensaigne.

Après cestuy Roy de Bourgongne, le premier crestien de ce nom, regna Estienne, son filz, qui fut cincquante ans Roy de Bourgongne, et fut celluy que la Magdelaine fit resusciter, et moult bon catholicque fut,

1. Sur tout ce récit fabuleux de la conversion des Bourguignons au Christianisme, v. Roget de Belloguet, *Questions bourguignonnes*, p. 139 et suiv.

et fist apporter en grant devocion à Marcelles la croix où fut martirizé le glorieux corps[1] monsieur sainct Andrieu, laquele est encore à Sainct Victor lez Marcelles. Celluy Roy Estienne augmenta moult la foy de Nostre Seigneur et eut la croix sainct Andrieu en tele devocion et reverence, qu'il la prist pour ensaigne, toutes et quantes fois qu'il yroit en gherre ou en bataille. Et de là vint que l'ensaigne des Bourguignons est la croix sainct Andrieu, et se aucune fois ilz ont porté aultre ensaigne, ce a esté quant la seignourie par quelquefois a esté ès mains des Roys de France. Mais tousjours sont ilz revenuz et retournez à leur premiere nature, comme je feray apparoir et qu'il[2] en appert[3].

Or vous ay je monstré ce que j'ay peu practiquier et apprendre du premier nom de la terre, que l'on dit Bourgoingne, qui se nomma Alobrogie, et du second qui encore dure que l'on appelle Bourgoingne, et pourquoy. Et sy je vous ay declairé dont les premiers Roys d'Allobrogie viennent et successivement[4] de Bourgoingne. Et treuve par les anciennes cronicques et escriptures que le royaulme de Bourgoingne s'estendoit[5] et comprenoit Piemont, Ass, Prouvence, Dauphiné, Savoye, duchié et conté de Bourgoingne et jusques à Sens, du costé de Paris, que l'on dit encoires Sens en Bourgoingne; de l'autre part, Farratte et Lorraine, Bar et grant partie des basses Allemaignes

1. « Le glorieux corps sainct monsieur. »
2. « Et ainsi qu'il. »
3. Sur cette origine apocryphe de la croix de Saint-André, v. Roget de Belloguet, *op. cit.*, p. 148.
4. « Ceux de. »
5. « Bien avant, comprenant. »

et jusques au Rin; et estoit ce royaulme plain de gens autant adonnez aux armes que nul aultre[1] de leurs voisins. Par quoy les Roys et les pays firent de moult grans choses dont je me passe et abrege la matiere, le plus que je puis. Et dura le royaulme de Bourgoingne jusques au temps du Roy Clovis, le premier Roy crestien de France, et dont je diray comment et par quel voye ce puissant royaume de Bourgoingne fut diminué à duchié.

Mon souverain seigneur, il est bon[2] que vous entendez que les grans seigneuries sont portées et entretenues de Dieu seulement, non pas par[3] la puissance des Roys ou des princes qui sont hommes mortelz; et, selon qu'ilz acquierent envers Dieu merite de regner et qu'ilz entretiennent leur peuple en justice et à la discipline de la saincte foy crestienne et à garder ses commandemens, Dieu leur permet et fait ayde à demourer princes puissans et en honneur et prosperité, ou les laisse perir, et leur peuple souffrir par l'abomination de leurs vices; et à la fois il advient que les subjects sont rebelles et desobeissans et quierent de destruire et amenrir[4] la puissance de leur Roy et de leur seigneur, par quoy fortune se tourne contre eulx et laisse le malheur convenir. Et se peut comparer[5] à celluy qui gouverne ung orloge. Et tant et si longhement que le maistre y met ses mains et qu'il le visite,

1. « Nuls des autres. »
2. « Besoing. »
3. « Et non pas de. »
4. Amoindrir.
5. « Et en tel cas peut on comparer Dieu à celuy qui gouverne un horologe, car, tant, etc. »

il va droit et tient mesure[1] sans empescement. Mais quant le maistre lieve sa main et se retire de la conduite de l'oreloge, comme dit est, il vient à discort, à ruyne et à perdicion de sa labeur. Et se nous voulons que l'oreloge de nostre charge et de nos affaires soit gouverné deuement et par raison, il nous fault requerir et meriter par oroisons et par biens fais, à ce hault Dieu tout puissant, qui tient la periode du monde en sa main, qu'il nous vueille conduire, enseignier et gouverner en tele maniere que de la charge qu'il nous a donnée en gouvernement en ce monde, nous luy puissions rendre compte qui luy soit agreable. Et ne fault oublier que par vertus ensuyr sont les royaulmes et principaultez maintenues en honneur et en force, et par vices toutes seigneuries diminuées, pourries et mises à ruyne.

Revenant doncques à nostre matiere, ung Roy fut en Bourgoingne, nommé Cideric, lequel eut une seule fille nommée Clotilde. Ce Roy Cideric eut ung frere nommé Gondebault, qui fut homme subtil et de grant malice. Luy, voyant que Cideric n'avoit qu'une fille, malicieusement et par cautele il s'accointa par dons, promesses, craintes et tous divers moyens des subjectz puissans et principaulx du royaulme de Bourgoingne. Et tant fist par leur ayde qu'il mist son frere le Roy Cideric en prison, où il morut de dueil et de misere, et samblablement fist morir la femme dudit Cideric. Ce Gondebault mist en ses mains Clotilde, sa niepce, et se fist Roy de Bourgoingne par icelle tyrannie.

1. Lautens de Gand imprime « mesme », ce qui est moins expressif.

Et en ce temps estoit Roy de la terre franchoise le Roy Clovis. Et, combien que celluy Clovis tenoit encoires la loy payenne, toutesfois il estoit vertueux, veritable justicier, vaillant et droiturier en ses fais. Celluy Clovis, Roy de France, fut adverty de la beaulté, des vertus et des bonnes meurs que l'en disoit estre en celle Clotilde, fille du Roy Cideric trespassé, et niepce de Gondebault, Roy de Bourgoingne; et, combien que celle Clotilde fut très crestienne, et luy payen, toutesfois il desira de l'avoir en mariage. Et semble qu'il goutast et prist appetit avecques les vertus d'elle au grant droit qu'elle avoit au royaulme de Bourgoingne, qui luy estoit voisin et propice. Et dit la cronicque que par moyen subtil il volt entendre se Clotilde le voudroit avoir à mary, nonobstant la difference de leur loy. Et sy bien fut la matiere practiquée que, du consentement Gondebault, son oncle, le mariage fut accordé d'une part et d'aultre, moyennant que Clotilde viveroit en la foy de Jhesucrist et tenroit sa loy. Et ainsy fut le mariaige fait. Et envoya Clovis, Roy de France, querir sa femme moult estofement et à grant puissance de gens et d'avoir. Et povez entendre que celle royne Clotilde n'amoit gueres Gondebault, son oncle, [tant] pour ce qu'il avoit fait morir son pere en prison, comme pour le tort qu'il luy [faisoit] du royaume de Bourgoingne, dont elle estoit fille et heritiere, pour les causes cy dessus escriptes. Et quant elle approucha le royaulme de France, elle mesmes fist commencier la gherre et mettre les feuz au royaulme de Bourgoingne, qui fut mis en tele subjection que vous ne trouverez point que gaires depuis icelluy temps nulz Roys de Bourgoingne portast couronne, ne nom de

Roy, et fut Dieu en l'ayde du sarrazin[1] tenant mauvaise loy, pource qu'il estoit en ses fais droiturier et homme de justice, et confondit le crestien qu'il trouva faulx, tyran, torturier et homme vicieux; qui doit estre exemple à tous princes qui desirent et veulent regner en honneur et en gloire.

Clotilde, la très vertueuse Royne de France, aima moult Clovis, son seigneur, et bien y avoit raison. Car toutes les histoires, qui de luy font mention, tesmoingnent moult de biens estre[2] en sa personne. Et n'avoit la Royne, sa compaigne, regret que de ce qu'il vivoit en mauvaise loy et creance. [Si] laboura moult envers luy qu'il voulsist croire en la foy de Jhesucrist, où elle ne parvint pas legierement, et toutesfois Dieu fut en son ayde. Et comme il permit à sainct Gregoire la resurrection et baptesme de Trajan par nombre de cent ans trespassé, pour ce qu'il le trouva par renommée si droiturier, et tenant justice, combien qu'il fut payen[3], ainsy ce bon Dieu permist à Clotilde de convertir son mary Clovis à devenir crestien pour ses

1. C'est-à-dire payen, mécréant.

2. « Avoir esté. »

3. La légende de Trajan retiré de l'enfer, à cause de sa justice, sur un vœu du pape Grégoire Ier, était très populaire au moyen âge. Roger de la Pasture ou Van der Veyden, peintre officiel de Bruxelles en 1437, en fit l'objet de quatre grands tableaux destinés à l'hôtel de ville de cette cité. Le même sujet a été magistralement traité dans une tapisserie de Bruxelles ou d'Arras, du xve siècle, qui est conservée au musée de Berne comme une dépouille conquise sur Charles le Téméraire à Granson ou Morat, et qui, si elle n'a pas appartenu à ce prince, est certainement de provenance bourguignonne. (V. *Mémoire sur les dépouilles de Charles le Téméraire au musée de Berne,* par Henri Beaune, dans le t. VIII des *Mémoires de la Commission des antiquités de la Côte-d'Or.*)

vertus, et vous diray comment, le plus brief que je le pourray mettre par escript.

CHAPITRE XIV.

Comment Bourgoingne perdit le nom de royaulme; et comment Clovis, premier Roy de France, prist le baptesme par la predication de sainct Remy; et de Clotilde, fille du Roy de Bourgoingne, femme dudit Clovis.

Le Roy Clovis de France eut une gherre contre les Alemans qui dura moult longhement et tant qu'ilz furent moult traveilliez de guerroyer d'une part et d'aultre. Et pour mettre fin à ce debat, fut pris jour et lieu de combattre et bataille assignée, et croy que ce fut en juing, du jour je ne treuve le vray. Le Roy de France, qui moult estoit saige, doubtoit la fortune de la bataille, et qui ne la craint est plus oultrecuidance que courage vaillant, dont à ses dieux et selon sa loy il faisoit de grans oblations, oroisons et aulmosnes. La Royne Clotilde, plaine de bon vouloir et femme catholicque, embrasée de l'amour de Dieu et du sauvement de l'ame de son seigneur et mary, s'enardit en bonne foy et creance, et dit au Roy : « Monseigneur, se me voullez croire, j'ay espoir que vous gaingneriez la bataille et desferiez vos ennemis. C'est que vous veulliez croire en Jhesucrist, en qui je croy, et luy promettez de recepvoir baptesme. Celluy seul vous peut aydier, c'est celluy qui a les victoires en sa main et la puissance du ciel et de la terre. Monseigneur, prenez mon conseil de bonne part, car aultre espoir je ne voy de vostre victoire. »

Le Roy pensa moult au sermon et conseil de sa femme, et, pour abregier, vint à la bataille contre les Alemans, et fut la pluspart de sa compaignie reboutée et comme desconfiz. Mais, par la voulenté divine et comme inspiré, Clovis leva les yeulx au ciel et dit ces parolles ou samblables : « Toy, le Dieu en qui ma femme croit, donne moy victoire et me soyes en ayde. Et je te promets de prendre le baptesme et devenir crestien, et moy et ceulx de mon royaulme qui obeyr me vouldront. » Et, sur ceste requeste en pensée deliberée, donnant sur les ennemis, desconfit les Alemans, et en son courage tint celle victoire avoir de Jhesucrist, le Dieu de sa femme. Et, luy retourné, par bonne devotion et foy et par le conseil du glorieux corps sainct monseigneur sainct Remy, qui lors vivoit et moult traveilloit en France pour exaulcier la foy crestienne et le nom de Jhesucrist, et pareillement par la bonne et devote dame, la Royne Clotilde, eut le sainct baptesme, et tous ceux du royaulme de France fit baptisier ou morir. Et ne se peut ignorer que ce grant bien et eternelle grace d'entrer en la loy crestienne et recepvoir la lumiere de la foy et de croire en la Trinité et au benoist fruict de la Vierge Marie, ne soit premiers venu en France par la fille du Roy de Bourgoingne, femme du Roy Clovis, et comme je l'ay recité. Auquel Clovis monstra Dieu par moult de fois qu'il le vouloit appeller en son service, comme de luy envoyer les trois fleurs de lys, dont il fist mutacion en ses armes, qui estoient de trois crapaulx de sables en ung champ d'or, comme aussy de luy envoyer miraculeusement la saincte ampole, qui encoires est à Sainct Remy à Rains, dont luy et les aultres Roys de France furent sacrez et enoincts[1]. Et certes Clovis fut tant bon et tant vertueux que ce n'est pas merveille se Dieu luy monstra especiale grace. Le Roy Clovis et Clotilde vesquirent en grant prosperité enssemble, et moult augmenterent la loy de Jhesucrist et le royaulme de France. Et eurent pluseurs enfans qui depuis furent Roys de France ; mais, combien qu'ilz fussent yssus de ce bon Roy et de celle vertueuse Royne, les enfans ne succederent pas ès[2] meurs et bonnes conditions, mais à la seigneurie, et furent tirans, et emprinrent l'un sur l'aultre. Et à leurs cousins, nepveux de Clotilde, leur mere, osterent leur seigneurie de Bourgoingne, firent les ungs morir, les aultres chastrer et les aultres moisnes. Et de ces cruautez porte assez tesmoingnage le fait de sainct Clou, lequel yssit de iceulx Roys de Bourgoingne; et tant fut diminué le royaulme, qu'il devint duchié, moitié force, moitié amour, comme le couche la cronicque.

Et ainsy je[3] vous ay monstré comment Bourgoingne fut premiers nommée Allobrogie, et comment par les bourgs dont elle fust edifiée fut nommée Bourgoingne, qui encoires dure, dont vindrent les premiers Roys d'Allobrogie et depuis de Bourgoingne; comment eut nom le premier Roy de Bourgoingne crestien, et qui le convertit à la foy de Jhesucrist ; comment et pourquoy l'ensaigne de Bourgoingne est la croix saint Andrieu, et comment ce royaulme est devenu duchié, et queles sont les armes de Bourgoingne d'ancienneté, et aussy d'où vient vostre noble pere, et qui fut vostre

1. V. la *Légende des Flamens,* déjà citée, p. 18.
2. « Pas en. »
3. « Or vous ay je. »

bysayeul, ayeul, grant pere et pere, et les alliances de chascun par mariage, pour verifier vostre noble descente.

Si est doncques bien raison semblablement que je reviengne à la genealogie, en tel et pareil cas, de vostre noble mere. Et commencerons au besayeul de vostre dicte mere, pour mieulx attaindre la verité de vostre descente qui est [d']ung point plus hault que je n'ay pris du costé paternel, ce qu'il me fault faire pour mieulx donner à entendre la descente de vous du costé de France. Sy soye excusé des lisans, car je croy que la longheur de ma matiere, touchant ce point, n'en sera en riens plus enuyeuse.

Revenons doncques [à escrire] qui fut bysayeul[1] de vostre noble mere; ce fut le duc Phelippe, filz du Roy Jehan de France. Celluy Phelippe de France fut longhement appellé Phelippe sans Terre, pour ce qu'il estoit le dernier des quattre filz que le Roy Jehan de France avoit, et depuis fut duc de Touraine et fut nommé Phelippe le Hardy, par la bouche du Roy d'Angleterre, son ennemy, pour trois actes qu'il fist, si honnestes et si hardis qu'il merita d'avoir nom ou sournom non pas de hardy prince seulement, mais de hardy chevalier. Et vault bien ce cas que je declaire et dye les causes de ce tiltre, affin que vous entendiez que selon les vertus ou vices sont sournommez vulgairement les princes, et que teles que seront vos euvres, tel sera vostre nom. Et en ce je procederay non pas par le recit des cronicques seulement,

1. Correction incomplète de Sauvage, au lieu de : « qui fut vostre bysayeul de vostre noble mère. » Philippe le Hardi était *trisaïeul* de Marie de Bourgogne.

mais par le rapport des recitans et dont n'est pas trop ancienne la memoire. Et de ces trois poins d'où se prist ce nom digne de recommandacion, le premier fut que, quant le prince de Galles, filz de Edouart, tiers de ce nom, Roy d'Angleterre, desconfit à Poitiers le Roy Jehan de France, icelluy Roy Jehan avoit avecques luy tous ses filz. Et quant le Roy, qui moult vaillamment de sa personne se porta celluy jour, vit la desconfiture tourner contre luy, pour le bien de son royaulme et en amour paternele, il fist departir ses enfans à son povoir de la bataille et les fit mettre à garant. Mais Philippe, le maisné, pour pryere ne pour commandement, pour dangier, ne pour fortune, ne volt[1] habandonner son seigneur et son pere. Et fut prins avecques luy, qui fut le premier jugement par quoy il fut appellé Phelippe le Hardy, et avecques le Roy, son pere, fut mené prisonnier au Roy d'Angleterre[2] qui les traitta moult honnourablement. Et advint, durant icelle prison, que, à l'occasion de la prinse du Roy de France, aucune question fut d'un chevalier anglois qui pretendoit droit à la foy du Roy, et pource que le Roy franchois en son affermement ne deposa pas au gré du chevalier demandeur, il se troubla. Et cuida Phelippe, le filz, entendre qu'en ses argus il desmentoit le Roy, son pere, et, en la presence du conseil d'Angleterre, où il ot pluseurs princes, chevaliers et barons, il haulcha le poing et tel cop luy donna qu'il demoura tout estourdy, et luy dit : « Desleal chevalier, t'appartient il de desmentir si noble personne

1. « Voulut. »
2. « Leur ennemy. »

que le Roy de France? » Les amis du chevalier ne furent pas les plus fors. Le Roy d'Angleterre y vint prestement, qui fut du party de Phelippe de France, et fut le chevalier emprisonné et [puis] delivré à la requeste et poursuytte du Roy de France. Et dit le Roy d'Angleterre que vrayement devoit estre nommé Phelippe de France Phelippe le Hardy; et ainsy fut nommé Phelippe le Hardy pour la seconde fois.

Monseigneur et mon maistre, je vous supplie que vous notez ces actes honnourables faictes par le bysayeul[1] de vostre noble mere, qui ne considera pas et [ne] doubta le dangier où il estoit prisonnier en estrange royaulme, mais s'acquita chevaleureusement à vengier de sa personne son noble pere le Roy de France; qui luy tourna à si grant honneur et renommée que par les escriptures et memoires il durera jusques à la fin du monde. Et qui garde la cordialité que l'on doit et dont tous sommes obligiez à pere et à mere, il dure devant Dieu et ou registre de bonne renommée pardurablement.

CHAPITRE XV.

Du duc Phelippe le Hardy, filz du Roy de France; et des trois causes par quoy ledit Phelippe fut nommé Phelippe le Hardy; et comment il fut filz, frere et oncle de Roy de France[2].

J'ay doncques devisé comme Phelippe de France

1. Lisez : *trisaïeul.*

2. Le titre de ce chapitre eût été mieux placé en tête de l'avant-dernier paragraphe du chapitre précédent. Mais il a paru conve-

fut pour deux causes nommé Phelippe le Hardy, et est besoing que je parle de la tierce fois[1] et continuacion de ce nom. Durant la prison en Angleterre du Roy Jehan de France et de Phelippe, son filz, le prince de Gales, filz du Roy Edouart, Roy d'Angleterre, — qui se tenoit pour la pluspart du temps en Guienne et en Aquitaine et ès seigneuries que le Roy d'Angleterre, son pere, tenoit lors decha la mer, et fut celuy prince de Gales qui gaigna la bataille de Poitiers et prist le Roy Jehan de France, et en ce temps fut icelluy prince l'un des renommez et doubtez princes de la crestienté, — celluy prince[2] honnoura moult le Roy de France en sa prison[3], et moult de privautez et bonnes compaignies eut avecques Philippe de France. Et advint une fois que, eulx deux jouans aux eschetz[4], desbat sourdit entre eux pour ung chevalier pris l'un à l'autre. L'un disoit que le chevalier estoit bien pris et l'autre disoit qu'il estoit pris par faulz trait. Et, comme il advient souvent que questions meuvent aux jus d'eschecz et que le plus saige y pert pacience, ainsy advint icelle fois entre ces deux fils de Roys. Et telement leva à chacun la colere, qu'ils se leverent en pieds et mirent chacun la main à la daghe, et vouloient desgayner l'un sur l'autre furieusement. Mais si bien advint qu'aucuns seigneurs anglois se trouverent presens qui les departirent et se mirent entre eulx deux, sans autre incon-

nable de respecter la division adoptée par le ms. nº 2868, qui seul en donne une complète par chapitres.

1. Sauvage remplace « fois » par « cause ».

2. Les mots « celluy prince » ont été supprimés dans les éditions imprimées.

3. V. Froissart, l. I, §§ 397-403, t. V, p. 63, 83, édit. Luce.

4. « Ainsi qu'ils jouoyent eux deux aux échets. »

venient. Et furent [ces Anglois] si vertueux que la parcialité ne regarda pas ès courages des presens[1], mais vertu et constance, qui toutesfois n'est pas bien la coustume des Anglois. Et que plus fort fut[2], quant le Roy d'Angleterre, pere du prince de Gales, fut adverty du debat et dangier apparent advenir entre son filz et Phelippe de France, dit courageusement que l'on avoit mal fait de les departir et que celluy des deux qui fut demouré en vie et victorieux de ceste bataille, se povoit nommer et dire le plus vaillant filz de Roys, voire le plus hardy chevalier du monde. Et de ce debat le Roy d'Angleterre fut si vertueux que, quelque accuse ou rapport qu'il fut fait[3] de ceste matiere, il donna tousjours le tort à son filz [et semblablement faisoit le Roy de France à Philippe, son filz], et firent ces deux nobles Roys la paix par commandement exprès entre leurs deux filz, et pour la troisiesme fois le Roy d'Angleterre nomma Phelippe de France Phelippe le Hardy, et luy dure encores le nom, qui jamais ne mora.

Or, monseigneur, et tous aultres princes, vous povez veoir par cest acte deux poins qui sont à noter. Le premier que celluy qui joue à quelque jeu que ce soit doit bien avoir regart que la voulenté ou affection ne soit pas maistresse de la raison, car souvent il advient que grans maulx en sont advenus[4] et peuvent advenir. Exemple de ces II nobles filz de Roys qui pour sy peu de choses que pour la prinse d'une piece

1. « Que partialité ne régna pas en leurs courages, mais. »
2. « Davantage quand, etc. »
3. « Qui luy fut fait. »
4. « Car grandz maux en sont souvent advenus. »

de bois ou d'yvoire, figurée en forme de chevalier, vinrent à tele fureur que d'occire l'un l'aultre et mettre et adventurer leur vie pour sy peu, de tel hazart et esclandre. Et dit bien le philozophe qui met que le passe temps faict à deffendre, dont il peut advenir plus de maux que de biens, et en ce passe temps il entendoit tous les jeux du monde. Et secondement il fault bien croire qu'en ce temps la vertu florissoit sur les princes et noblesse d'Angleterre et que raison et honneur y avoient cours et regne. Et n'est pas merveille se, en ce temps qu'ilz vivoient vertueusement, ils firent de grans fais et de grans conquestes en France et ailleurs. Mais depuis que vertu et union fut chassée et deboutée[1] d'icelluy royaulme, et que les parcialitez ont eu lieu dont les divisions sont eslevées et venues en avant, quant aux conquestes qui se faisoient à l'elargissement et augmentacion du bien du royaulme, tout est tourné en fureur et debat sur eulx meismes, à la confusion et perte du peuple et de leur seigneurie. Et fault bien cognoistre que vertu avoit le commun cours, quant le pere, la noblesse et le peuple povoient refrener leurs courages et n'estre parcial[2] pour leur [propre] Roy apparant. Et doubte et croy qu'aujourd'huy, là ou ailleurs, raison auroit peu de lieu devant la volenté en tel cas, et toutesfois se fut tele vertu monstrée que le recit en est honnourable.

Et n'est pas assez se j'ay devisé pourquoy Phelippe de France, vostre bysayeul[3], fut nommé Phelippe le

1. « Reboutée. »

2. « Partiaux. »

3. Les éditeurs ont substitué à ce mot ceux-ci : « bisayeul de vostre mère, » ce qui n'est pas plus exact. V. la note de la p. 58.

Hardy. Mais est besoing que je vous declaire quy il fut plus amplement. Et trouverez qu'il fut gentilhomme, filz, frere et oncle de Roy de France, luy vivant, car le Roy Jehan de France, son pere, vescut assez longhement de son temps. Et, comme j'ay dit[1], le Roy Charles le Quint fut fils aisné du Roy Jehan et frere dudit Phelippe, lequel succeda au royaulme et fut Roy de France. Et sy vesqui ledit Phelippe[2] sy longhement qu'il vit regner assez longhement Charles VIe de ce nom, Roy de France, fils de Charles le Quint et nepveu dudit Phelippe, vostre bysayeul[3]. Et ainsy se trouva de sa vie Phelippe le Hardy filz, frere et oncle de Roy de France. Et encores n'ay je pas assez devisé qui fut ce noble duc, dont vous estes yssu. Mais pour en vostre jeune eaige recorder et apprendre, le plus brief que je pourray, les lieux que vous devez honnourer et dont vous avez receu biens et honneurs par voz ancesseurs, tant en biens fais, comme en noble descente, je declaireray en brief, de la noblesse et descente des Roys de France, ce que j'ay peu apprendre et savoir. Si ne me veuil arrester à l'advenement et comme ilz concquirent et augmenterent France, ne à Francio, premier Roy des Franchois, et comment ils furent payens jusques au Roy Clovis. Et d'iceux j'ay aucunement touchié en ce present volume, et dura celle lignie jusques à Cilderic le second[4]. Après la lignie

1. Ces trois mots ont été supprimés par les précédents éditeurs.

2. Les mots depuis « lequel » jusqu'à « Phelippe » avaient disparu dans les éditions précédentes. Ils ont été rétablis d'après le ms. n° 2868.

3. « Tiers aïeul. » Lire : *quadrisaïeul.*

4. Childéric III, détrôné et rasé en 752.

passée, Pepin, fils de Charles Martel, fut faict Roy de France par son sens et bonne conduicte, sans aultre titre de droict, et après luy Charles le Grant, son filz, qui fut Empereur de Romme et Roy de France, qui tant combaty et traveilla pour soustenir la foy crestienne, que ses beaux fais sont le tesmoingnage, et sont par tout le monde par fondacion, cronicques et escriptures, et où tout noble coer se doit delecter et lire pour y prendre le cemin de valoir[1].

CHAPITRE XVI.

De l'ancienneté des Roys de France; et comment le royaume vint à la lignie de Valois; et quelque peu de la question des Franchois et des Anglois; et comment la duchié de Bourgoingne vint par succession au Roy de France.

Celle lignie des Roys de France dura jusques à Loys, filz du Roy Lothaire. Et sur[2] celluy Roy Loys, Hue Cappet, filz de Hue le Grant, maistre du palais, prist le royaulme de France et fist Roy de France Robert, son filz. Celluy Robert fist à Dieu tele reverence qu'en son habit royal chantoit avec les prebstres et faisoit le service de Dieu, comme s'il fusist prebendié comme prebstre. Et fut celluy qui tenoit ung siege sur ses ennemis à grant puissance, lequel il habandonna de sa personne, pour aller chanter et faire le service divin avec les prebstres. Et, luy faisant le saint service de

1. « Valeur. »

2. Le ms. n° 2868 donne par erreur « fut sur » au lieu de « sur. »

Dieu, les murailles tomberent sans cop[1] de canon ou bombarde, mais par la voulenté de Dieu. Et fut la place prinse par ce moyen et mise à la voulenté de ce très devot Roy Robert. Et de cest acte vous doit bien souvenir, et servir ce bon Dieu, à qui tous biens fais sont employez et recognus[2]. Et fault remantevoir à ce propoz du bon Moyse qui conduisoit les enfans d'Israel, peuple de Dieu, qui tant eut de dangiers et de paines à conduire leurs diverses meurs, et en pluseurs lieux se trouva en bataille, que, quant il combatoit, il perdoit, et quant il prioit et faisoit ses oroisons, il avoit la victoire. Combien que je ne die pas qu'il faille tempter Dieu et demourer les bras croisiez, et laissier honneur et avoir à l'adventure, sans deffense; mais il s'entend que l'en doit, par humble et devot courage, marchander à Dieu la victoire et y mettre coer et fiance, pour avoir de luy confort et ayde. Car plustost obtiendroit celluy, qui à tort se combat, grace de victoire, par humbles requestes et pryeres, que celluy qui avec le droit traveil ne feroit, et [grandement se meprendroit celluy] qui tant se fieroit en sa bonne querele, qu'il oubliast la puissance de Dieu et la permission divine, dont la sentence est de nous incongneue jusques à l'effect. Sy soyons humbles devant Dieu et luy requerons ayde et confort à nostre droict, et pardon et misericorde de noz tors et meffais, et soyons devotz, comme le Roy Robert, filz de Hue Cappet, qui fit plus par son humble devocion en sa victoire, que toutes les puissances, cohortes, bombardes et artillerie de son

1. « Sans coup férir de canon. »
2. « De qui tous bienfaicts sont acceptés et recongnus. »

armée. Et dure encore ceste lignie de Hue Cappet[1] et non pas la droite lignie des Roys de France, comme je diray cy après. Tant dura la lignie de Hue Cappet qu'elle vint au bon saint Loys, Roy de France, lequel traveilla moult pour la concqueste de la terre sainte, et fut prisonnier des Sarrazins, et, depuis sa delivrance, fist armée nouvelle, et retourna, et morut sur les Sarrazins, et fut moult extimé et de sainte vie, comme il appert par les tesmoingnages de l'Eglise, qui l'a canonisié et tenu pour saint. Celluy saint Loys se maria à Margherite, fille du conte de Prouvence, et de celle dame eut pluseurs enfans, dont l'aisné, celluy qui succeda à la couronne, fut Phelippe. Celluy Phelippe eut à mariage Ysabel, fille du duc de Bourgoingne[2], et de ce mariage il eut trois filz, dont les deux par succession furent Roys de France, et le tiers fut Charles, conte de Valois et d'Alenson. Celle lignie de saint Loys faillit en la lignie directe des Roys à Phelippe le Bel, et morurent tous les hoirs masles. De celle lignie demourerent pluseurs femmes, dont l'aisnée, nommée Margherite, fut fille de Phelippe, filz de saint Loys, et fut Royne d'Angleterre. Mais les pers de France, en approuvant une loy par eulx faicte que fille ne doit point succeder à sy noble royaume, ne vouldrent consentir que la dicte fille, Royne d'Angleterre, ou son filz, succedassent à la couronne. Mais firent Roy de France Phelippe de Valois, filz de Charles, conte de Valois, filz de Phelippe, filz de saint Loys, et demy frere de la dicte Royne d'Angleterre. Et de

1. « Par lignée. »
2. Isabelle d'Aragon, fille de Jacques Ier.

ce debat meuvent et viennent les quereles qui de present sont entre les deux royaumes de France et d'Angleterre, et dont la guerre n'est pas encoires finée.

Ainsy fut celle lignie [directe] des Roys de France faillie et venue à la lignie colaterale, car Phelippe de Valois, esleu et eslevé Roy de France, fut filz de Charles, conte de Valois, tiers filz du Roy Phelippe, filz de sainct Loys, qui fut longhement hors d'esperance de revenir à la couronne, et depuis se sont les Roys, yssus de celle lignie, nommez de Valois, dont vous estes yssu.

Et combien que les princes et princesses, yssus du royaulme de France, [en lignie] directe ou collaterale[1], se pevent nommer de France en sournom, toutesfois, pour les grans et anciennes seigneuries, tirées[2] et appenagées du royaulme aux enfans en partaige, chacun seigneur et chacun prince ont prins le nom de la seigneurie à eulx donnée, comme les[3] ducs d'Orleans, de Berry, d'Anjou, de Bourgoingne et de Bourbon; leurs successeurs ont prins le nom de leur seigneurie et partaige, combien qu'ilz se pevent nommer de France, et est leur droit sournom de France[4], comme dit est.

Phelippe de Valois, Roy de France, eut deux femmes. L'une fut de Navarre[5], dont je me tais, et l'autre fut

1. « Directement ou colateralement. »

2. Quelques éditeurs ont lu « terres » au lieu de « tirées. »

3. Denis Sauvage a substitué au mot « les » ceux-ci : « quant aux, » ce qui rend la phrase plus acceptable, en supprimant les point et virgule.

4. « Et que leur droit surnom soit de France. »

5. Blanche, seconde femme de Philippe de Valois, fille de Phi-

fille du duc de Bourgoingne[1], nommée Jehanne[2]. De ces deux vint le Roy Jehan, qui morut en Angleterre, et de luy j'ay nagaires parlé, tant de sa prinse à Poictiers, comme de sa prison. Ce Roy Jehan se maria à Bonne, fille du Roy de Boheigne[3], et de ces deux vindrent les quattre filz dont j'ay parlé cy devant, assavoir Charles le Quint, qui fut Roy de France, et les ducs d'Anjou et de Berry, et Phelippe, vostre besayeul[4], qui depuis fut duc de Bourgoingne[5], lequel fut longhement appellé Phelippe sans Terre, et puis fut duc de Touraine, nommé Phelippe le Hardy, et de tout [ce] j'ai assez parlé et ramenteu. Or, pour parachever ce propoz qui vous touche, je diray comme Phelippe le Hardy, vostre bysayeul, fut duc de Bourgoingne, par don et partage, comme filz du Roy de France. Et laquele matiere j'abregeray pour ceste fois, pour ce que j'entens y revenir par mon second volume[6] à la probacion de vostre droit.

lippe, comte d'Évreux, et de Jeanne de Navarre, mariée le 29 janvier 1349, morte en 1398.

1. Les mss. n°s 2868 et 2869 portent « du Roy de Boenne. » Nous avons cru devoir adopter ici la correction de Denis Sauvage, qui a supprimé purement et simplement ces mots, auxquels d'autres éditions ont substitué « du duc de Bourgoingne. »

2. Jeanne, fille de Robert II, duc de Bourgogne, et d'Agnès de France, mariée en 1313, morte en 1348.

3. Bonne de Bohême mourut le 11 septembre 1349. Jean épousa en secondes noces, le 19 février 1350, Jeanne de Boulogne, qui mourut le 29 septembre 1361, quelques mois avant son fils Philippe de Rouvre, issu de Philippe de Bourgogne, son premier mari.

4. « Tiers aïeul. » Lire : *quadrisaïeul.*

5. Six mots supprimés dans les éditions précédentes.

6. « En autre lieu. »

CHAPITRE XVII.

Comment le duc Phelippe se maria à madame Margherite, fille du conte de Flandres; et comment la duchié de Bourgoingne fut donnée par le Roy de France au duc Phelippe, et les condicions du don.

La lignie de Hue[1] et de Robert, ducz de Bourgoingne, faillist par deux ducz[2], tous deux nommez Phelippe, pere et fils, l'un après l'autre. Et le darrain, qui fut Phelippe le Josne, avoit en mariage Margherite de Flandres, fille du conte Loys, que l'on nomme Loys de Malle, et vint par vraye succession la duchié de Bourgoingne au Roy Jehan de France, descendu de la fille de Bourgoingne, dont j'ay cy dessus parlé[3], et de celle succession firent les Franchois grant feste. Car jà soit ce que par avant la dicte duchié[4] estoit parrie et se nommoit le duc de Bourgoingne premier per de France, comme encores fait, [néanmoins] les Franchois en firent

1. « Heude. » Eudes IV, duc de Bourgogne de 1315 à 1349, eut de Jeanne de France, sa femme, Philippe, marié à Jeanne de Boulogne, mort en 1346 et père de Philippe de Rouvre, qui succéda à son grand-père à l'âge de cinq ans. Le père de Philippe de Rouvre ne fut donc pas duc, comme l'affirme Olivier de la Marche.

2. V. la note qui précède.

3. Le roi Jean prétendit que la Bourgogne lui était dévolue *ratione proximitatis, non coronæ nostræ*, parce qu'il était fils de Jeanne de Bourgogne, sœur d'Eudes IV, grand-père de Philippe de Rouvre. « Le duchié eschay au Roi de France par lignage du duc de Bourgoingne, » dit la *Chronique normande* publiée par MM. Molinier, p. 156.

4. « Car combien que ladicte duché fust par avant perrie. »

apenaige, pour tousjours plus lyer ladicte duchié à la couronne [de France][1]. Et advint que celle Margherite de Flandres, vefve et douagiere de Bourgoingne, par le trespas du josne Phelippe, duc de Bourgoingne, comme dit est, et pour ce que c'estoit une grant heritiere de lors et du temps advenir, combien que le conte Loys[2], son pere, fut vif, grant poursuyte se fist par pluseurs princes pour avoir ladite vefve en mariage, et mesmement par le Roy d'Angleterre, qui la vouloit avoir pour son frere[3], en intencion d'avoir part en Flandres[4], dont elle estoit seule heritiere. Et, d'autre part, le Roy de France, Charles le Quint, qui fut moult saige Roy et de grant prudence, la demandoit pour son frere Phelippe, et doubtoient les Franchois que ceste grande heritiere [par mariage] ne fist aliance au dommage du Roy de France et meismes en Angleterre. Et regardans les dangiers à venir, fut practiqué le mariage de Phelippe le Hardy, lors frere du Roy, et de ladicte vefve, fille de Flandres. Le conte Loys estoit naturelement et en courage Franchois, et desiroit l'aliance de France, mais les estats et les membres de Flandres[5] et

1. V. Dupuy, *Traité des droits du Roi.* — Dans l'édit. de 1562, la phrase suivante commence ainsi : « Quand celle Marguerite... fut veuve, etc. »

2. « Louis de Flandres. »

3. Ol. de la Marche commet ici une inexactitude. Jean de Cornouailles, unique frère d'Édouard III, était mort avant l'avènement de celui-ci à la couronne. C'était pour Aymon ou Edmond, comte de Cambridge, son troisième fils, que le roi d'Angleterre demandait la main de Marguerite de Flandres (Froissart, liv. I, § 617, édit. Luce, t. VII, p. 129). Le pape Urbain V révoqua le 30 octobre 1365 les dispenses accordées à Edmond et à Marguerite pour ce mariage. (Arch. nat., J 558, nº 6 *bis*.)

4. « D'avoir par là Flandres. »

5. On comprenait sous cette dénomination de membres de

nomeement les Ganthois vouloient et demandoient l'aliance des Anglois[1]. Toutesfois journée fut prinse et tenue pour le mariage du fils de France, et, pour y parvenir, fut offert au conte Loys de Flandres, par traictié solempnel avec les pers de France, que l'en donroit à Phelippe le Hardy la duchié de Bourgoingne[2], que le Roy avoit nouvellement et par succession, [sous tiltre et condition d'apanage]. Et pour le lyement de l'apenage[3], le conte Loys le refusa, se ledit Phelippe ne l'avoit pour la tenir pour luy, ses hoirs et posteritez quelconques, et en tele maniere et condicion que la tenoit le duc Huedes et Robert, en renonchant [le Roy] audit appenage. Et ainsy fut fait et solempnelement passé, et en appert par chartres et tiltres autenticques[4]. Mais je ne voel gaires arrester en cest endroit et sur

Flandres les villes de Gand, de Bruges, d'Ypres et le territoire du Franc de Bruges.

1. *Comes Ludovicus* (Louis de Male), *Gandenses populusque Flandricus pro Aidmundo,* dit Pontus Heuterus dans sa Vie de Philippe le Hardi (*Rerum burgundicarum libri sex,* p. 44).

2. Le duché de Bourgogne ne fut pas donné à Philippe le Hardi en considération de ce mariage. Le roi Jean, son père, lui en avait fait donation par lettres datées de Germigny-sur-Marne le 6 septembre 1363 et confirmées l'année suivante par Charles V. Philippe prit possession du duché le 26 novembre 1364.

3. Ces sept mots ont été supprimés par Denis Sauvage qui les a remplacés par ceux-ci : « ce que le conte Loys refusa. »

4. Philippe le Hardi, quatrième fils du roi Jean, fut créé lieutenant de la Bourgogne le 27 juin 1363 et reçut le titre de duc de Bourgogne le 6 septembre suivant (P. Anselme, t. II, 460). Son mariage, « longuement traictié » avec Marguerite de Flandres, fut conclu le 7 avril 1369 et célébré à Gand le 19 juin de la même année, à l'abbaye de Saint-Bavon (*Grandes Chroniques,* VI, 271). Louis de Male céda surtout, en lui donnant la main de sa fille, aux sollicitations de la comtesse d'Artois, sa mère (Froissart, liv. I, § 617).

ce pas, pour ce que, à l'ayde de Dieu, j'en parleray plus à plain en mon second volume[1] et de l'appreuvement de vostre droit en ceste partie.

Ainsy doncques fut vostre bysayeul[2] duc de Bourgoingne, marié à madame Margherite de Flandres, laquelle eut espousé deux Phelippes, ducz de Bourgoingne, comme vous avez oy, et de là en avant les hoirs yssus de ces deux portoient[3] le sournom de Bourgoingne, combien qu'ilz se povoient nommer de France, sans nul contredit, et a duré en ceste maison jusques à vous et à madame Margherite, vostre seur; car vous deux prenez le surnom d'Austrice, à cause de monsieur Maximilian d'Austrice, vostre pere, à present Roy des Rommains, comme premiers a esté dict, et n'y a plus de ce nom de Bourgoingne nulz en lignie directe, mais en lignie collaterale y sont encores monsieur Jehan de Bourgoingne, conte de Nevers et de Reetel, et la contesse de Engoulesme, sa fille, et non plus, qui sont yssus des ducz de Bourgoingne dessusdis. Et prist le duc Phelippe le Hardy les armes de Bourgoingne, qui sont à six pièces d'or et d'azur en bende, bordées de gheules, et les escartela de France, en chief, semé de fleurs de lis ; car j'ay sceu par [messire] Jehan de Saint Remy, chevalier, du temps qu'il fut Roy d'armes de l'ordre de la Thoison d'or, et l'un des renommez en l'office d'armes de son temps, que tous les filz de France doivent porter semé de fleurs de liz, et n'appertient à nulz de porter les trois fleurs de liz, sinon à celluy qui est Roy de France ou l'heri-

1. « Ailleurs. »
2. « Tiers ayeul. » Lire : *quadrisaïeul.*
3. « Portèrent. »

tier apparent, portant les lambeaux, se toutesfois la difference n'est si grande en l'escu qu'elle soit à tous manifeste et cognoissable[1]. Et au regart de madame Margherite, sa femme, et vostre bysayeule[2], elle porta les armes de Flandres, qui sont d'or à ung lyon de sables, mouflé de gris. Et en continuant ce que j'ay dit, et selon que je l'ay trouvé et apris, comment et pourquoy les armes de pluseurs seigneuries ont esté et sont muées, je m'arresteray ung peu à vous deviser aucunes choses advenues à voz ancestres, contes de Flandres, qui prinrent le lyon en leurs armes, qui longhement porterent aultre escu et blason[3].

Il est manifeste[ment parlé] par cronicques et escriptures des grans fais[4] fais par pluseurs contes de Flandres, et comme les ungs par leur proesse et chevalerie se sont fais Empereurs de Constantinoble, et comme l'un desconfist et tua deux grans geans

1. Cette description des armes de Philippe le Hardi, adoptée par le P. Ménestrier (*Nouvelle méthode raisonnée du blason,* 1734, p. 220), n'est pas tout à fait exacte. L'écusson de ce prince, figuré plusieurs fois sur le socle d'un tableau d'autel dont il fit présent en 1391 à la Chartreuse de Dijon, porte : au 1er et au 4e de France au champ d'azur fleurdelysé sans nombre et à *la bordure componée d'argent et de gueules.* Son sceau a également une bordure d'argent et de gueules. Enfin un ms. appartenant à M. de Saint-Seine et provenant de la même Chartreuse indique aussi une semblable bordure.

2. « Trisayeule. » Même erreur que précédemment.

3. Les éditeurs précédents ont voulu corriger ce passage en y substituant : « Et comment et pourquoy ils prirent le lyon en leurs armes, le portans depuis longuement, sans autre escu et blason. » Ol. de la Marche dit au contraire que, si les comtes de Flandres ont pris le lion pour armoiries, ils ont longtemps porté auparavant un autre blason. V. ce qui suit.

4. « Grandes chevaleries. »

devant[1] Gayette, et ont par pluseurs fois fait sur les Sarrazins et en la terre saincte de moult grans choses [et dignes de memoire]. Et se le peuple flameng eust esté et fust maniable par leur prince, comme aultre pays, peu de princes eussent peu faire plus grans concquestes et vasselaiges que les contes de Flandres. Et des condicions de iceulx je me tais pour revenir à ma matiere commencée.

Je treuve que depuis Liedry, forestier, qui premiers seignourist et possessa Flandres[2], jusques à Phelippe, filz de Tierry d'Allesastre, conte de Flandres, tous les princes et contes de Flandres porterent leurs armes gyronnées d'or et d'azur[3], et dura très longhement, par la maniere que je diray. Et pour mieulx declairer ceste matiere, et qu'elle soit approuvée et entendue, il est besoing que je declaire aucune chose des fais du conte Thierry d'Allesastre, pere de Phelippe. Le conte Thierry de Flandres, nommé d'Allesastre[4], sceut que le Roy de France, à qui il estoit parent, se preparoit

1. « De Caiete. »

2. En 621, d'après Martin, édit. Vrients (*Généalogies et anciennes descentes des forestiers et comtes de Flandre,* p. 7). V. *Chronica comitum Flandriæ ab anno* 621 *ad annum* 1490, ms. EG 34 de la Bibl. publ. de Lille, où l'histoire fabuleuse de la Flandre est racontée avec beaucoup de détails qui se rapprochent de ceux donnés par La Marche. V. aussi un ms. du même ouvrage à la Bibliothèque de Bourgogne à Bruxelles, EG 20, 34.

3. De dix pièces, au milieu un écusson de gueules, ajoute Martin, *loc. cit.* Ce que rapporte ici Olivier de la Marche est une tradition légendaire. Robert le Frison portait déjà le lion dans ses armes, comme on le voit par une charte scellée de son sceau en 1072.

4. Thierry d'Alsace, 15e comte de Flandre, en 1128 (v. *Art de vérifier les dates*). Meyer, *Chronica Flandriæ,* édit. 1538, p. 16, et Martin, *op. cit.,* p. 82, donnent la date de 1129.

pour aller en Jherusalem lever le siege que les Sarrazins y avoient mis devant la cyté, et avoient assegié dedens le Roy Faco[1], Roy de Jherusalem, ung moult vaillant chevalier, preudhomme, crestien et bien renommé de son temps. Sy se prepara ledit Thierry pour aller avec le Roy de France, et, pour avoir l'amour du Roy, il reprint sa conté de Flandres de luy. Et, pour abregier mon recit, le siege que tenoient les Sarrazins devant Jherusalem fut levé, et le Roy Faco et ceulx de la cyté mis en liberté, où le conte de Flandres fist tant [d'armes] et sy bien se porta qu'il en acquit grant loz et grant pris, et accompaigna le Roy Faco jusques en Egipte, à la poursuyte de ses ennemis. Et tant l'ama ledit Faco qu'il luy donna sa fille en mariaige nommée Sebille, dame moult devote et vertueuse. Le Roy de France repassa la mer, et le conte de Flandres amena sa femme en son pays et eut pluseurs enfans d'elle, dont celluy qui succeda à la conté de Flandres fut nommé Phelippe. Et après que Thierry et Sebille eurent lignie et qu'ilz eurent regné enssamble trente ans, et gouverné et tenu le pays en pais et en prosperité, Sebille, advertie de la mort du Roy de Jherusalem, son pere, prit devocion de visiter la terre saincte dont elle estoit venue, et de veoir comment ses freres se maintenoient et gouvernoient le royaume de Jherusalem et la terre de Surrie. Et dont se contenta son mari et l'accompaigna honnourablement, et la pourveit de ricesses et de ce qui luy besongna, esperant que, son voyage fait, elle deust retourner, mais non fist. Car, après la visitacion des sains lieux, de ses freres et du pays, elle entra en si grant devocion qu'elle se

1. Fouques V ou Foucault, comte d'Anjou, roi de Jérusalem.

rendy seur, servant les povres de l'ospital Saint Jehan de Jherusalem, qui est moult sainct et devot lieu, et à cest ospital morut sainct Ladre[1]. Et par ceulx qui l'avoient amenée, elle rescripvit au conte de Flandres, son mary, moult devotes lettres, et, pour guerdon des biens et honneurs qu'elle avoit receu en Flandres, elle envoya le sainct Sang de miracle, qui encoires gist en la ville de Bruges, en la chapelle ou bourg, que l'on dit la chapelle du Sainct Sang. Et me soit pardonné, se je suis allé hors de ma matiere, car il falloit que je devisasse des choses dessusdites, pour mieux esclarchir et donner à entendre ce que je vueil dire et mettre avant à la deduction de ma matiere. Et en ce temps les Sarrazins, et parle l'istoire de mescreans Salhadins, se mirent sus à si grant puissance, qu'ilz concquirent Jherusalem et toute la terre saincte, et tuerent les freres de Sebille, contesse de Flandres, toute la noblesse et generalement tous ceulx qui ne vouloient croire en la loy de Mahomet, au grant vitupere et dommaige de la sainte foy crestienne. Et en ce temps Phelippe d'Allesastre devint homme et fut receu conte de Flandres par la mort de Thierry, son pere[2]. Celluy Phelippe fut moult bel et chevalereux prince et fort amé et obey par toute Flandres. Et se voyant rice et puissant d'avoir et d'amis, et que son pays estoit paisible et en seurté, il se delibera d'aler veoir la terre saincte, en espoir de trouver sa mere et la ramener en son pays, pour

1. Sebille mourut à l'hôpital Saint-Lazare en Béthanie en 1163 ou 1167.

2. V. Meyer, *op. cit.*, p. 81 et suiv. Thierry, qui avait abandonné le gouvernement de la Flandre à son fils Philippe, mourut en 1169 et fut inhumé au monastère de Watine ou Waten qu'il avait fondé.

paruser sa vie en seureté. Et de ce faire fist veu solempnel et de non jamais mengier chair qu'il n'eust[1] son voyage accomply. Et eut moult d'assistence de plusieurs princes et seigneurs, et meismement du Roy de France, qui luy avoit donné en mariage sa niepce, fille du conte de Vermendois[2]; mais elle morut, et lors, à son enterrement à l'abbaye de Clerevaulx, il fist le veu dessusdit et entreprinst le voyage. Et assambla de soy bien dix mille combatans, et ainsy se mist à la voile[3] pour son veu accomplir et parfaire. Et entra le conte de Flandres en mer, à moult grant navire, et se rafreschit en Espaigne où plusieurs[4], sachans l'entreprinse de son voyaige, le suyrent et acompaignerent, et tant vuacra la mer qu'il approcha l'isle de Cipres, qui lors estoit royaume et terre payenne, et par constrainte se delibera de la combatre; mais le Roy de Cypres envoya au devant de luy et le rechupt benignement en son pays, et luy donna à entendre la crainte où il estoit et comment, maulgré luy, il dissimuloit avecques les payens, et le fit sage de la puissance des mescreans Salhadins, qui estoit moult grande, et prit en conseil, par le moyen du Roy de Cypres, qu'il envoya en Jherusalem demander ung saulf conduit pour six mille hommes aler en pelerinage au Saint Sepulcre et sans armures. Et ainsy, par saulf conduit, alla le conte de Flandres en Jherusalem et laissa le sourplus de ses gens à Acre. Et trouva le Roy d'Acre,

1. « Eusse. » (Ms. nº 2868.)

2. Isabelle, fille de Raoul le Vaillant, comte de Vermandois, morte en 1182. Martin dit qu'elle fut inhumée à Notre-Dame d'Arras.

3. « En la voye. »

4. « Plusieurs nobles hommes. »

nommé Engherran, moult bon et qui luy fut amy, car il estoit son parent du costé de sa mere, fille du Roy Faco de Jherusalem. Le saulf conduit fut accordé par le Roy Haultas, lors Roy de Jherusalem, comme dit la cronicque, parmy payant les tributs acoustumez, et ainsy ala Phelippe, conte de Flandres, à six mille hommes, faire son pellerinage au Saint Sepulcre. Et fut rechupt des patriarces et autres devotes gens moult benignement, et là luy monstrerent la saincte vie de Sebille, sa mere, et, après les devoirs fais devotement par luy et par sa compaignie, il se party le IIIIe jour et se tira au mont de Sinay.

CHAPITRE XVIII.

De la mutacion des armes de Flandres; et comment le lyon fut conquis sur les Sarrazins; et des vaillances que fist le conte de Flandres Phelippe; et des armes que porterent le duc Phelippe et la contesse de Flandres, besayeul de mondit seigneur du costé maternel.

Ledit Roy Agolas, adverty que le conte de Flandres estoit filz de Sebille, fille du Roy de Jherusalem, dont il avoit nagueres occis et destruit toute la lignie, se doubta et manda ses parens et son conseil, et leur remonstra la venue du filz de Sebille, qui encöires estoit de la lignie du Roy Facon[1], et se doubtoit qu'il ne fust venu pour vengier la mort de ses parens et pour recouvrer le royaume de Surye. Sy fut conclud

1. « Fouques. »

que Nobiliter, bastard du Roy d'Albeline, à six mille hommes bien armez, yroit les attendre au fleuve de Jourdain, pour mettre les crestiens tous à mort, ce dont fut adverty le conte de Flandres par les crestiens, gardans le Sainct Sepulchre, et luy fut conseillié de prendre autre chemin; mais il parfeist son emprinse et se baigna au fleuve Jourdain et fist pluseurs chevaliers. Nobiliter, le bastard, vint sur les crestiens fierement, mais le conte de Flandres, par bon advis et conseil et par la voulenté divine, combien qu'il n'avoit nulles armes pour luy, ne ses gens, se mist en bataille et en bon ordre de deffence, et se monstra de sa personne, comme il appertenoit. Et, par le racoragement et bon exemple qu'ilz virent ou conte de Flandres[1], ilz desconfirent les Sarrazins, et y morut trois mille payens et moult de personnes, et meismes y morut Nobiliter, le bastard, chief d'icelle emprinse, par la main du bon chevalier Phelippe, conte de Flandres. Et retint pour son butin de la journée l'espée et l'escu dudit bastard, et retournerent les crestiens en Cesarie pour eulx rafreschir III ou IIII jours, et pour mediciner et garir les navrez, dont il y avoit grant plenté.

Le Roy de Jherusalem et son frere Nobilion, Roy d'Albeline, sceurent les nouvelles de la desconfiture et de la mort de Nobiliter; sy coururent aux armes, et se party de Jherusalem le Roy d'Albeline, à douze mille hommes, pour vengier la mort de son filz bastard et des Sarrazins, subjectz de son frere et de luy; et sceut par son espie le convive des crestiens, et se vint embuschier entre Acre et la cyté de Cesarie,

1. « Que ses gens virent en luy. »

pour ce qu'il sçavoit que là attendoit on les crestiens à leur retour, et ne demoura gaires que le conte de Flandres et les crestiens vinrent celle part, et se tenoient serrez et sur leur garde saigement et en gens de gherre. Et ledit Roy d'Albeline leur courut sus en criant : « Jherusalem, Mahon, en ayde, » et, d'aultre part, les crestiens se mirent tous à genoulx et firent le signe de la croix et crièrent : « Dieu, Jhesucrist, en ayde, et le Sainct Sepulchre ! » La bataille fut durement combatue, car les Sarrazins estoient grant nombre et combatoient pour vengance de leurs parens occis, et les crestiens estoient deliberez et plains de foy et de courage. Et, durant la bataille, se trouverent le Roy Nobilion et le conte de Flandres, et se combatirent telement que le conte de Flandres l'occist de sa main et abbaty, et gaigna sa baniere, qui estoit d'or à ung lyon de sables, et, le Roy des Sarrazins mort et sa baniere abbatue, les Sarrazins furent desconfis et tuez, et dura la chasse moult longhement. Et puis s'en retournerent les crestiens à Acre, où ilz furent recueillis à grant joye, et sur tous le bon Phelippe, conte de Flandres, qui portoit la baniere du Roy sarrazin qu'il avoit conquis, où estoit le lyon de sables, comme j'ay dit. Et de là en avant le conte de Flandres laissa les armes gyronnées, qui furent les anciennes armes de Flandres, et prist l'escu d'or et le lyon de sables, rampant, moufflé de gris, et encoires durent icelles armes[1]. Cestui à son retour passa par le royaulme de Portugal et trouva le Roy Alphonse mort. Et, pour la bonne renommée de luy, la Royne Mehault de Portugal le print à mariaige et

1. V. Martin, *op. cit.*, p. 84.

fut contesse de Flandres, et elle fut receue en Flandres à grant honneur, et fut cestui Phelippe le XVIIe[1] conte de Flandres.

Et ainsy vous ay devisé comment et par quel raison les armes de Flandres furent muées, et comment Phelippe le Hardy espousa madame Margherite de Flandres. Par lequel mariage moult de seignouries escheurent à la maison de Bourgoingne, et pour le present je me passe de declairer les enffans venus des dessusdits, pour continuer la matiere de la fondacion de ce present volume, pour ce que je reviendray tout à temps au second volume de mes memoires[2] à declarer par quel droit de successions vous venez à ces haultes seigneuries, comme j'ay dit au commencement en l'epistre de mon prologue.

CHAPITRE XIX.

Du duc Jehan de Bourgoingne, filz d'iceulx, qui se nomma Jehan sans Paour; de ses grans fais; et pourquoy les filz aisnez de la maison de Bourgoingne se sont nommez jusques à present contes de Charolois; et augmenta ses armes du lyon de Flandres; et se maria à madame Margherite de Baviere, fille du duc Aubert de Baviere, conte de Haynaut, de Hollande, de Zellande et seigneur de Frize.

De Phelippe le Hardy et de madame Margherite de Flandres vint le duc Jehan de Bourgoingne, qui fut, du

1. Lisez : XVIIIe. Martin dit XVIe.
2. « En la deduction de mes memoires. »

vivant de son pere, conte de Nevers. Cestui duc Jehan fut moult courageux et de grant cœr, et fut homme subtil, doubteux et souppechonneux, et ne se fioit pas en chascun. Et à ceste cause il estoit tousjours armé soubz sa robe, et avoit tousjours son espée chainte, et se faisoit doubter et craindre sur tous aultres. Et en ses jeunes jours fut chief de l'armée de France, qui fut envoyée contre les Sarrazins en Hongherie, pour ce que les Turcs envayssoient le Roy de Hongherie et son royaulme à moult grant puissance, et, combien que la bataille fut perdue[1] pour les crestiens, icelluy conte de Nevers, vostre bysayeul, fut prins faisant son devoir et à son grant honneur. Et de celle journée je ne veuil gaires parler, pour ce que assez en pourrez apprendre et sçavoir par aultres escrips et cronicques, mais je le recite presentement tendant à deux fins. L'une, pour ramentevoir les fais et adventures dudit duc Jehan, vostre bysayeul maternel, et l'autre, affin que vous ayez tousjours en tous fais et affaires plus grant tremeur de Dieu, sans vous fyer en pouvoir ne en bon droit que en Dieu seulement. Car Dieu en aucun pas [se] dist et se nomme Dieu des batailles, c'est à dire de la victoire, et la depart à son plaisir, et pour ce, à tout besoing, se doit ce bon Dieu invocquier et requerir pour souveraine ayde. Car telle fois, pour certaines causes venues de sa juste sapience à nous incognue, il a permis les ennemis de sa saincte foy prosperer et vaincre et chastier les iniquitez desordonnées de ceulx de sa religion crestienne.

Revenons doncques à nostre matiere. Ce duc Jehan

1. Bataille de Nicopolis livrée le 28 septembre 1396.

de Bourgoingne fut nommé Jehan [sans Peur] et oza, en ses jeunes jours, emprendre et executer à son povoir ce que tous les princes crestiens abayent et menassent et ascoutent[1] l'un après l'autre qui le fera, et fait plus à loer et glorifier le vaincu en si haulte et saincte emprise executant, que ne font tous les princes de aujourd'huy, et fussent [ils] vaincqueurs de leurs quereles teles qu'elles procedent[2] plus souvent de voulenté que de raison. Et se je dis plus que je ne doy et qu'il ne m'appartient[3], verité en fasse mon excuse. Ce duc de Bourgoingne, à son retour de la prison du grant Turq, nommé Lamourathbahy[4], n'eut pas le coer failly, ne perdu; mais pour secourir son beau frere, Albert[5], duc de Baviere, esleu et ayant le droit de l'eveschié du Liege, à l'encontre d'un de ceulx de Hornes, filz du seigneur de Perwez[6], pretendant à ladicte eveschié, ce duc Jehan assambla ses parens, subjectz, amis et bienveillans, et en bataille assignée[7] desconfit les Liegeois et en occist plus de XXX mille,

1. « Ecoutent. »
2. « Telles quelles, mouvant. »
3. « Qu'il n'appartient. »
4. Bajazet Ier (1389-1403).
5. Lisez : Jean, fils d'Albert, duc de Bavière. Jean sans Peur avait épousé sa sœur, Marguerite de Bavière.
6. Monstrelet l'appelle « seigneur de Pierrelves. » (*Chroniques*, ch. XLVII, t. I, p. 351.) C'était Thierry de Horn, fils du seigneur de Pierwelz ou Perwes (note de Du Cange).
7. Bataille de Tongres, livrée le 23 septembre 1408 (v. Monstrelet, *loc. cit.*, p. 355). Ce dernier chroniqueur donne un chiffre de 28,500 morts (id., p. 365). Plus loin, au ch. II du liv. I de ses *Mémoires*, Olivier de la Marche ne parle plus que de 15,000 tués parmi les Liégeois. Le surnom de Jean sans Peur fut donné depuis cette époque au duc de Bourgogne (v. Monstrelet, t. I, p. 389).

abbati murs et portes par le pays, et le mist en la totale subjection de son beau frere, et en celle bataille[1] reprint la croix sainct Andrieu pour ensaigne, laquele les Bourguignons avoient laissée depuis que par succession la seignourie vint au Roy de France, comme j'ay dit; et porterent la croix droicte, tant que Phelippe le Hardy vesquit, qui fut moult bon Franchoix. Mais à ceste journée il estoit trespassé ; et reprint son filz la croix sainct Andrieu pour ensaigne, qui encores dure pour l'ensaigne de ceste maison. Ce duc Jehan de Bourgoingne mena six mille chevaulx en France et fit son assamblée à l'Arbre Secq, assez près de Paris, et ce pour avoir gouvernement; ce que les aultres princes de France ne vouloient consentir. Mais il se monstra si puissant qu'il eut le gouvernement, ou partie, du Roy et du royaulme, qui que le voulsist voir. Ce qui fut au temps que le Roy Charles, le sixiesme de ce nom, estoit en maladie, comme plus à plain pourrez estre adverty par les cronicques de France et aultrement. Ce duc Jehan fut celluy qui, par contrevenge d'emprinse, fist tuer à Paris le duc Loys d'Orleans, tierce personne de France, et l'avoa en plain conseil, en sa personne, et là où estoient les principaulx seigneurs et les plus grans princes de France. Et combien que le hardement fut grant, sy sont telz outraiges à reprendre et à blasmer, devant tous jeunes princes, car de tele mort moult de maux sont venus au royaulme de France et ès pays de voz ancesseurs et de vous. Et ay cest accident ramentu pour dire verité et declairer les adventures du noble duc Jehan, et principale-

1. « Le duc Jehan de Bourgongne reprit. »

ment affin que vous prenez exemple de fuyr teles euvres et de non croire sans seure apparence malvais rappors. Car le duc Jehan crut trop legierement celluy qui rapporta que le duc d'Orleans avoit marchandé pour le faire tuer, et sur ce rapport fist executer le contraire sur la personne de son prochain parent. Et doit tout homme de sain entendement avoir grant regart et advis que legiereté de croire et de seule voulenté ne luy face faire chose dont à grant loisir il se repente, car luy et les siens en ont souvent desplaisir et dommaige. Ce duc Jehan, vostre bysayeul, augmenta, par acquest de ses deniers, la maison de Bourgoingne de la conté de Charolois, laquele il achepta et la paya au conte d'Arminhac qui la possessoit par heritaige; lequel la vendit pour payer sa ranchon en Angleterre, ce que je n'oubliray point de plus amplement ramentevoir en mon second volume[1], et depuis les filz aisnez de la maison de Bourgoingne se sont nommez contes de Charolois, et meismes vous, avant la mort de très vertueuse et de noble memoire, madame Marie, heritiere et dame de ceste maison et seignourie, vostre mère, et dont vous estes heritier. Et pour vous reciter en brief et vous donner à entendre et cognoistre quel prince fut le duc Jehan, ce fut celluy qui, en la presence de monseigneur[2] le daulphin, qui depuis a esté Roy de France, septiesme de ce nom, fut tué et murdry à Monstriau fault Yonne par les principaulx chambellans et gouverneurs dudit daulphin, qui, à la verité, estoit de jeune eaige, et toutesfois se vint mettre

1. « En mes memoires. »
2. « Monsieur. »

ès mains dudit daulphin pour le bien de paix, sur grant seurté et promesses mal tenues, comme il appert. Et de ce fut demandé toute sa vie messire Taneguy du Chastel, messire Guillaume Batillier et aultres, qu'on disoit avoir esté serviteurs du duc d'Orleans, qui en firent la contrevengance deshonestement, et dont tant de guerres et de maulx sont depuis venus au royaulme de France et ailleurs, et tant de terres, de maisons, de villes et de chasteaux en sont esté ars, destruis et arruinez, que de celles qui sont demourées vaghes et fliges[1] et sans labeur, elles assambliées, on en feroit ung bon et fertile royaulme et de grande valeur et revenue. Mais, monseigneur, tele mesadvenue a esté pacifiée par la paix d'Arras faicte solempnelement, comme je declaireray plus à plain [tant] en ce present escript comme en la [premiere][2] partie de mes memoires, et selon que mieulx me viendra à propoz, pour le vous mieulx donner à entendre.

Le duc Jehan de Bourgoingne porta les armes de son pere escartelées de France et de Bourgoingne, et mist sur le tout l'escu d'or au lyon de sables, qui sont les armes de Flandres, teles que je les ay paravant blasonnées. Et se maria celluy duc à madame Margherite de Baviere, fille du duc Aubert de Baviere, conte de Haynin[3], de Hollande, de Zellande et seigneur de Frize, et d'une fille du duc de Brighe; et fut celluy duc Aubert, filz de Loys, duc de Baviere, par la clemence divine Empereur de Romme, l'an trois cens et

1. « En friche. »
2. Les mss. disent « tierce. »
3. Hainaut.

seize, et de Margherite, fille du conte [Guillaume] de Haynin, celluy qui morut sus les Frizons ; et par celle Margherite vindrent les seignouries dessusdites audit duc de Baviere par succession, et depuis à voz ancesseurs et à vous, comme je declareray en mon second volume[1]. Et de ce duc Jehan et de madame Margherite de Haynin, voz bysayeulz, vint le duc Phelippe de Bourgoingne, vostre ave[2], et aultre lignie de filz et de filles, dont je me passeray pour le present et y reviendray en temps et en lieu, car il ne sert point au propoz en ces presentes memoires[3]. Et portoit madame Margherite de Baviere les armes de son pere, qui sont escartelées de Baviere et de Haynin, et se blasonnent, pour les armes de Baviere, fusellées de vingt et quatre pièces d'argent et d'azur, et, pour le quartier de Haynin et de Hollande, d'or à quatre lyons, deux de sables pour Haynin et deux de gheules pour Hollande.

CHAPITRE XX.

Du duc Phelippe, ayeul de monseigneur, filz d'iceulx, que l'on nomma Phelippe l'Asseuré, de ses vaillances, bontez et vertus; et de son temps fut la maison de Bourgoingne moult augmentée de seignouries dont il amplia ses armes; et se maria à madame Ysabel de Portugal dont il eut lignie.

Le duc Phelippe de Bourgoingne, qui fut vostre ave,

1. « En mes memoires. »
2. Lisez : *bisaïeul*. — Voir *infra* la note de la page 134.
3. « En ce present escrit. »

fut celluy que l'on nomma le bon duc Phelippe, et eut deux noms acquis et donnez. Le premier fut Phelippe l'Asseuré, et en longhe continuance d'experiment de ses meurs et vertus, il fut nommé le bon duc Phelippe, en nom et tiltre, et luy est ce tiltre demouré; et certes il merita que l'on le nommast bon, car tel estoit. Ce fut celluy qui, pour vengier l'outraige fait sur la personne du duc Jehan, son pere, et sa mort, soustint la gherre seize ans contre le Roy Charles de France, le septiesme de ce nom, qui lors estoit daulphin, quant le duc de Bourgoingne fut tué en sa presence ; et se allia icelluy Phelippe au Roy d'Angleterre que l'on dit Henry le Concquerrant, et par enssamble[1] firent moult de maulx au royaulme de France. Ce duc Phelippe en ses jeunes jours combaty les Franchois devant Saint-Richier[2] et là fut chevalier ; dont, pour mieulx esprouver sa personne et gaignier sa chevalerie et ses esperons dorez, il se para en simple abit et comme ung commun homme d'arme, et combien que la bataille fust en peril d'estre rompue par les Franchois et contre luy, toutesfois il soustint le faiz avec ung petit d'hommes d'arme qui luy tindrent bon pied, et telement que messire Jehan de Luxembourg, conte de Ligny, vint à l'ayde du duc Phelippe, et fut la bataille regaignie par luy, et fit le duc tant d'armes de sa personne qu'il fut tenu pour très bon chevalier[3].

1. « Par assemblée. »

2. Bataille de Saint-Riquier (Somme), donnée le 30 août 1421. Conf. Monstrelet, *Chroniques*, t. IV, p. 59, et *Chronique anonyme* publiée à la suite de Monstrelet, t. VI, p. 301.

3. V. *ibid.*

Il print trois prisonniers[1], hommes d'armes, de sa main, dont l'un fut le très renommé escuyer Poton de Sainctetraille, grant escuyer de France et l'un des vaillans [escuyers] et capitaines de son temps. Soubz l'ensaigne de ce duc et par ses capitaines et subjectz, fut desconfite la bataille de Crevant[2], à la grant perte des Franchois et Escochois. Soubz luy fut gaignie la bataille de Bar[3], par son mareschal de Bourgoingne, messire Antoine de Thoulongeon, et y fut prins Renier d'Anjou, duc de Bar et de Lorraine, et occis le seigneur de Barbasan, que l'on nomma le chevalier sans reproche; et rechupt celle journée le duc Renier moult grant perte de noblesse de France et d'Alemaigne et aussy de ses pays[4]; et depuis, luy estant en la prison du duc Phelippe, luy eschut par succession de la mort de la Royne Jovenelle, sa prochaine parente, les royaumes de Cecille, de Naples et de Jherusalem; et en icelle mesme prison du duc de Bourgoingne fut la paix faicte entre les deux princes, qui depuis furent grans amis enssamble, et n'ay point sceu que nulle question ou debat ait esté depuis entre eulx deux de leur temps.

Et par celle paix et pour partie de la ranchon de ce Roy de Cecille, le duc de Bourgoingne eut de luy les seignouries de Cassel et de la Motte au Bos, contigues et enclavées en ses pays de Flandres et d'Arthois, et

1. Monstrelet, *loc. cit.*, dit deux seulement, comme la *Chronique anonyme*.

2. En 1423. V. Monstrelet, *op. cit.*, t. IV, p. 161. — Cravant en Auxerrois.

3. Bataille de Bulgnéville, donnée le 4, *aliàs* le 2 juillet 1431. V. Monstrelet, *op. cit.*, t. IV, p. 464.

4. « Et de ses pays. »

qui autresfois furent données en mariage à ung duc de Bar avecques une fille de Flandres, et par ce moyen recouvra lesdites seignouries à son proffit.

A ce bon duc Phelippe escheut la duchié de Brabant, de Lotrich et de Lembourg, par la mort du duc Phelippe, son nepveu[1]. Et de cette succession, je parleray en mon second volume[2], en monstrant vostre droit, la genealogie et la cause de ladicte succession venue à voz ancesseurs et à vous. Pareillement, vint audit duc Phelippe par vraye succession les contez de Haynault, de Hollande, de Zellande et [la signeurie de] Frise, et tout vostre droit je declaireray. Mais cette succession de Haynault, de Hollande, de Zellande et de Frise, combien que ce fut le droit heritaige de vostre ayeul le duc Phelippe, sy ne le eut il pas sans concqueste. Car madame Jaque de Baviere, qui succeda à toutes les contez et seignouries dessusdictes, fut femme de sa voulenté joyeuse et de grande emprinse, et toutesfois saige et subtile pour sa voulenté conduire selon son desir; et combien que ce bon duc Phelippe fut son plus prochain parent, fut par mauvais conseil, par volenté ou aultrement, tousjours querut et pourchassa[3] alliances dommageuses, contre le desir du duc, et, tendant de mettre celle seignourie en aultre main, se tira en Angleterre, querant de soy allier par mariage[4] au duc de Clocestre, frere du Roy Henry le Concquerrant, qui tant fist de grans choses en France. Sy vint ledict duc de Clocestre jusques en Haynault, et amena les

1. Lisez : *cousin-germain.*
2. « En mes memoires. »
3. « Querant et pourchaceant. »
4. Conf. Monstrelet, t. IV, p. 143, 206.

Anglois au pays ; mais le duc Phelippe luy fit la guerre et tant le pressa qu'il l'assega en une ville de Haynault, que l'on appelle Songnies[1], et l'eust prins sans remede ; mais le duc de Clocestre, subtilement conseillié et sachant le duc de Bourgoingne jeune prince et de hault cueur, luy fist offrir de le combattre corps à corps pour ceste querele[2]. Ce que le duc de Bourgoingne accepta et luy fist voye pour aller en Angleterre faire ses apprestes ; prinrent et accepterent jour pour combattre devant l'Empereur Sigismond, lors vivant. Mais le duc de Clocestre ne revint point, ne ne tint jour ne promesse en ceste partie, mais fist une armée conduire par le seigneur de Fievastre[3] et l'envoya en Hollande. [Pour] à quoy resister, le duc y ala en persone et passa la mer, et trouva les Anglois en bataille au lieu de Broussane[4], et là le duc descendit sur la dicque, à force de trait à main[5] et de pouldre, et print terre courageusement, combatit et desconfit les Anglois, et y morut ledit seigneur de Fievastre[6] et grant nombre d'Anglois de sa compaignie. Et de là le duc mist siege devant Sevemberghe[7], et fist bastilles de bois sur bateaux, pour ce que la ville est close de mer, et la·gaigna en peu de temps, et mist Hollande, Zellande et la basse Frize en sa subjection,

1. Soignies, ville du Hainaut, à 18 kil. de Mons.
2. Conf. Monstrelet, t. IV, p. 213 et suiv. (année 1424).
3. Fitzwalter. V. Monstrelet, t. IV, p. 253.
4. Brouwers-haven. V. Monstrelet, *ibid.*
5. Les mots « à main » ne se trouvent pas dans Sauvage.
6. Monstrelet dit au contraire, *loc. cit.*, que Fitzwalter se sauva.
7. Zenenberghe, d'après Monstrelet, t. IV, p. 257, et Saint-Remy, ch. CLIV, t. II, p. 131, édit. Morand. Sevenbergen, bourg de Hollande, dans le Brabant septentrional, à 16 kil. de Bréda.

combien que les Houx[1] lui fussent contraires, mais les Cabillaux[2] furent pour luy. Et ainsi mit le bon duc Phelippe lesdits seigneurs[3] en sa subjection; et appointa avec madame Jaque telement qu'elle demoura dame des pays susdicts et luy mambour. Et depuis se maria ladicte contesse à son plaisir et espousa ung gentil chevalier, son subject, nommé messire Francq de Borsèle[4], bel chevalier et homme de vertu ; et en pacifiant tous differens entre le bon duc Phelippe et ladicte contesse Jaque, ledict messire Francq fut fait conte d'Ostrevant et seigneur de la Briele et de toute l'isle[5]; et, par sens et bonne asseurance, le bon duc Phelippe assura son faict et ses seignouries, et, après le dechès de ladicte dame, qui morut sans hoir[6], ledict duc Phelippe fut de bon droit et paisiblement conte de Haynin, Hollande, Zellande et seigneur de Frize. Mais de la haulte Frize, que l'on nomme l'un des XVII royaulmes crestiens, le bon duc n'en joyt oncques, combien que ce soit l'heritaige des contes de Hollande

1 et 2. *Hoecks* et *Cabiliaux* ou *Kabeljauws*, noms de deux partis qui se disputaient les Pays-Bas. (V. Pontus Heuterus, *Vie de Philippe le Bon*, p. 242; George Chastellain, *Chronique*, ch. LXX, édit. Kervyn de Lettenhove, t. 1, p. 209, et aussi t. III, p. 70, 79, 127, 133.) Il ne faut pas les confondre avec les *Hyons* et les *Chaperons blancs*, qui prirent naissance en 1379 à l'occasion d'un canal que le comte de Flandre promit aux habitants de Bruges de faire pour joindre la Rice à la Lys. Les Gantois s'y opposèrent, chassèrent à main armée les travailleurs, et, pour se reconnaître, arborèrent le chapeau blanc, d'où leur vint leur nom. On connaît les dissensions qui s'en suivirent et troublèrent pendant de longues années la tranquillité du comté de Flandre.

3. « Lesdictes seigneuries. »

4. Conf. Monstrelet, t. V, p. 272.

5. Le Zuytbeverland.

6. V. Monstrelet, *loc. cit.*

et le vray heritaige de voz ancestres et de vous. Et morut le conte Guillaume de Hollande, Roy des Rommains, à celle concqueste, et pluseurs aultres princes ; et souvent a esté ce royaulme concquis ; mais le pays n'a nulz forts et est pays d'eaues et de marescages et fossez, le peuple puissant, et d'un secq esté est le royaume legier à concquerre ; mais quant hyver vient, les concquereurs ne se savent où tenir, ne retraire, par quoy legierement la concqueste est reperdue, et de ce je parleray cy après en furnissant mon emprinse point après aultre.

Le bon duc Phelippe se trouva par ung jour en guerre contre le Roy de France et contre l'Empereur, cuidant avoir droit en mort fief des duchiés de Brabant, de Lotrich et de Lembourg, et des contez de Haynin, de Hollande et de Zellande. Et pour ce deffia l'Empereur Sigismond ledit duc, et le Roy d'Angleterre luy manda que, quelque alliance il eust avec luy, il ne povoit habandonner son frere[1], le duc de Clocestre, luy signifiant qu'il renonchoit à ladicte alliance et le deffioit. Mais ensievant le nom à luy donné de Phelippe l'Asseuré, il n'en fist ne plus ne moins ; mais par bon conseil il pourveut sy bien à toutes choses qu'il demoura possesseur de ses successions, et lesqueles, par l'ayde de Dieu, encores vous tenez et en estes seigneur.

Et ne devez pas oublier en vos prieres et oroisons ceulx de qui vous avez ces grans biens et ces seignouries, qu'ilz [vous] ont acquises et maintenues par grant traveil et peine de leurs entendemens et de leurs

1. Denis Sauvage fait ici remarquer qu'il faut lire « son oncle. »

personnes. Ce duc Phelippe, vostre ayeul, chassa hors de la duchié de Bourgoingne les Franchois par armes et par siege, et print de siege en une saison sur les Franchois Grancy, Pirepertuis[1],

1. Grancey-le-Château (Côte-d'Or) se rendit le 15 août 1434; Pierrepertuis, non loin de Vézelay (Yonne), fut pris le 5 novembre. V. sur les sièges de ces diverses places la *Chronique* de Jean Le Fèvre, seigneur de Saint-Remy, édit. Morand, t. II, p. 280 et suiv. Les Archives de la Côte-d'Or contiennent de nombreux documents sur le matériel de guerre qui fut employé dans ces sièges. Ainsi on voit que Savin Aubert, voiturier de Troyes, avait, en juillet 1436, charroyé sur sept chars « dez Avallon en la ville de Dijon les tentes de mondit seigneur... qui avoient esté menées par delà pour le fait des sièges tenuz par mondit seigneur tant devant ledit Avallon, Pacy, Lesignes, comme devant Pierrepertuis et ailleurs à l'encontre de ses ennemis. » Jacot Belledent, clerc de l'artillerie du duc, est chargé de récoler cette artillerie et de faire placer les tentes sur les chars. Jacques de Rochefort, écuyer, est envoyé à Joigny, Saisy, Brignon-l'Archevêque, Auroles et autres lieux pour rassembler l'artillerie qui y avait été laissée en dépôt par Philibert de Vaudrey, écuyer, naguère gouverneur de l'Auxerrois et du Tonnerrois, « aprez les sièges par lui tenuz ou nom de mondit seigneur devant lesdites places que tenoient ses ennemis. » (*Archives de la Côte-d'Or,* B 1663, année 1437, fol. 96.) — Frère Pierre Voret, religieux du prieuré de Bonval-lez-Dijon, demeurant à Rouvre, reçoit 32 fr. 10 gros et demi, en vertu de lettres du dernier octobre 1433, « pour la parpaie de 58 fr. pour le service d'un sien char atelé de quatre chevaulx qui a esté continuellement ou service de mondit seigneur pour le fait de l'armée qu'il menoit et avoit lors vers Avalon et Pierrepertuis, par l'espace de XXIX jours entiers commençant le XXVIe jour d'aoust audit an CCCCXXXIII. » (*Archives de la Côte-d'Or,* B 1655, fol. 125 et 126.) — Jehan Mareschal et Jehan Chambart, canonniers demeurant à Dijon, sont payés de ce qui restait dû sur leur salaire, « à cause de leurs journées et vacquacions par eulx faictes au siège devant Grancey, où ilz furent envoiez par l'ordonnance de madame la duchesse pour y servir de leurs diz mestiers et y ont vacqué depuis le XIIIIe jour de may CCCCXXXIIII jusques au XXVIIe jour d'aoust ensuivant qui font trois mois et seze jours. » Maréchal et son

Avallon[1], Mucy l'Evesque[2], Chaumont[3] et pluseurs aultres places. Et, combien que le duc Charles de Bourbon eust espousé sa sœur[4], toutesfois il le guerroya et tint le party du Roy de France, et firent ses gens moult de grans maulx en Bourgoingne; mais le bon duc Phelippe le recula de son pays et envahy le Beaujolois et assiegea Belleville[5], où le duc de Bourbon avoit mis toute la pluspart de sa noblesse, et telement les oppressa d'engins et de batteries[6] que ladicte ville et ceux qui estoient dedans estoient en dangier de perdicion. Mais madame Anne de Bourgoingne, sa

valet recevaient 20 fr. par mois et Chambart 15 fr. (*Mêmes Archives,* B 1655, fol. 112, année 1435.) En 1440, Humbert Thierry, bourgeois de Dijon, reçoit 60 fr. 10 gros à lui dus « pour son cher atelé de six chevaulx, de cinquante-quatre jours entiers qu'il a vauquez à aider à mener la grosse bombarde au siège que mondit seigneur mist devant Avalon en l'an ccccxxxiii. » (*Mêmes Archives,* B 1673.)

1. Avallon fut prise dans la nuit du 16 au 17 octobre 1434, et non le 20 septembre, comme le prétendent D. Plancher et M. de Barante (Canat, *Documents inédits,* t. I, p. 337).

2. Mussy-l'Évêque fut investi dans les premiers jours de juillet 1433.

3. Chaumont en Charolais fut enlevé le 4 septembre 1434 sur les troupes du duc de Bourbon. Ce château appartenait à Girard, seigneur de la Guiche, à qui il fut rendu sous serment de le réparer de manière à ce que les ennemis du duc de Bourgogne ne pussent s'y loger. (Lettre de Philippe le Bon, datée de Mâcon le 29 octobre 1434, aux *Archives de la Côte-d'Or.*)

4. Agnès de Bourgogne, morte en 1476. V. Mathieu d'Escouchy, t. II, p. 242; Pontus Heuterus, *op. cit.,* p. 245.

5. Le siège fut mis devant Belleville le 21 septembre 1434. (Compte 7e d'Abonnel aux *Archives du Nord.*) V. *Chronique* de Jean Le Fèvre, seigneur de Saint-Remy, édit. Morand, t. II, p. 302 et suiv.

6. Le duc avait amené l'artillerie qui venait de lui servir au siège de Chaumont. (V. la curieuse description de cette artillerie dans le 7e compte d'Abonnel aux *Archives du Nord.*)

sœur, duchesse de Bourbon[1], traveilla tant devers son frere[2] que la ville fut rendue au duc de Bourgoingne[3], et s'en allerent les gens de guerre avec ung baston en leur poing, et fist la bonne ducesse la paix entre les deux ducz[4], qui depuis furent grans amis ensamble. Et fist depuis ce bon duc Phelippe de grans biens à la maison de Bourbon et aux enffans, ses nepveux et niepces, comme je diray cy après à la poursuite de mes memoires et en mon IIIe volume[5].

Le duc Phelippe se maria trois fois, la premiere à madame Michiele de France, fille du Roy Charles le VIe et seur du Roy Charles le VIIe, contre lequel y avoit la guerre dont j'ay parlé[6]. Pour la seconde fois, se maria à madame Bonne d'Arthois, seur du conte d'Eu, laquele estoit vefve de son oncle, Guillaume de Bourgoingne, conte de Nevers, de Retel et baron de Donsy; et de ces deux[7] n'eult nulz enffans. Et, pour la tierce fois, se maria à madame Ysabeau de Portugal et en

1. D'après Saint-Remy (*loc. cit.*), ce serait le seigneur de Haubourdin qui aurait parlementé avec les assiégés « par le moyen du seigneur de Plansy. »

2. Il faudrait peut-être ajouter « et son mari. » Mais aucun manuscrit ne porte ces mots.

3. Le siège de Belleville dura seize jours et non un mois, comme le dit Monstrelet. La garnison se rendit le 7 octobre au moment où le sire de Lalaing allait tenter l'assaut.

4. Une première trêve fut signée le 4 décembre 1434, et le traité de paix fut ratifié en février 1435 (n. st.), pendant la conférence de Nevers. (*Archives de la Côte-d'Or.*) Belleville fut restituée au duc de Bourbon le 13 décembre 1434, et ce fut après cette restitution que la trêve fut publiée. (*Journal de J. Denis,* dans Canat, *op. cit.*, p. 250.)

5. Ces cinq derniers mots ont été supprimés par Sauvage.

6. Conf. Chastellain, édit. Kervyn de Lettenhove, t. V, p. 238.

7. « De ces deux femmes. »

olt lignie. Mais, pour mieulx poursievyr ma matiere, je m'en tairay pour le present et en parleray plus amplement en ce volume[1]. Et, à ces dernieres nopces, le duc de Bourgoingne esleva premiers l'ordre de la Thoison d'or, que vous portez encoires à vostre col, et, depuis celle fondacion, l'ont porté et portent pluseurs Rois et princes et chevaliers de chevaleureuses recommandacions et renommées[2]. Et que c'est et que signiffie, et la cause de la fondacion d'icelle ordre, je ne vous en doy pas advertir, pour ce que l'advertissement de sy haultes choses vous doit venir par les nobles chevaliers, voz confreres, portans la Thoison, qui vous endoctrineront ès nobles et solempnelz chapitres sur ce fais et ordonnez.

Ce bon duc Phelippe soustint la guerre[3] contre le Roy de France XXII ans[4]. Il estoit allyé des Anglois et aydié, et prosperoit luy et ses pays en guerre; mais en continuant et approuchant[5] ce darnier nom à luy donné de bon duc, il se laissa legierement conseillier à

1. « Ailleurs. »

2. Voir le ms. n° 5046, fonds franç. de la Bibl. nat., où se trouve notamment la « translation » de la bulle adressée par le concile de Bâle à Philippe le Bon au sujet de l'institution de l'ordre de la Toison-d'Or. V. aussi *infra*, aux *Pièces annexées*, l'*épître* d'Olivier de la Marche sur la *noble feste de la Thoison*, qui est extraite de ce ms. — Guillaume Fillastre, de l'ordre de Saint-Benoît, chancelier de la Toison-d'Or en 1468, évêque de Tournai et abbé de Saint-Bertin, a écrit une histoire de l'ordre. V. *Manuscrits de la Bibliothèque du roi,* par P. Paris, t. I, p. 269-277; *Recherches sur Louis de Bruges,* par Van Praët, p. 176; Le Glay, *Mémoires sur les biblioth. publiques*, p. 381, et M. de Reiffemberg.

3. « Celle guerre. »

4. Mss. n°s 2868 et 2869. Mais il faut lire *seize ans,* comme l'ont fait remarquer les précédents éditeurs.

5. « Approuvant. »

faire paix, comme celluy qui de sa nature fut vray, bon et entier Franchois. Et mist en son front, au parfond de son cœr et devant ses yeulx, le bien et l'honneur qui luy venoit d'estre yssu de la très crestienne et royale maison de France; et mist arriere[1] la vindication et [le desir de] vengance, en oubliant et mettant à non challoir toutes offenses passées, pour complaire à Dieu et obeyr à ses[2] commandemens. Et par moyens trouvez par le Pape et pluseurs princes et saiges, les ungs parens et les aultres subjectz des deux costez, la paix fut faicte en la ville d'Arras entre le Roy Charles de France, septiesme de ce nom, et le duc Philippe de Bourgoingne, et se sont iceux deux princes monstrez si vertueux et[3] gardans les saremens, parolles et promesses, que, pour rapportz d'annemis privez, flatteurs de court, gens corrompus ou aultement, pour quelque chose qu'il soit survenu, jamaix cette paix ne fut par eulx rompue, ne souffert rompre ou diminuer. Dont si grant bien advint au royaume de France que les Anglois ont esté dechassez par icelluy Roy hors de Normandie et Ghienne, ne onques puis ne prosperent en France; et les pays du duc Phelippe, tant ceux qui furent tenus de France comme de l'Empire, regnerent sy longhement en prosperité et sans guerre, que ce furent les plus riches et les plus puissans pays du monde, et de ceste paix je vous advertiray plus à plain à la poursuyte de mes memoires et en mon IIIe volume[4].

1. « Mise arrière doz. »
2. « Pour complaire et obéir à Dieu et à... »
3. « En. »
4. « Premier volume. »

Or, monseigneur, recueillez en vostre estomach et enrichissez vostre cueur de bonnes vertus, prises et cueillies ou vergier de voz ancesseurs, et se vices vous en sont racontez, mettez les hors de vostre memoire et aournez vostre souvenance d'exemples de bienfaitz et non pas de vices, qui sont à nobles cueurs horreur abhominable. Ce prince fut moult vaillant, doux et debonnaire. Il creoit[1] conseil et sçavoit choisir serviteurs saiges et loyaulx. Il estoit dur à courousser, et ne se rapaisoit pas legierement, et, quant il pardonnoit aucun mesfaict, jamais il ne le ramentevoit après, mais il le mettoit hors de sa souvenance. Prenez exemple d'ensievyr ses bonnes meurs, et jamais homme ne vous en dira note ne reproche, et je prie à Dieu que ceulx qui ont l'administracion de ce noble et très crestien royaulme de France se conduisent sy bien et si raisonnablement envers vous et voz pays, que vous ayez cause de demourer bon et entier Franchois, honnourant ce que devez honnourer, aymant ce que devez aimer, et que vous puissiez garder foi, hommaige et feaulté selon les bonnes et anciennes coustumes, et que chacun puist avoir son droit et le sien, au contentement de Dieu, de justice et de bonne equité. Or, pour monstrer que ceste paix n'estoit point fainte de sa part et qu'il vouloit se monstrer Franchoix, et aussy que les Anglois[2], qui ne furent comprins en ceste paix d'Arras, et, se comprins y furent, ce ne fut pas comme ilz demandoient, ne se porent tenir d'aguillonner ce bon duc Phelippe, par

1. Croyait.

2. « Et qu'il estoit François de nom et de nativité avec ce que les Anglois... »

mer et par terre, parquoy il se declara contre iceulx Anglois, et mist le siege devant Calaix[1], et y mena quarante mille testes armées de la commune de Flandres, sans les aultres nobles et gens de guerre, avec merveilleux charroy d'artillerie et aultrement. Mais les Ganthois et autres communes de bonnes villes du plat pays de Flandres ne porent longhement endurer la paine de la guerre, et se murmurerent[2] contre les seigneurs et nobles de l'armée, disans qu'ils estoient trahys et que les gouverneurs du duc les avoyent là amenez pour les faire morir. Et pour ce[3] se leverent par ung matin et retirerent chacun en sa maison, et habandonnerent leur prince, la seigneurie et l'artillerie. Mais le bon duc se ralia avec ses gens de bien et se retira par bon arroy et honnourablement ; et n'est pas la première fois que, quant peuples sont les plus fors en une grande besongne, la conclusion en est souvent de petit effect. [Ainsi] le vaillant prince [faillist à] ceste haulte emprinse[4], et ne treuve point que ceste concqueste de Calaix, depuis qu'il fut en la main des Anglois, aist esté emprinse[5], depuis que le bon chevalier, messire Joffroy de Charny, cuida celle ville prendre et avoir par le moyen de Hemery de Pavye, lombart, qui le trahy, comme Froissart le raconte en sa cronicque[6]. Et doit tout noble coer loer et prisier

1. En juin 1436. V. Monstrelet, *op. cit.*, t. V, p. 238 et suiv.
2. « Ains murmurèrent. »
3. « Pourtant. »
4. « Mais le vaillant prince prist ceste haulte emprinse. » (Ms. n° 2868.)
5. « Que cette forteresse de Calais, depuis, etc., ayt esté prise. »
6. Froissart, liv. I, ch. LXVIII, § 317 à 321. — Geoffroy de Charny

ce noble duc d'avoir emprins de reconcquerir son heritage, car Calaix est de la conté de Ghynne, et Ghynne fief du conte[1] d'Artois.

Ceste très saincte et très heureuse paix faicte et advenue, ce bon duc Phelippe envoya grans navires et armée sur les Sarrazins, et par pluseurs fois. Il alya ses niepces de Bourbon[2] et de Clèves à Roys et à grans princes à ses despens. Il tira hors de la prison des Anglois le bon duc Charles d'Orleans, filz du grant annemy du duc Jehan, son pere, et paya sa ranchon de ses deniers, et luy donna en mariage sa niepce, la fille du duc de Clèves. Et fut sy grant amour entre ces deux ducz toute leur vie que plus grande ne pourroit estre; et fut le duc d'Orleans chevalier portant la Thoison d'or. Ce bon duc Phelippe subjuga [ceulx du val de Cassel qui luy furent rebelles. Il subjuga] ceulx de Bruges qui luy firent rebellion. Il desconfit les Gandois en sa personne par deux fois en bataille, où furent occiz plus de XXX mille Flamens, et les fist venir à merchy hors de leur ville nuds piedz et deschaulx. Et tint ceux de Trecht[3] et de Liege, ses hayneux voisins, en crainte et en discipline, et vescut prosperant toute sa vie. Il conquesta en sa personne la duchié de

commandait à Béthune en 1347, lorsque le roi l'envoya reconnaître le camp des Anglais qui assiégeaient Calais. Après la prise de cette ville, il voulut la surprendre, mais il fut trahi par Aymeri de Pavie qui devait la lui livrer, et fut fait prisonnier avec tous ses soldats. Aymeri de Pavie étant depuis tombé entre ses mains, il le fit écarteler à Saint-Omer pour le punir de sa perfidie.

1. « De la conté. »

2. « Bourgongne. »

3. Utrecht. V. Mathieu d'Escouchy, ch. CXXXVIII, t. II, p. 315; Chastellain, édit. Kervyn de Lettenhove, t. III, p. 126-154.

Luxembourg, pour et ou nom de la ducesse heritiere du pays, sa belle tante, et comme mainbour d'elle, et depuis en demoura duc proprietaire par droit d'achat, comme je donray à entendre en mon second volume[1]. Et, pour conclusion de ses nobles fais, Loys, daulphin de Viennois, filz du Roy Charles VIIe de ce nom, se sentant en doubte du Roy de France, son pere, pour aucunes ymaginations, se party de son pays du Daulphiné[2] et vint devers le duc Phelippe pour estre soustenu et recueilly d'icelluy duc Phelippe, non pas contre le Roy, son pere, mais contre les hayneux qui gouvernoyent le Roy et le royaume à son regret, et premierement, donnant à entendre que, s'il n'estoit aydié, porté et soustenu en ceste vostre maison, il passeroit en Angleterre, et s'alieroit aux anchiens ennemis du royaume de France pour preserver sa personne, dont il estoit en singuliere doubte. Le bon duc, cognoissant que c'estoit l'heritier de France et son seigneur apparant, de nativité, de nom et de plusieurs seignouries, le rechupt en ses pays et luy departy de ses biens largement [et tant] qu'il tint bel et grant estat, et aussy madame la daulphine, fille du duc Loys de Savoie, et tindrent leur residence à Genappe-Romant, pays de Brabant, où ilz eurent de beaux enffans. Et ainsy demourerent aux despens soustenus de ce bon duc l'espace de quatre ans; dont le duc fut en grant dangier d'entrer en guerre contre le Roy Charles, pere dudit daulphin; mais tout se passa par remonstrances de notables ambassades envoyées d'une part et d'aultre,

1. Lisez: *premier*. — « En mes memoires. » (Édit. précédentes.)
2. V. *infra*, liv. I, ch. XXXIII et XXXIV.

et se trayna le temps soubz grans menaches et jusques à ce que le plaisir de Dieu fut de prendre ce noble et très vertueux Roy Charles ; et prestement après la mort du Roy Charles, ce bon duc et son filz, dont je parleray cy après, accompaignerent et menerent ledit daulphin à Rains et à Paris, où il fut sacré et couronné et rechupt, au plus grant et riche triomphe que fut jamais Roy. Et en ce temps et assez prochain l'un de l'autre, par le port et ayde du duc Phelippe, vostre ayeul[1], le Roy Edouart d'Angleterre, fils du duc d'Yorch[2], fut couronné Roy [d'Angleterre, et le Roy Louis fut couronné Roy de France, et tout] soubz le povoir et main dudit duc Phelippe. Et à son retour d'icelluy couronnement[3], le bon duc envoya de recief grans navires de gens d'armes, en la conduite de messire Antoine, bastard de Bourgoingne, son filz naturel, pour servir le Pape Pius[4] contre les mescreans, à grans frais et missions[5] ; mais le Pape morut et fut l'armée des crestiens rompue. Icellui bastard fist armes en Angleterre, à l'encontre du seigneur d'Escalles, frere de la Roynne, et luy envoya le duc bien accompaignié et à son grant frait[6] ; et, durant ces choses, le Roy Loys de France ne recognu pas bien les biens et les honneurs qu'il avoit receu en ceste maison, mais traficqua debas entre les serviteurs du

1. Lisez : *bisaïeul*. V. *infra* la note sous la page 134.

2. Édouard IV, fils de Richard, duc d'York, roi d'Angleterre de 1461 à 1483.

3. Le couronnement de Louis XI, auquel assista Philippe le Bon. (V. Chronique de Chastellain, liv. VI, ch. IX et suiv.)

4. Pie II (Æneas-Sylvius Piccolomini), mort en 1464.

5. Mises, dépenses.

6. V. *infra*, liv. I, ch. XXXVII.

duc et de monsieur de Charolois, son filz, [dont le debat vint entre le pere et le filz], qui fort estonna ceste maison. Mais les serviteurs furent loyaux et le pere et le filz, bons et saiges, se perceurent[1] que c'estoit pour amenrir[2] leur povoir et auctorité, et fut à tout saigement pourveu, par l'ayde de Dieu. Moult de grans choses furent faictes par ce bon duc Phelippe soubz luy et de son regne, et desqueles je parleray encoires ; et mesmes, luy estant en ses vieulx jours et malade, les Liegois, par l'ennortement du Roy Loys, luy firent la guerre, pour ce que le conte de Charolois, son filz, faisoit la guerre au Roy Loys et estoit entré en France, et dont je parleray brief[3]. Et cuiderent iceulx Liegois prendre le duc au depourveu, mais il se fist armée nouvelle, et furent par ses gens desconfiz à Montenac, où les Liegois receurent grant perte de pris et de mors[4]. Ce bon duc Phelippe fist deux choses à l'extremité, car il regna le plus large et le plus liberal duc des crestiens, et si morut le plus riche prince de son temps, et ne vous saroit on assez de biens de luy ramentevoir[5].

Ce duc de Bourgoingne augmenta ses armes de pluseurs pieces pour les seignouries qui luy succe-

1. « Et s'aperceurent. »

2. Amoindrir.

3. V. *infra*, liv. I, ch. xxxv. Ces cinq mots manquent dans Sauvage.

4. V. *ibid.*

5. On peut rapprocher de cette biographie abrégée de Philippe le Bon *la Déclaration de tous les hauts faits et glorieuses adventures du duc Philippe de Bourgongne, celuy qui se nomme le grand duc et le grand lyon,* de George Chastellain, publiée par M. Kervyn de Lettenhove, t. VII des *Œuvres* de Chastellain, p. 213 et suiv.

derent de son temps, et aussy acquist la conté de Namur, la duchié de Luxembourg et la conté de Chigny; et porta escartelé de France [et] de Bourgoingne, [et] de Brabant contre Lembourg; pour France, d'azur semé de fleurs de lys d'or, la bordure coponnée d'argent et de gheules; pour Bourgoingne, de VI pieces en bendes d'or et d'azur, la bordure de gheules; pour Brabant, de sables au lyon d'or; pour Lembourg, d'argent au lyon de gheulles, armé, langhé et couronné d'or, la queuwe fourchue, croisée en saultour; et, comme son pere, porta de Flandres sur le tout, qui est d'or au lyon de sables, mouflé de gris. Ce noble duc, comme j'ay dit, se maria à madame Ysabel, fille du bon Roy Jehan de Portugal et de Phelippote de Lanclastre, fille du frere du Roy d'Angleterre[1]. Et portoit icelle ducesse [Ysabel] les armes de Portugal teles que je les ay cy devant devisées ou chapitre[2] de l'Empereis, vostre grant mere paternele. Et d'icelluy Phelippe l'Asseuré et de Ysabel de Portugal yssit le duc Charles le Traveillant. Mais avant que je parle de luy, je parleray qui fut le Roy Jehan de Portugal et de ses nobles fais, et aussy de Phelippote de Lanclastre, vos ayeulx maternelz, comme je l'ay promis en ce volume où j'ay d'iceulx parlé ou chapitre[3] de l'augmentacion du blason des armes de Portugal.

1. Il faut substituer aux mots « fille du frere du Roy, » qui ne sont pas exacts, ceux-ci : « fille du fils du feu Roy d'Angleterre » (édit. de 1562) ou « petite-fille d'Édouard III. » V. *infra*, ch. XXII.

2. « En l'article. »

3. « Selon ce que j'en ay entamé paravant, en parlant... »

CHAPITRE XXI.

De l'advenement du Roy Jehan de Portugal et de ses fais ; et comment luy bastard fut esleu Roy de Portugal ; et des grans choses que ont fait anchiennement les bastards.

Le Roy Jehan, vostre bisayeul[1], dont je reprens presentement la ramentevance, fut filz naturel et bastart du Roy dom Pietre de Portugal[2], et l'engendra icelluy Roy en une noble femme du royaume de Cecille, nommée Marie, fille d'un chevalier baneret qui se nomma de son propre nom messire Gonsalve Pardo[3]. Et l'eut le Roy dom Pietre du temps qu'il fut à marier, et en vesvaige. Celluy Roy dom Pietre olt ung filz legitime qui se nomma Ferant[4], et succeda au royaulme. Celluy Roy Ferant fut marié à une fille du Roy d'Arraghon[5], et d'elle olt une fille, laquelle fut mariée au Roy d'Espaigne[6]. Celle Royne de Portugal, fille du

1. « Le Roy Jehan de Portugal, dont, » etc. — Jean Ier, roi de Portugal, né le 1er ou le 2 avril 1357, roi le 6 avril 1385, mort le 14 août 1433.

2. Pierre le Cruel, fils d'Alphonse IV, mort en 1368 (n. st.).

3. Denis Sauvage et les éditeurs postérieurs intercalent ici : « Ainsi donques la mère du Roy Jehan de Portugal se nommoit Marie Pardo. » Marie Pinnayra (P. Anselme). — La mère de Jean Ier est ailleurs appelée Thérèse Lorenzo.

4. Fernand, né à Coïmbre en 1340, mort en 1383, à l'âge de quarante-trois ans.

5. On ne connaît à Ferdinand qu'une femme ou concubine, Léonore, fille de Martin-Alfonse Tellez ; il avait simplement été fiancé à Léonore, fille du roi d'Aragon.

6. Béatrix, mariée à Jean Ier, roi de Castille.

Roy d'Arraghon, morut, dont il advint que ce Roy Ferand persevera[1] en pluseurs vices dont il estoit entechié, comme de gaster les tresors que ses predecesseurs avoient amassez, tirannisier le peuple par[2] faire despences sans necessitez et [voluptuairement][3], [estant] luxurieux publicque, sans honneste regart, homme tenu et reputé sans verité, sans foy, sans honte et menant vie dont il estoit hays par tout son royaume; et fut prince de si malvaise vie qu'il fut dechassé des prelats, des nobles et communautez de son royaume. Et esleverent[4] Jehan, son frere bastard, et le firent Roy par ses vertus, et dechasserent le legitime par ses vices.

Ferand fut legitime pour avoir l'heritaige, et bastart quant aux vertus de ses ancestres. Et Jehan nacquist bastard quant à l'heritaige, [et] fut legitime par vertueuses euvres. Et par sa vertu Dieu l'appella à dignité, et retira sa main de celluy qui ne le crenioit, ne doutoit. Et le souffryt demettre de couronne et de siege royal; qui est exemple à vous, monseigneur, que vertus soustiennent la couronne de Roy et les vices trebuchent[5] avoir, honneur, gloire, puissance et seignourie. Et, pour vous approuver le recit de cest article, je vous declaireray comment et pourquoy ce vertueux bastart, vostre bisayeul, fut eslevé Roy de Portugal et deboutez le legitime.

Celluy Roy Ferand se enamoura d'une dame de Portugal, femme d'un noble chevalier, son subject et

1. « Perseverant. » (Ms. nº 2868.)
2. « Pour. »
3. « Voluntairement. » (Ms. nº 2868.)
4. « Esleurent. »
5. « Abatent. »

son serviteur[1]. Et quant il fut vesve de la fille d'Arraghon[2], il espousa ceste dame du vivant de son mary, soubz umbre d'une faulse dispense ou autrement; et, sans avoir reghart au saint sacrement de mariaige, à la doute de Dieu, ne à la honte du monde, il la fist sa femme et la maintint pour Royne de Portugal. Et ce très deshonneste point esclandit de plus en plus sa mauvaise vie et fortifia la hayne que son peuple avoit contre luy. Et celle deshonneste vie maintint tant qu'il vescut. Mais, après sa mort, les Estas de Portugal ne volurent souffrir que les enffans venus de tel adultere eussent aucune part au royaume, et dechasserent celle lignie toute hors du pays. Et le Roy d'Espaigne se volut faire Roy de Portugal à cause de sa femme, fille legitime dudit Roy Ferand; et olt grant assistence des nobles du royaume. Mais la pluspart ne volurent souffrir que celle dame heritast à la seignourie, et [en] bailloient trois raisons : la premiere, que fille ne doit point heriter à sy noble royaume; la seconde, qu'ilz ne vouloient point estre subjects de Castille, et la tierce que la fille d'un mauvaix Roy, tel que son pere, portoit jugement de[3] mal adventure. Et, pour abregier, eslurent Jehan, bastart du Roy dom Pietre et frere bastart du Roy Ferand, à leur Roy et à leur seigneur. Celluy Jehan de Portugal est celluy dont j'ay parlé cy dessus. Et fut mis en sa jeunesse chevalier de la religion de Avys ou royaume de Portugal, et fut maistre de la religion. Et est une religion[4] fondée

1. Léonore Tellez.
2. Voy. la note 5 de la p. 107.
3. « De sa. »
4. « Et fut maistre de la religion fondée par... »

par lez Roys de Portugal de chevaliers et de freres portans la verde croix pour la deffense de la foy, comme [font] Rodes, Saint Jacques, Calletrave, Pruches et autres. Et fut celluy bastard maistre de Avys, principal deffendeur en armes du royaume de Portugal à l'encontre du Roy de Castille, qui toutesfois avoit grant partie du royaume pour luy, comme dit est. Et, pour sa vaillance, sens et vertu, fut esleu à Roy de Portugal, et dont[1] vous estes yssu. Et encoires dure la lignie des Roys du pays, qui certes ont estez et sont vertueux, et ont fait de grans conquestes sur les Sarrazins du costé de Barbarie et d'Auffricque, et pluseurs diverses isles prises et conquestées[2], dont le royaume de Portugal a et porte grant honneur et prouffit.

Et pour ce que pluseurs sont qui ont reproche et desdaing d'estre yssu de bastards et non legitime, et mesmes sur toutes les nations du monde les Germaniens et Allemans font petite extime de bastards et bastardes, j'ay traveillié et enquis[3], selon mon petit entendement, de vous monstrer que vostre lignie de celluy costé de Portugal n'est pas seule yssue de bastards, et que moult de lignies, de pays et de seignouries ont eu honneurs par bastars. Et prent Dieu plaisir et gré aux vertus exercées, [et] non pas à l'entiere et legitime naissance, se vices et faulte d'honneur y regnent et habondent. Non pas toutesfois que je vueil[4] avouer que ce qui se fait par pechié soit bien fait. Car j'erreroye à mon donner à entendre, mais j'entens que,

1. « Et d'iceluy. »
2. « Et pris et conquesté plusieurs diverses isles. »
3. « Entrepris. »
4. « Je ne veuil pas toutes fois. »

quant de pechié vient amendement comme de personne de vertu, il ne fait pas à debouter, ne desprisier, car vertu est le fruit que Dieu demande à toute labeur.

Et, pour la preuve de mon epistre presente, j'ay prins la peine de ramemorier, si viel que je suis, ce que j'ay apprins en ma jeunesse en plusieurs[1] volumes. Et me souvient de l'apostel[2] qui dit que Jephté, juge et capitaine du peuple d'Israel ou desert, est mis ou nombre des sains. Et toutesfoix il estoit filz d'une femme publicque et sans mariage. Ne coucha pas Judas, le patriarche, avecques Thamar, vesve de son filz? Et en cest adultere furent engendrez Phares et Haron[3], et dont vint[4] Salomon, conduiseur ou desert du peuple d'Israel, duquel descendit Obet, et duquel Obet et de Raab, femme publicque, descendit Boos, dont vint Ysaye, pere du Roy David, lequel, de Bersabée, femme de Urie, engendra le saige Salomon[5], qui fut Roy de Jherusalem. Et de ceste progenie vint la très sacrée Vierge Marie, mere de nostre Redempteur Jhesucrist, le Roy des Roys, le puissant sur les puissans, le noble des nobles, le digne sur toutes les dignitez. Et [si] le Createur et Seigneur ne desprisa pas, ne n'eut en desdaing d'estre yssu de generacion où il olt corrup-

1. « Et divers. »

2. « L'Escripture. »

3. Lisez avec Sauvage : Zara. (Genèse, ch. XXXVIII, 30; Paralip., ch. II, 4.)

4. « Duquel Phares descendit. »

5. Olivier de la Marche intervertit ici la généalogie de David. (V. saint Mathieu, ch. I, v et suiv.) Les éditeurs précédents ont corrigé ce passage ainsi : « Et d'iceluy Salmon et de Raab, femme publique, fut fils Boos, qui engendra Obed, père de Jessé, et Jessé engendra le Roy David, et David engendra en Bersabée, femme d'Urie, le sage Salomon. »

cion en aucun, comme j'ay dit, pourquoy aultres, qui ne sont que ses creatures, prendent ilz en desdaing ce cas samblable en leur nativité, s'il leur advient? Et s'il ne souffist assez ce que j'ay dit cy dessus, nous revenrons à monstrer, du temps des payens et de mille ans passez, des grans princes bastars qui regnerent en ce temps. Je commenceroye au grant Alixandre, pour ce que aucuns dient qu'il fut filz de Nabusardam l'enchanteur. Mais la saincte escripture, saint Augustin et autres, parlans de luy, le nomment filz de Phelippe, Roy de Macedoine ; pourquoy je parleroye plus que je ne doy de le nommer bastard, combien que luy mesmes se nomma en ung pas filz de Jupiter.

Jupiter[1] ne fist il pas filz de Sommelle, fille de Cadmus, Roy de Crete, hors mariage, ce grant conquereur Bacus qui fut Roy en Grece, lequel concquist et mist en sa subjection Azie depuis les Indes jusques à la fin d'Orient, et y regna longuement et sy vertueusement qu'il fut tenu et aouré comme ung dieu entre les payens, comme le raconte[2] Diodore le Cecilien et Ovide en sa methamorfose? Et toutesfois fut il bastart[3]. Ce grant concquereur Perseus, filz dudit Jupiter, ne fut il pas conchupt en adultere en Dane, fille d'Acrecieux[4], et fut [néantmoins] si grant homme qu'il concquist toute Libie, [et] toute Auffrique, jusques à la mer

1. Ce passage, ayant paru trop erroné à Denis Sauvage et aux éditeurs qui l'ont copié, a été remplacé ainsi par eux : « Jupiter, Roy de Crète, engendra il pas hors mariage en Sémile, fille de Cadmus, Roy de Thèbes, ce grand conquéreur Bacchus? Or ce bastard mist, » etc.

2. « Ainsi que racompte. »

3. Ces cinq mots ont disparu dans les précédentes éditions.

4. Danaé, fille d'Acrisius.

Ethiopicque et jusques au mont Athlas en Occident, tesmoins Ovide et Lucan. L'un des trois et le principal juge d'enfer, selon les acteurs de poetrie, ce fut Minos, Roy de Crete, engendré par adultere dudit Jupiter et d'Erope, fille du Roy Agenor, ravie en Egipte. Et lequel Mynos les acteurs ont en merveilleuse recommendacion par ses vertus et vaillances. Qui fut l'admirable et le très grant en ses euvres, puissances et concquestes Hercules? Ne fut il pas filz dudit Jupiter, engendré en adultere en Alcumena, femme d'Anfitrion? Et, selon les acteurs, tesmoingné mesmes par ledit Diodore[1], qui reduit les fables des poetes à la verité, cestui bastart Hercules concquist depuis Grece jusques en la fin d'Orient et d'Occident, et planta les bornes en la mer et extremes parties du monde, passa et concquist Auffricque et Europe, et, pour les merveilles de ses fais, les payens l'aourerent comme dieu. Le compaignon dudit Hercule, nommé Theseus, bastard de Eseus, Roy d'Athenes, et de Aethra, fille de Pitheus [fut tant[2] recommandé] en preudhomye et vaillance, et tant valut, combien qu'il fust bastart, qu'il succeda au royaume d'Athenes et à tout l'heritaige et seignourie de son pere. Themistocles, bastart de Neoclès et de femme de petit estat du pays de Trache, fut sy vaillant capitaine et de tele conduyte qu'il desconfit le Roy Xersès par mer et par terre, [et] le rebouta hors de Grece, où ledit Xersès avoit amené IIII mille navires et XVI^c mille combatans, selon que racontent les plus grans

1. « Tesmoing mesme ledict Diodore. »

2. Phrase corrigée par Sauvage. Le ms. n° 2868 porte : « Fut bastard de Eseus, Roy d'Athènes, et de Elise, Trayan, l'Empereur recommandé en... », ce qui n'a aucun sens.

historiens de Grece, et mesmes Orose, Justin et plusieurs aultres.

Romulus, premier Roy des Rommains, ne l'engendra pas Mars [en] Aylia, une nonnain religieuse et voée à la deesse Vesta, comme le dit Ovide, Virgilius, Titus Livius et plusieurs aucteurs autentiques? Ce grant capitaine rommain, Fabius Maximus, fut bastart et [né] d'une femme de petit estat, et dit Plutarchus qu'il fut engendré par Hercules, emprès le Tybre, d'une femme à l'aventure rencontrée. Et [neantmoins] trouverez que ce fut le premier qui oncques vainquist Hanibal en bataille. Artus, Roy d'Angleterre, ne fut il pas bastart de Huterprandraghon? Et toutesfois il est nommé l'un des IX preux et le premier des trois preux crestiens. Roland, sy renommé et sy vaillant, les anchiennes cronicques et gestes le nomment bastard de Charlemaine. Et qui fut le darain prince estrangier qui concquist Angleterre? Ce fut Guillaume, bastard de Normandie, et se fist Roy et y regna vertueusement. Dont sont descendus les Roys de Castille et d'Arraghon regnans aujourd'huy? Ilz sont venus de Henry le Bastard qui dechassa le Roy dom Pietre, son frere legitime, et le tua de sa main. Et regnerent iceulx deux bastars tout en ung temps, l'un Henry, Roy d'Espaigne, et Jehan, Roy de Portugal. Le Roy de Naples regnant aujourd'huy et vivant n'est il point bastart du Roy Alphonse, Roy d'Arraghon? Et par plusieurs fois les bastars ont succedé au marquizat de Ferrare devant les legitimes. Et, pour clore mes allegations plus peremptoirement, lisez le commencement de la lignie Charles Martel qui fut Roy[1] de France; vous trouverez

1. « Comme Roy. »

que tout n'est pas legitime. Et ainsy, monseigneur, en continuant mon propoz, je vous ay bien voulu monstrer que les bastars vivans et regnans en vertu ne sont pas à desprisier, ne à rebouter, car Dieu n'est pas accepteur des hommes, mais des vertus ou des vices. Et ne souffit point tout mon recit[1], se je ne vous declare plus amplement aucunes choses des grans fais que fist ce noble et vertueux bastard, le Roy Jehan, vostre bisayeul[2]. Et sy bien[3] vescut et sy vertueusement en son royaume qu'il est encoires aujourd'huy nommé en Portugal le bon Roy Jehan.

Le Roy Jehan, après avoir longhement maintenu la guerre contre le Roy d'Espaigne et deffendu le royaume de Portugal devant et après qu'il fut Roy, eut sy bonne fortune de Dieu, de son sens et vaillance, qu'il desconfit en bataille le Roy d'Espaigne aydié de grant noblesse de Franchoix et de Gascons. Et à celle heure le Roy d'Espaigne estoit accompaignié de la puissance de son royaume aussy grandement ou plus qu'il fut pieça[4] nul Roy d'Espaigne. Et toutesfoix le Roy de Portugal n'avoit que une partie de ses subjectz, car grant nombre des nobles de Portugal tenoient la partie du Roy d'Espaigne et sa querele, pour les causes que j'ay dit paravant, et de tous estrangiers n'avoit[5] que IIc Anglois que ung pirate de mer luy amena en son service. Celle bataille de Giberrot gaingna le Roy Jehan de Portugal, et s'enfuyt le Roy d'Espaigne qui fist moult grant perte cellui jour, et, par ce moyen, mist le Roy Jehan son

1. « Mais tout mon recit ne suffit point. »
2. Lire : *trisaïeul.*
3. « Qui vescut si bien, » etc.
4. « Ou plus que paravant fut, » etc.
5. « N'avoit le Roy Jehan de Portugal. »

royaume en paix, justice et police, et laquele victoire le[1] fist doubter, aymer et extimer en son royaume plus que devant.

Le bon Roy Jehan ne mescognut ou ne ignora pas que Dieu luy avoit donné couronne de Roy et victoire de bataille contre ung sy grant et puissant Roy que le Roy d'Espaigne. Et si tost qu'il en post avoir le loisir, il volt à Dieu rendre service et sacrifice de ses bienfais. Et fist preparer sy grans navires et armée qu'il luy fut possible, passa en sa personne la mer, et descendit en Auffricque sur les mescreans, et assiega celle grant cyté de Cette qui est la meilleure ville d'Auffricque, et tant y traveilla qu'il gaigna celle puissante ville et fist maints Sarrazins morir et destruire, et de celle ville fist une cité à l'augmentacion de la foy crestienne, qui encoires est[2] tenue et gardée par les Roys de Portugal au grant honneur de eulx et de leur royaume et [au grand] proffit de la crestieneté.

CHAPITRE XXII.

Comment ce Roy Jehan se maria à madame Phelippote de Lanclastre, dont yssit madame Ysabel dessusdicte.

Celluy Roy se maria à Phelippote de Lanclastre, fille de Jehan, duc de Lanclastre, frere du Roy d'Angleterre[3], et de Blance, yssue de la droite lignie de

1. « Et par celle victoire se... »

2. « Laquelle vile est encores. »

3. Denis Sauvage et les éditeurs postérieurs ont corrigé ce passage en mettant : « filz du Roy d'Angleterre, Edouard tiers du nom. » Jean de Gand, duc de Lancastre, mort en 1398, était le 4e fils d'Édouard III, mort le 22 juin 1377, et fut père de Philippe

Edmond, duc de Lanclastre, lequel Edmond estoit aisné frere du Roy d'Angleterre[1], et [neantmoins] ne succeda point à la couronne, pour ce qu'il estoit difforme et bochu ; et de tant vous advertis à cause de la lignie[2] de Portugal dont le Roy, vostre pere, et vous, estes yssus, n'estes ou serez, vous ou les vostres, sans querele du royaume d'Angleterre et principalement de la duchié de Lanclastre, [de] laquelle duchié Edmond le Bochut, frere du Roy d'Angleterre, dont j'ay parlé, fut contenté et party. Et de sa lignie fut seule heritiere Blance, mariée à Jehan, frere[3] du Roy Edouart le quart[4] et, de par icelle Blance, sa femme, ledit Jehan fut duc de Lanclastre ; et d'iceulx vint Philippote de Lanclastre, mere de Edouart, Roy de Portugal[5], pere de l'Empereis, vostre grant mere, et de madame Ysabelle, ducesse de Bourgoingne, vostre ave, et aussy du duc de Cohimbres[6], pere de madame de Ravestain, et dont est yssu monseigneur Phelippe de Cleves. Et ces choses je vous esclairciz, affin que mieulx vous entendez les linaiges et alliances de ce costé de Portugal, qui par droit vous doivent soustenal amour et service, et vous à eulx.

ou Philippote, et de Henri IV, né en 1367, roi d'Angleterre le 30 septembre 1399, mort en 1413. Philippote était donc sœur et petite-fille de roi (Dugdale, II, 114).

1. « Du Roy Edouard, premier de ce nom. »

2. « De quoy je vous advertis à cause que, quant à la lignée, » etc.

3. Lisez : « filz, » comme dans Sauvage.

4. « Le tiers. » Édouard III.

5. Édouard, roi de Portugal, né en 1391, marié à Éléonore d'Aragon, mort le 9 septembre 1438.

6. Pierre, duc de Coïmbre, régent de Portugal en 1439, mort le 20 mai 1449.

CHAPITRE XXIII.

De l'advenement d'Angleterre et ramentevance de plusieurs grans choses advenues en Angleterre.

Et quant je pense à ce quartier d'Angleterre où par droit vous vous devez appoyer et soustenir en voz affaires, je regrette que je n'ay l'entendement de ces grans et notables acteurs pour vous declarer que c'est [et] que cha esté de ce puissant royaume et des grans choses faictes et advenues en Angleterre, qui samble plus merveille que autrement. C'est ung isle, la plus puissant du monde, qui jà fut habitée par Albine, fille du Roy Diodinas. Elle [eut] XXXII seurs[1] mariées à XXXII Roys. Et par une nuyt chascune d'icelles murdrirent leurs maris en leurs licts. Et dit l'istoire que elles estoient XXXIII seurs de icelle conspiracion; mais la plus jeune ne volut executer de sa part celle cruaulté, pourquoy je ne raconte que des XXXII. Icelles XXXII Roynes, exilliées par leurs malefices, arriverent par mer en l'isle dont nous parlons, qui lors n'estoit point habitée. Et pour Albine, l'aisnée de toutes, fut nommé l'isle d'Albion. Et fut premiers habitée par les Roynes dessusdictes, lesqueles, par leurs peciez, tomberent en fornicacion sy deshonneste que les deables habiterent avec elles, et firent et porterent geans grans et merveilleux. Et dura celle detestable lignie jusques au temps de ce vaillant prince Brutus, qui fist morir par puissance d'armes toute icelle generacion. Et du nom

1. « Ce Roy eut trente deux filles. »

de Brutus fut celle isle depuis appellée Bretaigne, et là regna Brutus moult noblement et long temps, et sur la lignie d'icelluy fut celle grant Bretaigne conquise par les Saxons jusques ès montaignes que l'on nomme le pays de Gaules[1]. Ceulx là sont demourez de la lignie de Brutus, et vous certiffie, comme celluy qui l'ay veu, que, se ung Anglois a debat à ung Galois, le Galois, pour [villainer] sa partie, l'appellera Saxon par grant despit. Et par icelle concqueste des Saxons fut depuis celle isle nommée Angleterre, pour ce qu'elle est assise en ung anglet de la terre. Ceste noble isle eslevée en royaume croissoit tousjours en povoir et ricesse, et faisoit guerre à tous ses voisins, et [y] regnerent glorieusement [plusieurs Rois]. Et parle l'istoire de Brenius, Roy d'Angleterre, et du different qui fut entre luy et [Belgius][2], son frere, et comment [Belgius] passa en Angleterre à puissance de gens et de navires pour combattre Brenius, son frere, lequel assambla sa puissance. Et la mere des deux se mist entre les deux batailles, et crya à ses deux enffans qu'ilz tirassent leurs espées et les souillassent ou sang de leur doloreuse mere, avant qu'elle veit de ses yeux ou oyt de ses oreilles que ceux qu'elle avoit porté se deffissent l'un l'autre. Ces parolles amolirent les coers des deux freres, et firent paix, et passerent la mer par enssamble, et tout d'un accort allerent contre les Rommains, et, à l'ayde et faveur que leur firent les Alobrogiens, qui sont en ce temps nommez Bourguignons, ilz concquirent Rome et firent moult de grans choses en ce

1. « Gales. »
2. « Brenius » dans le ms. n° 2868.

voyaige; mais depuis les Rommains reconcquirent leurs seignouries. Le Roy Artus, comment se maintint il honnestement en ce royaume d'Angleterre? Queles grandes et merveilleuses chevaleries furent faictes et executées du temps du Roy Uterprandraghon, son pere, et de luy, et dont j'ay veu en Angleterre de grans apparences, comme la table ronde et autres conjectures! Et combien que ces choses sont estranges à croire à pluseurs, toutesfois il ne fault pas ignorer que le Roy Artus n'aist esté Roy d'Angleterre, comme il appert par les cronicques antiques d'Angleterre, par les fondacions qu'il a faictes et par sa sepulture en l'abbeye de Glasonbery. Et aussy qu'en toute la crestieneté il est figuré l'un des IX preux [du monde] et le premier des trois preux crestiens, comme cy devant j'ay dit. Parquoy j'ay conclut que l'on doit bien peser [devant que] rebouter et contredire ès choses escriptes et mises en ramentevances soubz ung sy noble Roy et sy renommé que le Roy Artus, et, que plus est, vous trouverez grans appreuves des choses dessusdictes par les cronicques de Belges et de Rome. Et n'est à croire ne à penser que les grans et solempnelz volumes fais et enregistrez[1] des choses advenues du temps du Roy Artus [ayant esté publiés en vain et] que les acteurs eussent volu perdre tant de temps pour choses frivoles trouvées et non advenues, combien que non le croire ne charge point la conscience. Et pour ce m'en passe et laisse le ramentevoir des Roix d'Angleterre, successeurs, jusques[2] à Guillaume, le bastard

1. « Pour registres. »

2. « Et laisse de ramentevoir les Roys successans en Angleterre, jusques. »

de Normandie, qui concquist la seignourie sur le Roy Roux[1], et duquel Guillaume j'ay parlé cy dessus. Et treuve que depuis ce temps les Roys d'Angleterre qui ont fait les plus grans choses, ce ont estez les Edouars et les Henrys. Et se les gherres civiles et parcialitez n'eussent regné en Angleterre, puis IIc ans en cha, ilz eussent concquis grant partie de leurs voisinaiges. Mais Dieu qui limita le cours de la mer qu'elle ne peut passer, qui separa les elemens, et donna à chescun sa limite, par sa divine pourveance met en toute chose la bride, le frain et la fortune, qu'elle maine[2] et conduit de sa digne main et à son plaisir, comme le Dieu, le Seigneur et le maistre de toutes choses, et à qui chacun se doit songneusement recommander et luy rendre service.

CHAPITRE XXIV.

Du duc Charles, grant pere de mondit seigneur, nommé Charles le Traveillant. De ses fais et emprises et de ses grans affaires; et comment il se maria à madame Ysabel de Bourbon, dont il eut lignie, et de la grant guerre que eurent les deux grans peres de vous, mondit seigneur l'archiduc, l'un à l'encontre de l'autre, l'Empereur et le duc Charles.

Or vous ay je ramenteu à l'abregier du fait d'Angleterre dont vous estes yssu par Phelippote de Lan-

1. Denis Sauvage a substitué à ce nom celui de Harald, parce que, dit-il, « ce mot eust peu faire resver sur Guillaume le Roux, filz de ce bastard le Conquerant. »

2. « Et le frain de la fortune manie. »

clastre, mere de vostre ayeulle, en donnant entendre comment le bon duc Phelippe espousa madame Ysabel de Portugal, et d'où vint le duc Charles, vostre grant pere, que l'on nomme Charles le Traveillant; et, combien qu'ilz eurent d'aultres enffans, toutesfois le duc Charles demoura leur seul heritier, et seigneur de toutes ces belles seignouries dont j'ay par cy devant parlé au commencement de ce present volume[1].

Ce duc Charles se trouva, du vivant de son pere et mere, homme fait, saige et de grant entendement, puissant de corps et d'amys, aimez et quis[2] de ses subjectz. Il estoit puissant jousteur, puissant archier et puissant joueur de barres. Il estoit pompeux d'abillemens et [curieux] d'estre accompaigniez, et tenoit grant estat et grant noblesse en sa maison. Il aimoit la chasse sur toutes choses et voulentiers combatoit le sengler et en tua plusieurs. Il aimoit le vol du herron. Il aimoit la musicque, combien qu'il eust mauvaise voix, mais toutesfois il avoit l'art, et fist le chant de plusieurs chanssons bien faictes et bien notées. Il estoit large et donnoit voulentiers, et vouloit sçavoir où et à qui. Tout jeune, il volut congnoistre ses affaires. Il servoit Dieu et fut grant aulmosnier. Il aimoit la guerre. Il n'eut point volut ne souffert estre foullé de ses voisins. Et pourra l'on dire cy après que je le loue beaucoup en mes escrips, pour ce que c'estoit mon maistre. Et à ce je respons que je diz verité et que tel l'ay congneu. Car vices apparans de luy ne vindrent oncques à ma congnoissance, et, se faulte y a[3] que je congnoisse,

1. « Escript. »
2. Chéri, du mot espagnol *querido*.
3. « Qu'il fale que. »

ce fut de trop valoir et de trop entreprendre. A quoy, monseigneur, devez avoir exemple et regart. Car en toutes choses où trop a, il passe la raison, et, où raison n'est, communement perdicion est preste. Ce duc Charles, et la pluspart des seigneurs nourris avec luy et de son eage, porta armes avec le duc Phelippe, son pere, à sa grant poursuyte et requeste, ès guerres de Flandres commencées l'an mille IIII^{c} III [1]. Et fut en deux batailles et en plusieurs rencontres et sieges, accompaignant son pere, et desja se monstra fier et courageux, et principalement à tenir ordre, où il se delitoit aigrement, monstrant qu'il estoit prince et seigneur apparant et se faisoit craindre [2]. Et de ses fais dès lors [3] et de après, ne vous puis gaires [icy] monstrer sinon à l'abregier, pour ce que je le declareray en mon IIIe volume [4]. Et aussy en ce volume [5] il ne sert ghieres à ma matiere. Mais vous le trouverez de son temps avoir tenu en temps de paix estat grant et reglé, et ses gens, de quelque estat qu'ilz fussent, en très grant crehier [6] et obeyssance.

1. Lisez : « Mille quatre cent cinquante deux. »

2. Dans les *Dépêches des ambassadeurs milanais* près de Charles le Téméraire, publiées par le baron de Gingins la Sarra, t. II, p. 145, on trouve un jugement semblable porté par Appiano. Charles, dit-il, « vole fare luy solo tutte les ordinanze et non vole che homo del mondo gli recorda cosa alcuna, parere alcuno. » C'est ce que dit ailleurs Olivier de la Marche : « il veut être seul capitaine de ses gens. »

3. Chastellain avait aussi écrit : *Les premiers exploits en armes de Charles, comte de Charolais*. Mais cet ouvrage est perdu.

4. « En la seconde partie de mes mémoires. »

5. « En cet escrit. »

6. « Cremeur. »

Et [quant] au fait de la guerre, il est notoire que luy, conte de Charolois, sachant que le Roy Loys de France l'avoit volu brouillier et mesler avec son pere, il se mist en l'aliance de monseigneur de Berry, frere du Roy de France. [Et alors] monseigneur Franchoix, duc de Bretaigne, monseigneur Jehan d'Anjou, duc de Calabre, les ducs de Bourbon et de Nemours, les contes d'Erminac, de Dunois, de Dampmartin et autres grans personnaiges de France, mal contens du Roy et soubz umbre du bien publicque du royaume de France, s'esleverent contre [icelluy] Roy, et se devoient tous trouver à ung jour à Sainct Denis. Et ledit conte de Charolois, vostre grant pere, se trouva au jour nommé accompaignié de monseigneur Jacques de Bourbon, de monsieur Adolf de Cleves, seigneur de Ravestain, du conte Loys de Sainct Pol, de messire Anthoine, bastart de Bourgoingne, et de grant noblesse et subjectz du duc, son pere, et par l'aveu et consentement de son dit pere. Et rencontra le Roy de France au Mont le Henry[1], et gaigna la journée et demoura sur la place. Et s'en ala le Roy à Corbeil, et fut vostre grant pere blesché, arresté et en dangier d'estre pris. Mais il fut rescoux à son grant honneur et recommendacion. Et, depuis cette bataille, [s']assambla avec les autres princes de son alliance, et revindrent tous enssamble devant Paris, et le Roy de France se retira audit Paris. Et là d'une part et d'autre furent faictes plusieurs appertises d'armes. Et tant dura que appointement fut trouvé et fait entre le Roy et les seigneurs dessusdis. Et fut par ce traictié monseigneur de Berry, duc de Normandie,

1. « A Montlhéry. »

et ledit conte de Charolois eut pour luy les terres de la riviere de Somme, assavoir Amyens, Saint Quentin, Abeville, le Crotoy et toute la conté de Ponthieu, que le Roy Loys avoit racetées du bon duc Phelippe III^{c} mille escuz. Mais de tout ce ne tint riens le Roy de France, comme vous orez cy après à la poursuyte de mes memoires[1]. Toutesfois le traictié et appointement fut fait entre le Roy et les princes. Et devoient estre trente six hommes choisiz au royaume, et par quy les deffautes du bien publicque du royaume de France devoient estre corrigiez et amendez. Et sur ce se despartist icelle noble assamblée, et se retira chascun en son affaire.

Le conte Charles de Charolois, vostre grant pere, fut adverty que les Liegois avoient envahy le duc, son pere. Sy tira[2] celle part et traversa le royaume et par la Terrache. Et vint en Liege[3] sans aller ès pays de son pere, et telement exploita qu'il eut appointement aux Liegois au grant honneur de son pere et de luy, et puis s'en retorna en Brabant devers le duc, son pere[4]. Et assez tost après le conte se retira à Abeville, à Amyens, [et à] Saint Quentin, et là remist en son obeyssance les terres engagiés, et la riviere de Somme engaigée[5] par le traictié d'Arras, que le Roy Loys de France

1. V. *infra*, liv. II, ch. Ier, et aussi Chastellain, qui explique les raisons pour lesquelles le duc regardait la conduite de Louis XI comme une trahison et une violation de la foi jurée (*Œuvres*, édit. Kervyn de Lettenhove, t. V, p. 437).

2. « Et pourtant tira. »

3. « Et par la Terrache ala au Liége. »

4. « Où il fut recueilly à grand honneur, et joye; et fit rompre son armée. »

5. « Les terres de la riviere de Somme engagées... »

avoit rachetée du duc Phelippe, son pere, comme dit est. Et par le traictié de Conflans, fait entre le Roy et les princes et luy, furent de recief rendues, comme j'ay dit cy dessus. Et, ce fait, il retorna à Bruxelles devers le duc, son pere. Et en ce temps ceux de Dinant, qui avoient fait appointement avec le conte, ou nom de son pere, par la main d'un notable homme de la dicte ville, nommé Jehan le Carpentier, et dont les dis de Dinant ne tindrent riens[1], mais livrerent ledit Jehan le Carpentier à la mort, et firent moult d'injures au bon duc Phelippe par euvres et par parolles et aultrement[2] [et tant], qu'ils provocquerent et esmurent ce bon duc de leur courre sus et de soy vengier de leurs malefices. Et en sa personne tout viel et debile print les armes et se tira en Namur. Et fut conseillié de faire executer celle guerre par le conte, son filz. Ledit conte assiega Dinant et tant fist par battures de bombardes et aultres explois qu'il gaigna la ville de force, et laquele fut pillée, demolie et arse, telement qu'il sambloit dès la premiere saison que ce fut une ville arruynée de mille ans. Le duc s'en retourna en Brabant, et le conte entra ou pays de Liege et [y] renouvella les traictiez par luy fais. Et de ce je parleray plus à plain en mon troisieme[3] volume.

Le duc Phelippe, vostre ave, devint vieulx et maladis. Et se conduisoient tous les grans affaires par le conte, son filz, et soubz sa main, qui toutesfois le tenoient[4] en grant honneur et reverance. Et depuis

1. « Ne voulurent rien tenir de cet appointement. »
2. « Dont ledit... »
3. « Second. »
4. « Et neantmoins luy portoit tousjours grand, » etc.

ces choses advenues ne vescut gaires le bon duc Phelippe. Et fut vostre grant pere le [conte][1] Charles, duc, et receu par toutes les seignouries dessusdictes delaissées par son noble pere. Ce duc Charles se trouva ou dangier de ceulx de Gand en armes sur le marchiet où il estoit en personne. Mais depuis il les fist venir à la raison en la ville de Bruxelles, où ilz crierent mercy de celle offense, rendirent leur baniere, et furent cassez et coppez devant eulx aucuns de leurs previleges. Et demourerent au traictié de Gavre, tel que le fist le bon duc Phelippe, son pere, quant il les eut desconfiz et subjughiez. Et tantost que le bon duc fut trespassé, les Liegois se rebellerent. Mais le duc Charles fist prestement une grosse armée et assiega la ville de Saintrond que lesdis Liegois avoient pris sur luy. Et lesdis Liegois, conduis par aucuns des gens du Roy de France, vindrent pour lever ledit siege. Mais le duc leur vint au devant entre Saintrond et ung villaige que l'on nomme Brustem[2]. Et par son avant garde, en grant et puissant compaignie, furent iceulx Liegois desconfiz et mors. Et ne se bouga le duc, ne la bataille, pour chose qu'ilz veyssent. Car l'on disoit que les Franchois devoient aydier les Liegois à puissance; pour quoy la bataille se tenoit serrée et entiere. Et fut deux heures de nuit quant la chasse de la bataille fut finée ; et retourna le duc en son logis et siege devant Saintrond, et prist la ville par composicion après la bataille gaignée, car il la volt retenir pour luy pour la seureté de son pays de Brabant. Et tantost marcha contre la cyté de Liege, et de ce train prist Tongres, et entra en la

1. « Duc. » (Ms. n° 2868.)
2. Brunstein.

cyté de Liege. Et fist abattre les murailles et portes d'icelle cyté, et fist plusieurs gens decoler et noyer par justice, [et] remist l'eveschié et le pays en obeissance de monseigneur Loys de Bourbon, son cousin germain, lors evesque de Liege, à la querele duquel il faisoit celle guerre par le commandement et ordonnance du Pape, comme desobeyssans au Saint Siege apostolicque et à leur prince et evesque de Liege; [de là] revint à Huy qui luy fut obeissant, et pour ce ne furent point les murailles abbatues.

Le duc Charles revint en son pays de Brabant, et, par moyen, paix et union fut entretenue entre le Roy de France et le duc de Bourgoingne. Et prospera le duc Charles en tenant grant et triumphale court sur tous les ducs du monde[1]. Il donnoit audience deux fois la sepmaine à tous, povres et riches[2]. Il entendoit en ses affaires songneusement, et faisoit de grandes et charitables aulmosnes. Et en ce temps se maria pour la tierce fois à madame Margherite d'Angleterre, seur du beau Roy Edouart d'Angleterre, et fist les plus triumphales noepces et de grans despens qui piecha furent faictes[3]. Et de tout ce je parleray plus à plain à la poursuyte de mes memoires. Et de ce mariaige je parleray peu pour le present, tant pour ce que de celle

1. Chastellain dit à peu près dans les mêmes termes : « Il resplendissoit par toute la terre, et n'y avoit ne Roy ne Empereur qui n'en fist un grand poids, ne nation lointaine, ne près, qui ne le doubtast et crainsist par les experiences passées. » (*Œuvres*, édit. Kervyn de Lettenhove, t. V, p. 372.)

2. Chastellain dit trois fois la semaine, les lundi, mercredi et vendredi. (*Œuvres*, édit. Kervyn de Lettenhove, t. V, p. 370.)

3. « Et de la plus grande despense que de long temps en eussent esté faictes. »

noble dame il n'olt nulz enffans[1], comme aussy que vous avez congnu et cognoissiez les nobles meurs et vertueuses bontez d'elle en son vesvaige. Et savez qu'elle vous a eslevé ès sains fons du baptesme et est vostre marine, vous a soustenu et porté en voz adversitez, et vous a esté sy bonne mere que vous estes tenus à elle et ne la devez jamais oublier.

Après les nœpces du duc Charles, par le moyen du Roy de France, les Liegois se rebellerent de recief contre lui. Et les Franchoix lui tenoient plus termes d'annemis que d'amis. Et se remist le duc aux champs à grant puissance, et mist son camp à Lyon en Santars contre les Franchoix. Et le Roy de France trouva fasson de rompre celle armée, et, par moyens et à sa requeste, vint à Peronne où les materes d'une part et d'aultre furent fort debatues, et dont je parleray plus amplement ailleurs. Et finablement fut la paix entre eulx deux renouvellée et jurée de recief. Et promist le Roy d'aller en sa personne avec le duc pour subjughier lesdis Liegois, qui nouvellement estoient rebellés, et d'une emblée avoient pris Tongre par nuyt et prins leur evesque et le seigneur d'Humbercourt en icelle ville, dont le duc fut moult desplaisant. Et finablement le Roy de France porta la croix saint Andrieu en ce voyage de Liege, et fut la cyté de Liege assigée de toutes pars. Et par ung dimence matin, au son d'une bombarde, fut icelle cyté assaillie et gaignié d'assault, pillié, arse et brullée toute, fors les eglises seulement. Et de là le Roy de France se retira en son royaume et

1. Marie de Bourgogne était fille d'Isabelle de Bourbon, seconde femme de Charles.

le duc poursievyt les ennemis ou pays de Franchimont, où luy et son armée eurent de grans froidures et souffertes[1]. Mais il brulla tout le pays qui toutesfoix est terre de montaignes, vallées et boix. Et sont les hommes fors et robustes, villains et gens dangereux à concquerre. Après celle concqueste, le duc retourna en son pays de Brabant et de Flandres, et demoura assez bonne espace sans guerre. Et en ce temps le Roy Edouart d'Angleterre, son beau frere, fut dechassé d'Angleterre et se retira en Hollande, où le duc le recueilly et l'ayda telement qu'il retourna en son royaume où il vescut et regna depuis en grant prosperité et honneur.

En ce temps le Roy de France, qui tousjours queroit soubtiz moyens pour surprendre le duc, practiqua telement que la ville de Saint Quentin et la cyté d'Amiens se rebellerent contre luy. Mais le duc Charles hastivement se mist sus et aux champs, et mist sa puissance devant Amiens du costé de Saint Acheu, et batit la ville d'artillerie à pouldre, et là presenta la bataille, et toutesfoix estoient en ladicte cyté le conte Loys de Saint Pol, connestable de France, et XIIII^c lances des ordonnances de France, où furent faictes par pluiseurs fois pluiseurs appertises d'armes tant ou mestier de la guerre comme en fait d'armes corps à corps, et dont je parleray plus à plain en mon IIIe volume[2]. Et

1. « Souffrettes. » V. *infra, Mémoires,* liv. II, ch. VI.

2. « ... la bataille, où furent plusieurs fois faictes plusieurs appertises d'armes, tant au mestier de la guerre comme en faict d'armes de corps à corps, dont je parleray plus amplement au second livre de mes memoires. Dedans la ville estoyent le comte Louis de Sainct Pol, connestable de France, et quatorze cens lances des ordonnances de France. »

là fut traictié unes treves entre le Roy Loys et le duc de Bourgoingne, laquele treve fut assez bien entretenue. Et durant ce temps le duc, vostre grant pere, mist sus XII^{c} lances, chacune furnye de huyt combatans à cheval et à pied[1]. Et praticqua par tous ses pays telement que V^{c} mille escuz luy furent accordez d'ayde, dont il entretint lesdictes XII^{c} lances. Et combien que ses pays en murmurerent assez et disoient qu'ilz estoient fort foullez de celle grande taille[2], toutes-

1. Le 23 octobre 1470, Charles le Téméraire adressa au seigneur d'Aimeries, grand bailli et capitaine général du Hainaut, un mandement par lequel il lui faisait connaître qu'il était résolu à lever pour la défense de ses domaines 1,000 hommes d'armes payés, l'homme d'armes avec 3 chevaux à raison de 15 fr. par mois, et 3 archers à cheval aussi à raison de 15 fr. par mois. Le 29 juin 1471, il adresse d'Abbeville, dans la même pensée, aux gens de son conseil à Dijon, l'ordre d'inviter ses vassaux et sujets qui voudraient entrer dans ses compagnies d'ordonnance, à se présenter devant le bailli et un commissaire ducal, armés et habillés selon l'ordonnance, pour passer visite, afin qu'on puisse les gager au nom du duc, s'ils sont reconnus aptes au service. Le 31 juillet de la même année, il rend à Abbeville une ordonnance indiquant qu'il a décidé de « mettre sus et entretenir » 1,250 hommes d'armes à 3 chevaux, chaque homme d'armes ayant avec lui 3 archers à cheval, un arbalétrier, un coulcuvrinier et un piquenaire à pied. L'ordonnance règle l'équipement, la direction et le mode de logement et de nourriture de ces hommes de guerre, placés sous les ordres d'un « condutier » ou conducteur par 9 hommes d'armes. (V. Archives de la Côte-d'Or, B 11812; *Mémoires de l'Académie de Dijon*, 1879, p. 259 et suiv.) Les lances bourguignonnes comptaient 3 fantassins qui n'existaient pas dans les compagnies d'ordonnance françaises. Elles avaient un tiers de gens de pied pour deux tiers de cavaliers. Les premières montres de ces nouvelles compagnies d'ordonnance eurent lieu en Bourgogne en 1472 (n. st.). V. *ibid.* Mais, d'après Olivier de la Marche, elles s'effectuèrent plus tôt dans le Nord.

2. V. Chastellain, *Œuvres*, édit. Kervyn de Lettenhove, t. V, p. 374.

foiz il leur tournoit à grant prouffit, comme depuiz ilz ont bien congneu. Car le duc Charles estoit sy puissant qu'il povoit executer et faire forte et radde justice. Il tenoit ses pays en crainte et en pais[1]. Il faisoit la guerre et tenoit ses gens d'armes hors de ses pays. Il vivoit l'espée ou poing et avec tous ses voisins, et ce qu'il ne povoit faire par amours, il le faisoit par crainte. Et tant qu'il vescut, ses pays florirent et prospererent.

Et en ce temps le duc Charles mist sus ung parlement qui residoit à Malines, où respondoient tous ses pays decha la Champaigne. Et de ce parlement n'avoit ailleurs ne appel ne ressort[2]. Et me pourroit estre demandé comment il povoit y constraindre ses subjectz qui souloient ressortir en France, comme Arthois, Flandres, Boulenois et les terres engaigées, qui sont seignouries tenues de France de toute ancyenneté. A ce je respons que, par appointement fait [et] par paix jurée entre le Roy de France et luy, fut accordé par le Roy que, ou cas qu'il rompist, allast ou contrevenist à la paix de Peronne, il quittoit le duc de toute fidelité et hommaige qui luy povoient appertenir pour luy et pour ses hoirs Roys de France au prouffit du duc et de ses hoirs; et de ce je parleray plus à plain. Laquele paix fut rompue et contrevenue par icelluy Roy de France, comme maintenoit le duc, vostre grant pere. Par quoy il se disoit souverain en icelles seignouries, et

1. V. Chastellain, *OEuvres,* même édit., t. V, p. 421.

2. Sur l'institution du parlement de Malines, le 23 décembre 1473, v. ms. de la Biblioth. publ. de Lille, E. L 31, et *Histoire du grand conseil de Malines,* par A. Matthieu, dans les *Annales de l'Académie d'archéologie de Belgique,* 1874. Cette création fut un des griefs invoqués par Louis XI à l'appui de l'accusation de lèse-majesté dirigée contre Charles le Téméraire devant le parlement de Paris.

en jouyt comme souverain jusques à sa mort. Mais, luy trespassé, les pays se meutinerent contre madame vostre mere, leur princesse, et volurent ravoir vieux previleges et nouveaux à leur plaisir; par quoy ledit parlement fut rompu et aboly.

La treve rompue, la guerre recommencha, et se tyra le duc devant Roye et Nelle et les gaigna par force, et y fist grant execution de Franchois. Puis mist le siege devant Beauvais, où grant puissance de Franchoix se bouterent pour garder la cyté, [qui] puissamment fut par le duc assaillie et puissamment deffendue par les Franchoix. Et durant ce siege ceulx de la garnison d'Abeville, ses serviteurs, prinrent Gamaches et Saint Walery. Et se partist le duc, et leva son siege, et se tira plus avant en France, presentant la bataille. Il prist et concquesta la ville et conté d'Eu, et par ses gens fist gaigner Neufchastel en Normandie et la fist ardre et destruire. Il alla devant Rouaen, où luy et ses gens d'armes eurent moult à souffrir. Car les Franchois et nommeement le connestable de France le [costoyoyent][1] et lui rompoient[2] les vivres à leur povoir. Mais lui courageux marcha tousjours et presenta aux Franchois la bataille à toutes heures. Puis reprist son chemin contre la cyté d'Amyens et rembara la garnison lourdement dedens la cyté. Il prist Beaurevoir, le Chasteler, la Fere, Vandeul et autres places appertenans audit connestable de France. Il prist Chauny, Ribemont, Janly, Moy, brula et exilla[3] moult le pays, tousjours pour cuidier parvenir à la bataille qu'il

1. « Costioit. » (Ms. n° 2868.)
2. « Coupoyent. »
3. Saccagea.

desiroit sur toutes choses, et s'aresta devant Bohain sans y mettre siege. Et venoit desjà à l'arriere saison, et là se praticqua une treve assez courte, et de laquele treve fut pratiquié la treve de IX ans entre le Roy de France et le duc Charles, vostre grant pere[1]. Laquele treve fut solempnelement jurée et prinse pour eulx, leurs pays et leurs hoirs, et nommeement monseigneur Charles de France, à present Roy de France, lors daulphin, et mademoiselle Marie de Bourgoingne, fille du duc, qui depuis fut seule heritiere de la maison de Bourgoingne, ducesse d'Austrice, et vostre mere, qui garda son serment en ceste partie. Dieu en est le juge, à qui les choses occultes ne peulent estre mucées, ne absconses.

Après le retour de la chevaucée que fist le duc Charles, vostre grant pere, en Normendie, il assist ses garnisons du long de la costiere de France et rentra en son pays de Haynin. Et vint à Vallenciennes en moult grant triumphe, et là avoit fait preparer pour tenir la feste de l'ordre de la Thoison d'or où il fist deux augmentacions. [Pour] la premiere, il fist chambgier les robbes et manteaux des chevaliers de l'ordre, qui estoient d'escarlate vermeilz, à velours cramoisy. Et si ordonna, pour le IIIe jour, vespres et messe ou nom de la Vierge Marie, et que les chevaliers seroient audit service vestus de robbes de drap damas blanc, [ce qui fit moult bel à veoir[2]]. Et après celle solempnité

1. Olivier de la Marche appelait l'aïeul *grand père*, le bisaïeul *ave*, le trisaïeul *bisaïeul*, et ainsi de suite. Cette façon de compter les degrés pouvant dans certains cas dérouter le lecteur, on a pris soin, au cours de cette introduction, d'indiquer le plus souvent en note les changements qu'il fallait faire pour se conformer à la terminologie courante.

2. « Ce qu'il fit moult bel veoir. » (Ms. nº 2868.) Sur la fête de

tenue, le duc se partit et se tira contre la duchié de Gheldres, laquele il quereloit, et, à l'entrer ou pays, prist par force et par siege deux puissans chasteaux, l'un nommé Montfort et l'autre Brughe. Et mist le siege devant la ville de Nimeghe, laquele il print, et par ce moyen subjuga tout le pays et gaigna la duchié de Gheldres et conté de Zutphen. Et mist tous les voisins et mesmes les Frisons en tel effroy et doubte, que, s'il eust marché contre Daventer, Kamp et Zole[1], ilz luy eussent fait obeyssance, et eust de celuy [jour] esté subjughé le royaume de Frize, ce qu'il laissa pour le desir qu'il avoit de voir l'Empereur, aussy vostre grant pere, pour certaines haultes et courageuses fins à quoy il beyoit[2]; et principalement desirant de venir au mariaige du Roy, vostre pere, et de madame vostre mere, sa fille, qui lors ne se polt accorder. Et depuis a esté fait et consommé par la grace de Dieu.

En ce temps fut praticqué que l'Empereur Frederic, vostre grant pere paternel, et le duc Charles, pareillement vostre grant pere maternel, se puissent veoir tendant au mariage et à l'aliance de monseigneur Maximilian, vostre pere, et de madame vostre mere. Et se trouverent en la cyté de Treves à grant triumphe et seignourie d'une part et d'aultre. Et fut festoyé l'Empereur par le duc à moult grant ricesse et appareil. Et combien que lors ne fut parfait ne accordé icelluy mariaige, et que depuis grant accident de guerre meut entre eulx deux, comme je diray brief, toutesfois

la Toison-d'Or tenue à Valenciennes en 1473 et les changements qui y furent apportés au costume des chevaliers, v. *infra,* liv. II des *Mémoires.*

1. Deventer, Cempen et Zwol.

2. Aspirait.

fut icelle communication le motif dont depuis a esté fait le mariage dont vous estes venus par le divin plaisir. Et se departit icelle assamblée plus en disidence[1] l'un de l'autre qu'en apparence d'amour, et [ce] par traficqueurs et rapporteurs d'une part et d'aultre, dont tous saiges princes se doivent [bien] garder sur toutes choses.

Durant icellui temps, le duc Charles visita tous ses pays de Bourgoingne et de Ferrate, et fist transporter les corps du duc Phelippe, son pere, gisant à Saint Donas à Bruges, et de madame Ysabel de Portugal, sa mere, dont le corps gisoit aux Chartreux à Gonain en Artois, [et] les fist amener solempnelement jusques à Dijon en Bourgoingne, [où il] fut à l'enterrement, et les fist mettre en leur sepulture ès Chartreux, hors dudit Dijon, à sy grant devocion et triumphe qu'il est possible. Et de ce je parleray plus amplement en mon troisieme volume. Puis [se] retira en son pays de Luxembourg.

Et en ce temps fut le duc, vostre grant pere, requis d'ayde par messire Bernard de Baviere, lors archevesque de Coulongne, son cousin et frere du conte palatin, pour ce que le chapitre [et doyen] du don[2] de Coulongne le traveilloient de procès, de guerre et de desobeyssance. Et à ceste cause emprist le duc la querele dudit archevesque, [et] entra à puissance ou pays de Coulongne, et, pour ce que la ville de Nusse estoit desobeyssante à son seigneur et archevesque, il y mist le siege de toutes pars, et là fist de grans choses dignes de memoire. Car il tint le siege devant ladicte ville ung an entier ; il destourna rivieres de leurs cours ; il

1. « Diffidence. »
2. La cathédrale ; *il duomo*. — Supprimé dans Sauvage.

dicqua ung bras du Rin; il gaigna ung isle et par les dicques il venoit à pied secq; il fist faire chaz, grues et aultres engins, comme trenchis, rollans, bastillons et toutes manieres dont on peut villes approchier. Grans battures furent faictes, grans essays et assaulx, et jusques à faire essais de nagier le Rin à cheval, la lance sur la cuisse, pour gaignier ladicte isle du commencement. Et ne suis pas digne d'escripre ramentevance devant que je ne dye verité. Mais se la ville de Nusse fut par vostre grant pere vaillamment approuchie, assaillye et requise, elle fut par les Allemans courageusement deffendue. Et y mengerent leurs chevaux, et endurerent merveilleuses doubtes, paines, povretez et mesaises. Et le duc tenoit son siege en tele justice et police que vivres y venoient en grant habondance. Et, d'autre part, l'Empereur Frederic, vostre grant pere paternel, assambla les electeurs, les princes et les grans de la Germanie, et vindrent à moult noble puissance pour secourir la ville de Nusse, qui plus ne povoit longhement tenir sans estre perdue et prinse. Ainsy vos deux grans peres se trouverent en guerre mortele l'un contre l'autre pour le fait de la ville de Nusse, et s'approcerent sy près l'un de l'autre que chacun d'eulx povoit voir, de son pavillon, le logis et l'ost de son ennemy. Et ne fault pas doubter que tant de gens de bien [d'une part et d'autre], sy près logiez les ungs des aultres, ne vouloient point perdre le temps, et[1] que durant x jours que les deux ostz furent ainsy approciez, maintes escarmuces et maintes appertises d'armes y furent faictes, et[2] que ce fut une

1. « Tellement que. »
2. « Et tant que. »

escolle d'honneur et pour apprendre le mestier de la guerre. Car en ce peu de temps fut la bataille presentée, gros rencontres et grant murdre de chacun party; dont qu'il en advint et comment je n'en parle plus avant en ce premier livre[1], et y reviendray, se Dieu plaist, cy après. Mais du departement[2] de celle noble assamblée, après avoir durement assayé les ungs et les aultres, ilz se departirent par appointement de paix. Et tout à ung jour et à une heure, l'Empereur et son armée prist le chemin pour aller en Allemaigne, et le duc de Bourgoingne prist le chemin pour retourner en son pays. Et ainsy se separerent vos deux grans peres, et ainsy fut la chose pacifiée. Et, durant icelluy siege, il fist ravitaillier la ville de Linx où grant puissance de l'empire tenoient le siege. Il festoya, luy tenant son siege, le Roy de Dennemarche et plusieurs princes d'Alemaigne en moult grant triumphe. Ambassadeurs l'ensievoyent de toutes pars. Et tout estoit en son camp bien logié et bien receu. Et ne croy pas que cent ans avant aist esté siege de celle magnificence. Et est legier à entendre que de grant valeur fut le prince qui soustint sy grant fais.

Ainsy doncques se separerent ces deux grans princes, vos grans peres, et tira chacun son chemin. Mais le Roy de France, qui tousjours avoit la dent sur le duc de Bourgoingne, le guerroyoit, et ce qu'il ne faisoit apparemment, il le faisoit secretement, et enhortoit les princes voisins à guerroyer le duc de Bourgoingne, [et] soubz umbre qu'il se tenoit prince de l'empire, fist esmouvoir avec l'Empereur le duc Renyer de Loraine

1. « Present escript. »
2. « Quant au partement. »

contre le duc de Bourgoingne, combien qu'il fust son alyé, dont moult de maulx sont depuis advenus. Et pleust à Dieu que le tout fust passé et estint.

Et en ce temps le beau Roy Edouart d'Angleterre, frere de madame Margherite, ducesse de Bourgoingne, descendit en France pour sa propre querele, avec aucun entendement qu'il avoit avec le duc, son beau frere, et avoit moult belle et puissant armée. Mais il ne passa gaires la riviere de Somme que luy et ses gens furent praticquiés de soixante mille escus par an que le Roy de France promist de pention au Roy d'Angleterre, avec autres dons secretz donnez aux gouverneurs du Roy d'Angleterre. Et, en effect, le Roy d'Angleterre et sa puissance s'en retournerent et rapasserent en Angleterre sans faire autre exploit. Et combien que le duc de Bourgoingne [vostre grand pere] se trouva par ce moyen frustré de l'ayde qu'il cuidoit avoir des Anglois, toutesfois il tint son propos et emprinse plus ferme que devant, et entra en Loraine et concquist le pays entierement. Et de là alla pour aydier[1] la ducesse de Savoye, seur du Roy de France, laquele avoit ung filz de dix ans, nommé Philebert, duc et heritier de Savoye, auquel les Suysses faisoient la guerre. Et pour secourir iceulx[2], le duc de Bourgoingne alla en sa personne et mist le siege devant Gransom, gaigna la ville et le chasteau, et fist très dure execution de ceulx qui furent prins dedens. Mais depuis lesdis Suysses se mirent sus et surprinrent le duc Charles [encores] estant devant Gransom, en tele maniere qu'ilz le desconfirent. Et fist le duc moult

1. « S'en ala aider à. »
2. « Pour secourir les Savoyens. »

de grant perte d'avoir et de gens, et se retira le duc à Noseret en Bourgoingne, et ses gens d'armes repasserent les montaignes et se sauverent en Bourgoingne. Et de ceste journée et desconfiture je declareray plus à plain en mon IIIe[1] volume. Mais je commenceray à dire [ici] en brief les adventures d'icelluy noble prince, et comment[2], nonobstant sa perte et desconfiture, il se ralya et remist ses gens enssamble par grant couraige. Car avant le xe jour après sa desconfiture, il repassa les montaignes et vint à Losane, et devant la ville leva ses pavillons et ralya ses gens en tele maniere que en peu de temps il marcha en pays et assiga la ville de Morath, en la conté de Romont, que les Suysses avoient pris sur monseigneur Amé de Savoye, conte de Romond. Et là fist de grans approces et battures, et moult oppressa ladicte ville. Mais les Suysses, acompaigniez du duc de Loraine et autres leurs alyez, vindrent à sy grant nombre que le duc Charles ne polt porter le fais, et fut pour la seconde fois desconfiz et en grant dangier de sa vie. Mais, par la grace de Dieu qui toutes choses conduit et gouverne à son plaisir et vouloir, il fut preservé pour celle fois. Il se retira en la ville de Jays[3], où il sejourna certains jours avec madame Yoland de France, ducesse de Savoye, et ses gens passerent la montaigne sans ordre ne mesure, et entrerent en Bourgoingne, où ilz taillerent et adommagerent le pays de vivres et de ranchonnemens. Car la pluspart estoient estrangiers et non de la nation, qui

1. « Je deviseray... en mon second... » V. *infra, Mém.*, liv. II, ch. VI.

2. Dans le ms. n° 2868, la phrase est arrêtée par un point après le mot « comment. »

3. Gex.

en prenoient là où ilz en povoient avoir. Et est[1] legier à entendre que, après deux batailles perdues et teles rompures, le prince [ne] peut avoir [que] petite obeyssance, et de tout ce je parleray plus avant en mon IIIe volume[2].

Ainsy fut le duc Charles pour la IIe fois rompu, à sa grant perte, et n'arresta gaires qu'il ne retourna en Bourgoingne, et assambla les Estas en sa ville de Salins. Et remist ses gens de guerre en ordre et en la discipline de la guerre comme devant. Et se tira à la Riviere, une petite ville de la conté de Bourgoingne, qui costie les montaignes et les Allemaignes[3], et là fist revue de ses gens d'armes. Et manda de recief gens en Brabant, Flandres, Haynnaut, Picardie, Namur, et par tous ses pays, et fut adverty que, par l'ayde du Roy de France, qui tousjours luy faisoit sourde guerre, le duc de Loraine estoit rentré en son pays de Loraine et avoit legierement reconcquis tout le pays, excepté la ville de Nancy, où estoit messire Jehan de Robempré, seigneur de Bievres, pour le duc de Bourgoingne, avec nombre d'Anglois et [d']autres nations qui ne furent pas sy obeyssans qu'ilz devoient. Car, combien que le duc Charles marcha prestement pour lever ledit siege et les secourir, toutesfois lesdis gens d'armes se murmurerent, et, maulgré leur capitaine, rendirent la ville de Nansy au duc de Loraine. Mais ce noble et chevalereux duc Charles, vostre grant pere, par grant couraige, marcha sur ses ennemys et par deux fois desloga le duc de Loraine et sa puissance hors de leurs

1. « Comme il est. »
2. « Second volume. »
3. Près de Pontarlier.

logis, et fist partir le duc de Loraine hors du pays et aller soy retraire en Allemaigne. Et remist de nouvel le siege devant Nansy, où le duc de Loraine avoit laissié bon nombre de bonnes gens de guerre qui bien garderent ladite ville, combien que le duc de Bourgoingne la fist puissamment battre et approchier. Et, durant icelluy siege, le vint veoir le Roy de Portugal, son oncle, lequel il festoya grandement. Et advint que le duc de Loraine praticqua telement durant ledit siege qu'il esleva dix ou douze mille Suysses et aultres Allemans, ses alyez. Et le Roy de France tacitement l'assistoit et aydoit de gens et d'argent, et fist approcier VIII^c lances de ses ordonnances pour encloire le duc de Bourgoingne, lequel il sçavoit estre diminué de gens et de povoir pour les causes avant dictes et qui assez sont à considerer. Et la veille des Roys mille IIII^c [septante six, le cinquiesme jour] de janvier, lesdis Allemans lui coururent sus. Et le duc courageusement vint en sa personne à l'encontre d'eulx, sans lever son siege. Et je certiffie que la compaignie qu'il mena pour la bataille avec luy ne fut que deux[1] mille combatans en toutes gens. Et de ces choses je parleray plus amplement ailleurs.

Ce vaillant duc assambla corageusement avec ses ennemis et fut desconfit et mort au champ de la bataille, [et] pluiseurs de ses nobles hommes mors ou pris. Et fut ceste doloreuse journée la destruction evidente de la maison de Bourgoingne et l'amenrissement de vostre haulteur et seignourie. Car le duc Charles ne laissa pour tous heritiers que madame vostre mere,

1. Les éditions précédentes impriment « trois » par erreur.

qui demoura jeune orpheline, en dangier et peril de ses ennemis, et en petite obeissance de ses subjectz, envyée et en debat de moult de princes pour l'avoir en mariage. Et, d'autre part, tout ou la meilleure part de ses subjectz[1] estoient mors ou prisonniers. Toutesfois fut elle gardée et servie d'aucuns nobles personnaiges et autres, dont cy après serez adverty à la poursuyte de mes memoires, et dont vous devez rendre grace à Dieu et à eulx et recongnoistre leurs benefices et services.

Or, monseigneur, ce pas fait bien à noter, gouster et remordre en vostre entendement, comme[2] ce grant, puissant et courageux prince chut et tresbucha en sy grant inconvenient et perdicion, qu'il perdit tout à une fois vie et sy grant seignourie, et ne luy demoura que l'ame et l'honneur, et que trois fois en sy peu de temps il fut desconfit et perdit trois batailles. Et à ce ne polt resister son povoir, son sens et sa vaillance. Et devez congnoistre que ce grant Dieu en fist à son plaisir et voulenté, à qui[3] vous et autres princes estes plus subjectz et en la vue et regart de son œil, que ne sont les autres simples et petites creatures mondaines, qui sont seulement[4] en la subjection et soubz la voulenté de vous autres princes, et vous[5], messieurs les regens, ordonnez à gouverner les monarchies chacun en son endroit. Mais vous, les grans, estes regardez de Dieu et soubz sa correction, qui fait trop plus à

1. « Nobles. »
2. « En considerant comment. »
3. « A quoy. »
4. « Secondairement. » Tout ce passage a été corrigé ou plutôt arrangé par Denis Sauvage.
5. « Sous. »

craindre pour vous et à doubter, que à nous de vous qui estes nos princes et regens, qui ne nous povez oster que l'avoir et la vie[1]. Et ce grant Dieu peut en son bon plaisir rompre vos trop haultes et eslevées emprinses, et diminuer vos gloires et renommées. Et, monseigneur, ce grant trabuchement advenu à la fin de vostre grant pere, le duc Charles, ne le prenez ou reputez à ses defaultes ou peciez, car le voloir ou permission de Dieu nous est chose incongneue. Mais, pour sagement vostre prouffit en faire, pensez et entendez que ce cop et divine bature vous est advenu en la personne d'icelluy, affin que vous congnoissiez le povoir de Dieu et l'ayez en crainte et en doubte. Et aussy peut estre que, se la seignourie en sa[2] grandeur de ceste maison de Bourgoingne vous fût demourée, eschute et advenue, Dieu preveoit que vous eussiez esté prince eslevé en orgœl ou aultre vice, à vostre dommaige et mescongnoissance, contre son plaisir, et veult vostre sauvement et que vous congnoissiez qu'il vous peut donner et tollir à son plaisir, et que riens ne poez concquerre, possesser, ne avoir, que tout ne soit en sa disposicion subject[3]. Mirez vous, monseigneur, en ceste doubte[4], car le Tout Puissant vous peut tout rendre et restituer, se vous le servez de bon cœr et mettez paine d'acquerir sa saincte grace. Et ne fay nulle doubte que pluisieurs, parlant du duc Charles,

1. Les précédentes éditions ont corrigé cette phrase d'une manière inintelligible : « qui fait trop plus à craindre de vous, que nous à douter de vous, qui, combien que soyez noz princes et regens, ne nous pouvez, » etc.

2. « Et la grandeur. »

3. « Sujet à sa disposition. »

4. « En ceste réverence. »

murmureront et diront : Que failloit il à ce grant duc qui tant avoit de seignouries, de pays et de ricesses? que se demandoit il d'entreprendre sur ses voisins et de vouloir conquerir le monde sur aultruy? et pluisieurs aultres langaiges[1] contre lui. A ce je respons que la volenté et extreme zele qu'il avoit au service de la foy crestienne et à l'augmentacion de l'Eglise luy faisoit emprendre et faire ce qu'il faisoit. Car son desir et affection estoit d'aller contre les infideles en sa personne, et desiroit de se faire sy grant et sy puissant qu'il peust estre conducteur et meneur des autres, car à nulluy ne vouloit estre subject, et, se Dieu lui eust donné vie et prosperité, il eut monstré par effect que mon recit en ceste partie est veritable, car je le sçay par luy mesmes, non pas par ouy dire à aultruy.

Ainsy, monseigneur, je vous ay rendu compte des haulx fais et prosperité de voz ancestres jusques à present. Et ne vous ay pas celé les adversitez advenues, affin que vous congnoissiez le povoir de Dieu et comment il peut donner et tollir à son voloir les biens de fortune, en exemple que vous soyez si saige que de doubter Dieu et ses permissions, affin qu'il vous garde de toute adversité et vous veuille eslever en prosperité pour le povoir honnourer et servir, à la deffence de la saincte foy catholicque, à l'augmentacion de saincte Eglise et du bien universel de la crestienneté.

Cestuy duc Charles fut marié trois fois. La premiere fois à madame Katherine de France, fille du Roy Charles le VIIe, dont j'ay parlé en ce present volume[2].

1. « Se diront. »
2. « Escript. »

Et morut icelle dame sans consummation de mariaige, à cause du jeune eaige dudit duc, lors conte de Charolois. La seconde [fois] fut [à] madame Ysabel de Bourbon, fille du duc Charles de Bourbon et de madame Anne de Bourgoingne, tante dudit conte de Charolois. Et furent par dispense les deux germains mariez enssamble. Et de ces deux vint madame Marie de Bourgoingne, vostre mere, et n'eurent autre enfant. Morut ladicte contesse à Anvers et est enterrée audict lieu en l'eglise Sainct Michiel. Et, après la mort de celle noble princesse, le duc Charles, après qu'il fut duc, se maria pour la IIIe fois à madame Margherite d'Yorc, fille du duc d'Yorc et seur du beau Roy Edouart d'Angleterre. Et combien que je la surnomme d'Yorc en surnom, elle se doit surnommer d'Angleterre, car elle est venue de la lignie royale. Mais, pour ce que son grant pere et pere furent ducz d'Yorc, les enfans se sont surnommez de la seignourie par tele et samblable raison que font les princes [yssuz] des Roys de France, et dont j'ay cy devant touchié. Et de celle noble princesse, encoires vivant à l'heure que ma plume labeure en ceste matiere, n'eut il nulz enffans. Et combien que j'ay cy devant parlé d'elle et plustost que des deux autres nobles princesses par avant mariées à vostre grant pere, ce a esté pour ce que, en recitant les grans euvres[1] dudit duc Charles par ordre, il failloit que je touchasse aucunement du triumphe des nœpces de iceulx deux, qui fut moult grant, et dont je donray plaisir aux lisans à reciter au loing[2] ceste

1. « Honneurs. »
2. « En recitant au long. »

haulte feste en mon IIIe volume[1]. Et me soit pardonné se je suis prolix à escripre du duc Charles, vostre grant pere, car de luy je ne parle pas par ouy dire, mais par l'avoir veu et sceu. Et sera trouvé verité[2] le recit que je fais, et tant en dis que ce fut la nourrice des gens d'armes et de la guerre, et que pour riens n'a pas esté nommé Charles le Traveillant, car d'autant qu'il regna[3] aultre homme ne traveilla tant en sa personne qu'il fist, et sy traveilla amys et ennemys, et porta teles armes que le duc Phelippe, son pere.

CHAPITRE XXV.

De l'ancien advenement de la maison de Bourbon, et dont vint le nom; et comment Bourbon fut premierement duchié et depuis la mort du Roy saint Loys.

Ainsy doncques je vous ay monstré comme de monseigneur Charles, duc de Bourgoingne, lors conte de Charolois, et de madame Ysabel de Bourbon, vint madame Marie de Bourgoingne, vostre mere. Mais il faut pour moy acquiter que je parle de la noble maison de Bourbon, affin que vous entendez mieux la noblesse de vostre descente d'icelle lignie, car c'est ung de voz plus prochains costé maternel. Et est vray que ceste maison de Bourbon vient de la maison royale et de filz qui se nommoient de France, filz de sainct Loys de France. Mais pour ce que le nom est de Bour-

1. « Second volume. » V. *infra, Mémoires,* liv. II, ch. IV.
2. « Vray. »
3. « Du temps qu'il regna. »

bon, je declareray premier ce que j'ay apris, dont vient que le filz de France prist le nom de Bourbon, et aussy comment et pourquoy ceulx de Bourbon se dient et maintiennent estre plus prochains de la lignie de sainct Loys que ceulx de Vallois, qui à present sont toutesfois vraix Roys et successeurs de la couronne de France. Et commenceray premier au nom de Bourbon pour mieux entresievyr ma matere.

Je treuve que deux baronnies furent de piecha, dont l'une fut ou pays que l'on dit Bourbonnois, et l'autre fut en la duchié et pays de Bourgoingne. Et comme toutes choses ont commencement, pour ce que en tous les deux lieux que l'on nomme Bourbon a bains chaulx que l'on dit medicinables, et s'y vont pluisieurs gens baignier pour [se] mediciner et pour recouvrer santé d'aucunes maladies, et à ceste cause et pour ce que pluisieurs gens y hantoient et conversoient, hosteliers, taverniers, marchans et ouvriers mecanicques se logerent celle part pour gaignier et avoir proffit, et tellement que assez tost après se firent en iceux lieux gros et puissans bours, et augmenterent telement que, entre les autres bours, on disoit d'un chacun d'iceux voisins : c'est ung bon bourg; [et] à le prendre au rebourre, peut on dire c'est ung bourg bon. Et de ce nom bourg bon, en continuacion de langaige, sont encore appellez ces deux lieux Bourbon, et en continuacion[1] de temps [de]vindrent deux grandes et puissantes baronnies, chacune en son pays, et en furent seigneurs II nobles barons qui par mariaige s'alyerent enssamble. Et ainsy advint que toutes ces

1. « Par succession. »

deux baronnies demourerent par succession à ung nommé Geofroy de Bourbon, lequel Geofroy olt deux filz, dont l'aysné fut nommé Archembaut et le second fut nommé Anseau. Le pere mort, l'aysné olt en partaige la baronnie de Bourbon, qui est en Bourbonnois; et à ceste [cause] se nomment encores Bourbon l'Arcembaut. Et le second frere olt en partaige la baronnie de Bourbon en Bourgoingne; et pour ce que ledit second frere avoit à nom Anseau, cellui Bourbon fut nommé Bourbon l'Anseau, et encore se nomment Bourbon Lansy par mutacion de sillabes. Mais il approce la cause dessus dicte. Et ainsy de recief furent separées icelles baronnies. Et plus ne parlerons de Bourbon Lansy, pour ce qu'il ne sert plus à nostre matiere, et retournerons à parler de la baronnie de Bourbon l'Archembaut, qui tousjours fut plus grant chose que l'autre. Et commencha le baron Archembaut à soy eslever haultement, et luy et ses hoirs monterent et multiplierent en mariaiges, alliances et successions. Et telement que l'on povoit icelles seignouries[1] tenir des premieres et plus grandes baronnies du royaume de France.

Et advint que celle grant baronnie vint par succession à une noble dame, nommée Loyse, qui en fut heritiere. Et en ce temps regna saint Loys, Roy de France, qui de Margherite, fille du conte de Prouvence, olt cincq filz dont le ve et maisné fut nommé Robert, et fut conte de Clermond pour son partaige de France. Et le maria le Roy, son pere, à l'heritiere de Bourbon dessus nommée. Et pour ce qu'il estoit filz du Roy de France et en l'augmentacion de sa sei-

1. « Nommer et, » etc.

gnourie, le Roy saint Loys, accompaignié comme il appartient, fist de celle baronnie duchié[1], laquele s'appelle à present la duchié de Bourbon. Laquele maison et seignourie, par la grace de Dieu et [par] les vertus et [bons] gouvernemens des princes et seigneurs qui ont succedé en icelle, est tousjours augmentée de bien en mieulx ès grandes successions et alliances de mariaige, et dont vous estes sy prochainement yssus, [que] vostre grant mere fut fille du duc Charles de Bourbon, comme j'ay dit cy dessus.

Et pour ce que j'ay dit que je declareroye pourquoy ceulx de Bourbon se dient estre plus prochains de la [droite] lignie de sainct Loys, Roy de France, que ceulx de Vallois qui sont à present Roys de France, certes messires de Bourbon dient verité quant à saint Loys, mais non pas du droit de la couronne, et vecy comment. Saint Loys olt cincq filz, comme j'ay dit, dont nous ne parlerons que de l'aisné et du maisné, pour ce que le surplus ne nous sert de riens en ceste partie. L'aisné filz de saint Loys, fut Philippe, et fut Roy de France après saint Loys, son pere.

Celluy Roy Philippe se maria II fois, et du second mariaige je ne feray nulle mention, car la lignie faillit[2] et ne sert en riens à nostre matiere. Mais de la premiere femme, nommée Ysabel d'Arraghon, yssirent trois filz. Le premier fut Loys[3] qui fut Roy de France

1. « Le fit duc de celle baronnie. »

2. Il faut ajouter à « lignie », comme ci-dessous, « masculine. »

3. Le passage qui suit, et qui est reproduit exactement d'après les mss. nos 2868 et 2869, a été corrigé par Denis Sauvage ainsi qu'il suit : « ... qui mourut jeune. Le second fut Philippe, surnommé le Bel, qui fut Roy de France après son père, et le tiers fut Charles, comte de Valois, d'Alençon et du Perche. Philippe le

après son pere. Et le second fut Philippe le Bel, qui fut Roy après son nepveu Jehan, filz dudit Loys[1]. Et de tous iceulx nommez, yssus du Roy saint Loys, faillit la lignie masculine. Et, pour revenir à mon propoz, le IIIe filz du Roy Jehan, filz de saint Loys, fut Charles, conte de Valois et d'Alenchon. De celluy Charles, conte de Valois, vint Philippe, qui, en faulte de ceulx de la droite lignie de saint Loys mors sans hoirs masles, comme j'ay dit, fut couronné et sacré Roy de France. Et de luy vient et est yssue toute ceste noble maison de Valois, Roys et autres de ce linaige qui à present regnent en ces grans seignouries de France, et en estes yssus comme les autres. Et de ce couronnement de Philippe de Valois recommencha la grant guerre de France et d'Angleterre, pour ce que le Roy d'Angleterre avoit espousé Margherite[2], fille du Roy Philippe, [petit][3] filz de saint Loys. Et maintenoient les Anglois que elle qui vivoit au temps dudit couronnement estoit plus prochaine [de la droite lignie de saint Loys] que son

Bel eut trois fils, c'est assavoir Louis, surnommé Hutin, Philippe, surnommé le Long, et Charles, aussi surnommé le Bel. Louis Hutin fut Roy après son père, et, en mourant, laissa sa femme grosse d'un fils, qui fut nommé Jehan ; mais il mourut au berceau, et luy succeda son oncle Philippe le Long, auquel, mourant sans enfans masles, succeda semblablement Charles le Bel, son frère, qui mourut encores sans hoirs masles ; tellement que Philippe de Valois, son cousin germain et fils de Charles, comte de Valois, fut couronné Roy de France, et de luy vient, » etc. C'est plus exact, mais ce n'est pas le texte d'Olivier de la Marche.

1. Ms. nº 2869, fol. 67. Le ms. nº 2868 dit « filz de saint Loys. »

2. Ms. nº 2868. Lisez : *Isabelle*, qui épousa Édouard II, roi d'Angleterre, et non sa sœur Marguerite.

3. Nous préférons cette correction à celle qu'avait faite Sauvage : « Ysabel, fille du Roy Philippe le Bel, fils de ce Roy Philippe, dont le Roy Sainct Louis fut père. »

nepveu[1] Philippe, conte[2] de Valois. Mais celle matiere ne me sert de riens, mais[3] reviendray à esclarcir pourquoy la maison de Bourbon se dit plus prochaine de la [droite] lignie saint Loys que celle de Vallois.

Il est vray, comme j'ay dit, que le conte de Clermont, premier duc de Bourbon, fut filz maisné de saint Loys, et de celle lignie sont yssus les ducz de Bourbon et leur lignie succedante. Et de Philippe, Roy de France, filz de saint Loys, sont yssus ceulx de Vallois, qui sont à present Roys de France. Et faut entendre que le filz de Charles de Vallois descendit d'une lignie plus bas que son pere, [et que celuy fut Roy de France et non pas son pere]. Et pour ce est apparent que la maison de Bourbon, descendue de saint Loys proprement, est plus prochaine dudit saint Loys que celle de Vallois, mais non pas de la couronne de France, car Robert, conte de Clermont, fut v^e^ filz et loings de la couronne. Et Charles de Vallois fut tiers frere[4] du Roy de France, dont son filz fut Roy comme j'ay dit. Et de tous ces deux costez vous estes yssus, comme l'on peut entendre par les lignies avant declarées. Mais toutesfois tout est ung sang et une meisme lignie venant de saint Loys et des Roys de France. Et pour ce que, comme j'ay dit, les ducz de Bourbon portent d'azur à trois fleurs de liz d'or, à ung baston de gheules en bende, ce que ne portent nulz des filz yssus de France,

1. « Cousin. »
2. Mot manquant dans Sauvage.
3. « Et pourtant. »
4. Mss. n°s 2868 et 2869. Denis Sauvage a modifié ainsi ce passage : « fut tiers fils du Roy Philippe, fils de sainct Louis de France. »

j'ay de ceste matiere fait plusieurs enquestes et en divers lieux. Et treuve par l'opinion d'aucuns que ce baston en bende avoit esté pris et tiré hors des armes anchiennes de Bourbon ou de celles de Clermont, et mis en l'escu de France pour difference de maisné et pour recongnoissance des seigneuries dessusdictes. Mais, le tout bien entendu, il n'est pas ainsy. Mais[1] advint [cela] par ung [grand] debat advenu entre ceulx de Valois, qui furent et sont Roys de France, et ceulx de Bourbon, pour ce que ledit Robert, premier duc de Bourbon, porta l'escu à trois fleurs de liz, comme filz du Roy de France; et ceulx de Valois disoient qu'il devoit porter semé seulement comme les aultres yssus de la couronne, ou rompre l'escu par tele maniere que difference fut comme entre le Roy et ses parens; et à ceste cause, sans habandonner les trois fleurs de liz, il mist le baston de gheules en bende, que portent encoires aujourd'huy les ducs et princes de Bourbon. Et certes, monseigneur, de ce costé de Bourbon, vous estes noblement yssus. Et treuve que vos ancesseurs d'icellui costé se sont tousjours haultement alyez par mariage. Le duc Pierre espousa Ysabel de Valois, seur du Roy Philippe de Valois, fille du conte Charles. Loys, duc de Bourbon, ot à femme Anne, contesse d'Erminach. Le duc Jehan olt Marie, fille du duc de Berry. Le duc Charles de Bourbon espousa Anne de Bourgoingne, fille du duc Jehan. Et de toutes ces nobles lignies vous estes prochainement yssu. Et ainsy j'ay devisé des armes que portoit madame Ysabel de Bourbon, contesse de Charolois, vostre grant mere, et de

1. « Ains. »

celle maison ce que j'en ay peu apprendre et savoir. Et de ces deux contes et contesses de Charolois, dont depuis icelluy conte Charles, par succession de son pere, fut duc de Bourgoingne, comme j'ay dit dessus, yssit madame Marie de Bourgoingne, leur seule fille et heritiere. Laquele, après la mort de ce grant et doubté duc, son pere, se trouva jeune orphenine, chargée de guerres si dures et pesantes, d'affaires et de rebellions si largement, que le fais estoit mirable de porter, [veoire meismes] à ung grant, puissant et valeŕeux prince. Car le Roy de France ne tint riens de la treve de IX ans faicte avecques le duc Charles. Mais prestement, soubz fainte de vouloir estre protecteur et garde des biens de ladicte Marie, sa parente et filleuille, soubz umbre d'amistié et à main forte, il prist en sa main tous les pays de Bourgoingne, duchié, conté, visconté d'Ausonne, la seigneurie de Salins, les contez de Masconnois, de Charolois et d'Auserrois, et les seigneuries de Noyers et de Ber sur Saine, et meisme la seigneurie de Chasteau Chignon, donnée par le duc Charles de Bourbon en mariage à madame Ysabel de Bourbon, sa fille, lorsqu'il la maria au conte de Charolois. Et, d'autre part, il reprint toutes les terres engaigées par le traictié d'Arras, comme Amiens, Saint Quentin, Abeville, la conté de Pontieu, la conté de Boulongne et la conté d'Artois, Peronne, Mondidier et Roye, et tant qu'il polt par puissance d'armes concquerir et avoir. Et ainsi ceste grande et noble ducesse se trouva guerroyée par ce très grant et puissant Roy de France. Et quant elle cuyda avoir secours et ayde de ses subjectz de Brabant et de Flandres, chacune ville volt avoir previleges vieux et nouveaux, et en lieu de guerryer les ennemys de leur princesse[1], ilz luy prinrent ses officiers et serviteurs, et pluisieurs en firent piteusement morir, et per force orent d'elle pardon et privileges telz qu'ilz les vouldrent avoir. Et ainsy fut celle ducesse gouvernée que la pluspart de ses parens et gouverneurs la vouloient marier chacun à son plaisir ; et principalement le Roy de France luy vouloit donner son seul filz, monseigneur le daulphin, qui de present est Roy de France. Mais il estoit si jeune d'eaige, et la ducesse estoit[2] preste à marier, que le mariage n'estoit ne ne sembloit de raisonnable effect. D'aultre part, grans parlemens et traictiez avoient piecha esté, comme j'ay dit dessus, entre vos deux grans peres, l'Empereur Fredcric et le duc Charles, du mariage et aliance de monsieur Maximilian, archiduc d'Austrice, à present Roy des Rommains, et de madamoiselle Marie de Bourgoingne, l'un seul filz et l'aultre seule fille, et dont les eages estoient sortissables et de bonne sorte. Et auquel mariage madame Marghe-rite, seur du Roy d'Angleterre, douagiere de Bourgoingne, tint fort la main. Et furent les Estas depuis tous en ceste opinion et principalement les Ganthois.

1. Marie de Bourgogne n'obtint des États de Brabant et de Flandre des secours efficaces contre Louis XI qu'en souscrivant un privilège général pour tous les Pays-Bas, à la date du 11 février 1477. Elle accorda en outre des privilèges particuliers à la Flandre, à la Hollande, à la Zélande, aux villes de Delft, de Harlem, d'Amsterdam, de Leyde, de la Briele, de Gouda, de Schiedam, de Malines, de Namur, de Gand, etc. V. *Histoire des ducs de Bourgogne,* par M. de Barante, édit. Gachard, t. II, *appendice,* p. 713, notes.

2. « Estant la duchesse. »

CHAPITRE XXVI.

Comment l'archiduc Maximilian d'Austrice espousa madame Marie de Bourgoingne, qui furent pere et mere de mondit seigneur.

Et en ce temps envoya l'Empereur ses ambassadeurs par decha pour icelluy mariage, auxquelz fut fait si bonne response que l'archiduc vint par decha et fut fait le mariaige. Et eurent trois enffans en moins de quatre ans, vous, le premier, madame Margherite, vostre seur, à present Royne de France, [et] après, Franchois monseigneur, qui morut enfant au bers. Et depuis ne vescut guaires celle noble princesse, vostre mere, et trespassa à Bruges d'une fievre continue. Et morut princesse plaine de toutes les bonnes vertus et graces que dame peut avoir en ce monde. Et pour faire apparoir queles armes porta le duc Charles, il les porta teles que le duc Philippe, son pere. Ceste noble dame, vostre mere[1], porta les armes teles que les portent les ducs de Bourbon et que je les ay blasonnées ycy dessus. Et d'elle nous tairons à tant, et retournerons à parler de ce noble archiduc, vostre pere, et de ses grans affaires, et de ce qui luy est advenu par decha jusques à present.

1. Lisez : *votre grant mère*. Olivier de la Marche veut évidemment parler ici d'Isabelle de Bourbon, et non de Marie de Bourgogne, qui n'a jamais porté les armes de Bourbon.

CHAPITRE XXVII.

Des faictz de mondit seigneur l'archiduc Maximilian, de ses gherres et affaires contre le Roy Loys de France. Des rebellions qu'il eut contre ses subjectz à son advenement; et depuis de la gherre qu'il eut aux Liegois, et de celles d'Utrecht, et de plusieurs incidences.

Ce noble archiduc Maximilian d'Austrice vint par decha et fut envoyé par l'Empereur, son pere, non pas à grant puissance pour faire la guerre, mais à noble compaignie, comme ailleurs sera declaré, et comment les Estas de par decha manderent sa personne seulement et l'envoyerent querre en Austrice, et nommeement les Ganthois. Et n'avoit lors ce noble archiduc que dix et neuf ans d'eage. Et fut le personnaige si agreable à tous en generalité, et estoit l'aliance et le traictié du mariage sy avanchié, que le jour qu'il arriva à Gand il fiancha ladicte princesse et le lendemain il l'espousa. Et furent les nopces solempnelement faictes à Gand le[1].... jour d'aoust l'an mille IIII^c LXXVII. Et qui plus fort tint la main à ceste aliance, ce fut madame Margherite [d'Angleterre], douagiere, comme il est dessus escript, en laquele madicte demoiselle, nostre princesse, avoit singulier amour et fiance. Ce jeune prince se trouva par decha en ce commencement à merveilleux temps et diverse saison. Car le Roy de France avoit saisy

1. Un mot en blanc dans le ms. nº 2868. « Au mois d'août, » dans Sauvage. — Le mariage fut célébré le 18 août. V. *infra*, liv. II, ch. IX.

et pris tous les pays qu'il pot avoir et prendre, comme il est dit dessus. Et desjà s'estoient tournez contre ceste maison pluseurs grans personnaiges et subjectz et des principaulx où la ducesse avoit fiance, et dont je parleray et declareray plus à plain en mon IIIe volume[1] ; et de ses grans pertes j'ay desjà aucunement parlé en devisant des adversitez de madicte demoiselle, nostre princesse, et de l'amenrissement de ceste vostre maison. Mais doresenavant je ne parleray plus de nostre princesse en la nommant mademoiselle, mais, quant j'escripray d'elle, je la nommeray madame l'archiducesse d'Austrice, comme c'est raison.

Ce Roy Loys continua la guerre de plus en plus ; et se trouva le pays si divisé que ce noble prince fut moult traveillié et occupé, tant[2] d'apaisier les villes et les peuples esmeus à cause de leurs previleges qu'ilz voulurent avoir renouvellez, et de nouveaux articles, et tout à leur avantaige. Et, d'autre part, aucuns des grans seigneurs et personnaiges se trouverent en picque et en pointe les ungs contre les aultres, qui donna grant destourbier à la deffense du pays et à l'execution de la guerre. Et de tout ce mon troisieme[3] volume fera mention. Et toutesfois ce jeune noble prince laboura telement que, depuis sa venue de par decha, le Roy de France fist petite concqueste. Ce noble prince releva l'ordre de la Toison d'or à grande et notable serimonie, et là fut fait chevalier pour ce faire, et le troisieme jour de sa chevalerie, pour gaignier ses esperons dorez, il se tira aux champs, pour ce que le Roy de France

1. « Second volume. » V. *infra, Mémoires,* liv. II, ch. IX et suiv.
2. « Pour appaiser. »
3. « Second. »

avoit pris en Haynaut, le Quesnoy, Bouchain, Condé, Avesnes, Landrechies et le chasteau de Boussut, et estoit entré à grant puissance audit pays et en sa personne. Mais quant il sentit venir le duc d'Austrice et qu'il fit camp et tint les champs, il se retira et fist bruler Condé, Lens en Arthois et mesmes Mortaigne, son propre heritaige, et quist de parlementer, et le duc gaigna Boussut, Sores, Trelon et aultres places. Et en ce temps messire Philippe de Croy, conte de Chimay, premier chambellan de monseigneur d'Austrice, parlementa d'une attinence[1] briefve, et, par ce moyen, le Roy de France rendi le Quesnoy et [le] remist ès mains du duc, vostre pere, qui tousjours marcha avant contre la ville et cyté d'Arras où s'estoit retiré le Roy de France ; et passa le duc le Pont à Wendin, et fit son camp pour presenter la bataille, car la treve estoit faillie, et estoit le duc fort accompaignié et principalement de la commune de Flandres. Mais unes treves furent practicquées à la requeste du Roy de France, qui dura ung an. Et pendant ce temps furent pluseurs parlemens tenus pour parvenir à la paix, mais nulle perfection de bien n'y polt estre trouvée ; et en ce temps, par la grace de Nostre Seigneur[2], vous fustes nez et baptisiez en vostre ville de Bruges à grant devocion et solemnité. Et en vindrent les nouvelles à mondit seigneur, vostre pere, en son camp au Pont à le Saulx, la veille de Saint Jan Baptiste l'an LXXVIII, dont toute la compaignie eut moult grant joye et tous vos bons subjectz. Et devez bien

1. « Abstinence. »
2. « Par la grace de Dieu. »

avoir le cœur et la voulenté d'estre sy bon, sy loyal et sy juste prince que vos subjectz ne se repentent point de la leesse et plaisir de cueur qu'ilz ont eu de vostre noble naissance.

Celle treve ne se parfurnit point sans recommencer le debat, car le Roy de France avoit baillié par avant une abstinence de guerre pour recoeillier les bleds en Haynaut et en Cambresis. Mais quant il vit que on se asseuroit à son asseurement et que les maisonneurs, soubz seurté de l'abstinence, faisoient leur labeur, il les fist par ung matin tous prendre et emmener prisonniers ès prochaines frontieres du royaume, et en tirerent les gens d'armes franchois grant avoir. Et pareillement, sur la fin de la treve d'un an, les garnisons franchoises coururent, et les gens d'armes de par decha se hasterent de faire leur proffit. Et fut celle treve rompue d'une part et d'autre assez plustost qu'elle ne devoit, durant lequel temps fut tenue une journée à Cambray, qui ne fut que ung abuz fait par les Franchois, et ne proffita de riens à nostre prince, mais, soubz umbre de celle treve, le Roy de France reconcquist pluseurs villes et chasteaux en Bourgoingne, qui estoient retournez à leur nature et au party du Roy, vostre pere, lors archiduc, et de madame vostre mere. Et, à la fin de celle treve, la cyté de Cambray [et le chastel d'icelle][1] mis ès [mains] des Franchois, de ceulx de nostre party fut sy bien practiquié que les Franchois furent mis dehors[2] et demoura ladicte cyté et ledit chastel ès mains du Roy, vostre

1. Ces trois mots laissés en blanc dans le ms. n° 2868.
2. Le 3 juillet 1478.

pere, où fut prestement mise bonne et grosse garnison qui moult allega le pays de Haynnaut.

En ce temps le Roy, vostre pere, fut en sa personne en une chevauchée devant la cyté de Tournay, en laquele avoit grosse garnison de Franchois, et combien que celle chevauchée fut de petit proffit, toutesfois le Roy, vostre pere, rebouta lourdement ladicte garnison et à son grant honneur. Et fut [à] celluy voyaige bien accompaignié et obey de la commune de Flandres. Et en ce temps mist ce noble archeduc, vostre pere, le siege devant la cyté de Therouanne, et fort batit ladicte cyté et approcha. Mais les Franchois, conduis par le sieur Descordes, s'assamblerent à grant nombre d'hommes d'armes et d'archiers des ordonnances et aussy des francs archiers du royaume de France, et marcherent pour lever ledit siege de Therouanne. L'archiduc leva son siege et marcha au devant de ses ennemis [courageusement], et certes les Flamengs le suivirent[1] à grant puissance icelluy voyage. Et furent ordonnez avec eulx bien v^{c} nobles hommes à piet, qui tous avoient chascun ung bras descouvert, et fut tenue par les Flamens bonne et asseurée ordre et contenance celluy jour. Le chocq de la bataille[2] fut sus la bataille des gens de cheval que conduisoit ce noble archiduc qui n'avoit que vingt ans d'eaige. Rompure y ot d'une part et d'autre ; mais le champ demoura à vostre noble pere, et furent les francs archiers franchois tuez, et les gens de cheval se retirerent, et furent leurs tentes et pavillons gaigniez, et de leurs vivres souperent ceulx de vostre party. Et se les Flamens, qui

1. « Servirent. »
2. Bataille de Guinegate (août 1479).

estoient la plus grosse puissance, eussent obey et tiré devant Therouanne, certes ilz estoient prests d'eulx rendre. Mais la commune qui estoit près du pays desira de retourner et fut celle armée rompue pour celle fois. Et de ceste bataille gaignié par vostre pere je parleray plus amplement en mon IIIe volume[1].

Et combien que le Roy, vostre pere, eust grant fait à porter en icelluy temps par la guerre que luy faisoit ce puissant Roy de France, toutesfois faisoit il faire la guerre à l'encontre de ceulx de Gheldres, qui se rebellerent prestement après la mort du duc Charles; et à grans frais de deniers et à puissance d'armes remist le pays en son obeyssance. Ce noble prince, vostre pere, eut grant assamblée de sa noblesse et de la commune de Flandres, et entra en Arthois et concquist Wavrin, Mallenvoy et autres places, et fit icelles villes et chasteaux demolir et abatre et execution de ceulx qui furent pris dedens, et marcha devant Saint Pol, Hesdin et autres villes, presentant la bataille en sa personne courageusement. Et se ne fut l'yver qui approuchoit et les grans pluyes qui survindrent, par quoy on ne povoit tenir les champs, mener l'artillerie, ne les gens de piet, certes il est[2] apparant qu'il eut recouvré grant partie de la conté d'Arthois. Par quoy ce noble prince se retira en ses pays par la necessité du temps, et, pour non perdre temps, fit une chevaucée en la duchié de Luxembourg pour reduire aucuns subjectz rebelles, et puis s'en retourna en son pays de Flandres.

1. « Second volume. » — Le récit de la bataille de Guinegate manque dans les *Mémoires*.

2. « Estoit. »

CHAPITRE XXVIII.

Comment les Ganthois contre leur promesse retindrent à Gand mondit seigneur nostre jeune prince; et de la gherre qu'ilz firent au Roy, son pere; et comment il les subjugha et recouvra son filz.

En ce temps, fut vostre [noble] pere conseillié de soy fier et gouverner par les membres de Flandres et nommeement de ceulx de Gand, qui fut de si mauvais conseil qu'il s'en repenty legierement. Car la comune s'enorguilly telement que le vouldrent tenir en tutele, et s'esleverent contre luy et se mirent hors de son obeyssance, dont il a eut moult à souffrir. Et pour vous donner à entendre verité, j'escrips cest acte affin que vous prenez exemple de jamais [ne] donner auctorité sur vous à ceulx qui doivent vivre et regner soubz vostre main. Mais je conseille bien que vous leur devez demander conseil et ayde pour vos grans affaires conduire et soustenir. Ce bon prince, soubz [bon] espoir et fiance qu'il deust avoir grant ayde de pecune d'iceulx, leur permist et souffrit rompre et refaire son estat, oster, mettre et desmettre les officiers domesticques de sa maison; mais assez il congnut leur vindication et oppinion. Et toutesfois le bon prince en endura moult longhement, et telement qu'ilz gouvernerent la pluspart de Flandres par le nom des membres de Flandres, et se porterent du Roy de France, et tant luy complurent qu'ilz contraindirent leur prince à marier madame vostre seur à monseigneur le daulphin, à present Roy de France[1]. Et luy donnerent en mariage tant de belles parties et tant de grandes seigneuries qu'il sambloit mieulx qu'ils vouloient affoiblir leur prince que le faire puissant, et, si tost que feu de noble memoire madame vostre mere fut trespassée[2], ilz voulurent gouverner tous les pays à vous appertenans, soubz tiltre et couleur d'aucuns privileges qu'ilz dient avoir. Et se mirent hors de toute l'obeyssance vostre pere, et refuserent tous deniers, rentes et aydes, et avoient en leurs mains vostre noble personne. Et, soubz umbre de vous, faisoient guerre à vostre noble pere et en vostre nom. Et combien que le Roy de France eust paix et alliance avecques vous par le traictié et par le mariage fait l'an IIII^xx et deux, toutefoix le Roy et les Franchoix furent bien joyeux de ce debat, et par subtil et cauteleux moyen favoriserent les Flamens, lors ennemis de vostre pere, à leur povoir à l'encontre de luy[3].

En ceste dissimulacion de temps et en ceste paix[4] domageuse à ce noble prince, vostre pere, et à vous, combien que ce fut lors ung jeune prince qui voulentiers et moult bien joustoit et tournoioit et amoit le deduit des chiens et d'oyseaulx sur tous aultres princes du monde, toutesfois il eslonga vertueusement toutes ces plaisances. Et pour ce que ceulx de la cyté d'Utrecht, favorisez du duc de Cleves et du sieur de

1. Les fiançailles du dauphin et de Marguerite d'Autriche eurent lieu le 23 juin 1483.

2. Marie de Bourgogne mourut le 27 mars 1482 (n. st.) à Bruges, d'une chute de cheval.

3. Cette phrase entière a été supprimée par Denis Sauvage et les éditeurs qui l'ont copié.

4. « Patience. »

Montfort, avoient deschassié et prins prisonnier messire David, bastard de Bourgoingne, evesque d'Utrecht, pour y vouloir mettre et faire leur evesque [du frere] dudit duc de Cleves, ce noble prince, vostre pere, par l'ayde des Cabillaux hollandois et autre noblesse de ses pays, mist le siege devant celle puissante cyté, et telement la pressa d'engins et de bature qu'ilz vindrent à parlementer pour eulx rendre. Et leur faisoit ce bon prince bon[1] et proffitable traictié. Mais le sieur de Montfort, qui estoit party hors de la cyté avecques le filz de Cleves, ostagier pour tenir le traictié [accordé] d'une part et d'autre, soubz umbre de faire passer aucuns poins qui estoient en debat, retourna en la cyté et laissa le filz de Cleves ostagier pour eulx deux, et recommencha la guerre comme devant. Et tirerent de leur artillerie [les assiegés] sur ceulx du siege. Mais le noble archiduc, vostre pere, ne fut gaires de ce esbahy, mais se remist[2] en son siege et fist ses approces et batures plus fortes que devant. Et baty si fort ung pan de muraille en peu de jours que ceulx de la cyté se veoient pris et perdus du premier assault, et furent tous joyeux de tenir le premier traictié, et se rendirent. Et entra ce noble archiduc dedens celle puissante cyté d'Utrecht par la muraille qu'il avoit abatue. Et ainsy concquist vostre pere la cyté d'Utrecht deux fois en ung meisme[3] siege pour les causes cy dessus declarées.

Et en ce temps morut le Roy Loys de France, et succeda à la couronne Charles, son seul filz, qui fut

1. « Utile. »
2. « S'en reveint. »
3. « Temps et siége. »

Roy de France en bien jeune eaige. Mais les gouverneurs qui avoient audivy[1] du temps du Roy Loys ne morurent pas avec leur maistre, mais demourerent en gouvernement et tindrent main que les ennemis du Roy, vostre pere, fussent entretenus et favorisiez, pour tousjours affoiblir et diminuer vostre maison, et mesmement les Ganthois et les Flamens rebelles. Et faisoient[2] leur donjon de vous qui estiez à Gand enfant entre leurs mains. Et quant vostre noble pere vit qu'il failloit mettre la main à l'œuvre et obvier à leurs cauteles et malices, en sa personne, acompaignié de plusieurs nobles hommes, par hardement et saige moyen, gaigna la ville de Tenremonde en plain jour et la garda de pillaige et de murdre moult debonnairement. Et puis se retira en sa ville de Bruxelles, et assez tost après le conte de Romont, acompaignié des Ganthoix et autres Flamens rebelles, se mist aux champs et tira contre Bruxelles. Et à celle heure se trouva le Roy, vostre pere, petitement acompaignié, car toutes ses gens d'armes s'estoient retirez les ungs ès frontieres, les aultres en leurs maisons. Et ceulx de Bruxelles ne faisoient pas grant faveur à vostre pere. Toutesfoix il manda secretement ses amis, subjectz et gens d'armes de toutes pars, et en peu de temps il fist armée pour combatre ses ennemis. Mais quant le conte de Romont sentit la venue de vostre noble pere et l'approchement des gens d'armes, il se retira et sa puissance contre Gand. Et avant que les Flamens fussent rentrez en leur ville, ce vaillant et corageux prince prist et concquesta sur eulx la ville de Audenarde par subtil moyen

1. « Audivit, » faveur, autorité.
2. « Lesquels faisoient. » V. *infra, Mémoires,* liv. II, ch. xi.

qu'il conduisit en sa personne. Et, en poursievant son emprinse, assez tost après à II^{m} combatans[1] il entra en Flandres et marcha jusques devant Bruges, cuidant y avoir entendement et entrée. Et se presenta devant les portes pour y vouloir entrer amiablement, ce que pluseurs bons et notables [bourgeois] eussent bien volu. Mais les mauvais estoient les plus puissans et ne souffrirent l'ouverture, mais luy refuserent et dirent qu'ilz estoient à vous et ne congnoissoient autre prince. Et ainsy s'en retourna vostre pere par Haynault en Brabant, et ceulx de Bruges, continuant leur obstination, firent morir et decapiter tous ceulx qu'ilz penserent ou cuiderent estre bons du party de vostre noble pere et qu'ilz porent trouver et prendre, ce qui vous sera declaré plus amplement en mon tiers[2] volume, comme c'est raison. Car je procede seulement en brief, pour monstrer par ce premier volume[3] les grans affaires portez et soustenus par vostre noble pere, comme j'ay fait de ses ancesseurs et mesmement des ducs de Bourgoingne.

Moult souffrit et endura ce noble prince de vos subjectz, soubz umbre de vous qui estiez en leurs mains et povoir en la ville de Gand. Et les gouverneurs de France entretenoient le jeune Roy franchois en la hayne de ceste maison, [et] faindant de vouloir appaisier le different d'entre le Roy, vostre pere, et ses subjectz rebelles, [envoyerent] notable ambassade qui riens ne proffita[4], et furent pluseurs journées tenues

1. « Seulement. »
2. « Second. »
3. « Ce present escript. »
4. « Envoya. » Ms. n° 2868. « Notables ambassades... profitèrent. »

sans fruit et sans exploit. Et s'en retournerent lesdis ambassadeurs en France, et tousjours de plus en plus furent lesdis rebelles favorisiez par les Franchois. Mais ce noble [et] vertueux prince demoura en force de courage, et, pour ce que le conte de Romont avoit marchié près de Audenarde acompaignié des Flamens et des Franchoix qui vindrent recevoir sauldée des Flamens, vostre bon pere assambla gens et vint entrer à Audenarde. Et pour ce que le sieur Descordes, à grosse compaignie des Franchoix, estoit entré en Flandres pour aydier les rebelles, cestuy vostre pere se traveilla à son povoir de le rencontrer et combatre, et pareillement le conte de Romont et sa puissance. Mais trouver ne pot ne l'un-ne l'autre, car ledit conte de Romont se tenoit clos en ung fort avantageux lieu. Et le seigneur Descordes entra et sa compaignie en la ville de Gand, par quoy ne se peurent trouver en bataille ne en lieu convenable. Et toutesfois le quist vostre pere jusques devant les portes de Gand, et sy fist vostre pere emprise en sa personne pour prendre la ville de Gand moitié d'assault, moitié d'emblée. Et s'il eust esté servy et obey[1] de cescun comme d'aucuns, il en eust assayé la fortune qui estoit chose conduisable.

Or ay je dit comment fut pour celle fois demenée et conduite celle guerre. Et se peut on esmerveillier comment ces deux grosses bendes de Franchoix et de Flamens et l'armée et puissance de vostre pere, plaine de noblesse et de bons gens d'armes, se peurent departir sans eulx lourdement rencontrer et sans la bataille, veu que chacun party fut puissant assez pour combatre.

1. Deux mots manquant dans Sauvage.

Monseigneur, il est bon que vous entendez comme Dieu manie[1] et conduit les grans choses et petites à son plaisir, affin de prendre tousjours et en tous fais recours, espoir et confort en [luy] qui jamais ne laisse les bons sans resourse, ne les mauvaix sans pugnition en ce monde ou en l'autre. Et advint que aucuns Flamens de la compaignie de monsieur de Rasseghem[2] vindrent courre devant Audenarde, cuidant estre soustenus par les Franchois qui estoient en leur compaignie ou fort que tenoit le conte de Romont en la [voye][3] de Haynnau. Les gens de vostre pere saillirent d'Audenarde sus iceulx Flamens et en tuerent et prinrent assez largement. Et pour ce que lesdis Franchois les secoururent trop tard, la murmure se leva par le peuple de Flandres, et disoient que les Franchoix les trayssoient. Et falut les Franchoix partir de la compagnie des Flamens, et les Flamens se partirent pour retirer à Gand[4]. Et quant le sieur Descordes, qui avoit la grosse bende des Franchoix, sceut et entendit que les Flamens prenoient le debat aux Franchoix, il ne se osa plus fyer au peuple de Gand ne au pays, et s'en retourna par le Tournesis au pays d'Arthois, sans aultre exploit faire. Et pareillement le Roy, vostre pere, renvoya grant partie de ses gens d'armes ès frontieres necessaires, et se partit avec ung nombre de gens de piet allemans et aultres, et traversa entre Gand, Bruges et l'Ecluse, et pilla tout le pays de Vaulx et des Quatre mestiers. Et fit ramener vaches, chevaux

1. « Meine. »
2. « Racheguyen. »
3. « L'abbaye. » Ms. n° 2868.
4. « Se retirèrent par devers Gand. »

et baghes en grant nombre en la ville d'Anvers, où il despartit le butin, et de là tira en Hollande et Zeellande. Et en sa personne se mist en mer à pluseurs gens d'armes, et ne laissa, pour le rude temps de la mer ne pour doubte de la fortune, qu'il ne visita ses ennemis. Et fist descente sus eulx en plusieurs lieux, l'une fois du costé d'Ostende, l'autre devant Brevillier[1] et en plusieurs autres lieux, qui moult traveilla et esbayst les rebelles et ses ennemis.

Et advint que en ce temps fut prinse la ville de Granmont, où fut faicte bonne execution de Franchois et de Flamens, et tele perte sus perte receues par les [Flamens] rebelles changa beaucoup de corages, les ungs et le plus par crainte, et les autres parce qu'ilz estoient bons et par crainte vivoient avec les mauvais. Sy commencerent à murmurer à Bruges et à Gand [et disoyent par plusieurs opinions, et principalement à Gand], que les Franchois n'estoient point venus pour faire la guerre pour eulx, et bien y paroissoit; car ilz s'en estoient retournez sans faire nulz esploit, mais estoient venus seulement pour cuidier avoir et emmener leur jeune prince, s'ilz eussent pu, et en demandoient au sieur de Rasseghem[2], Guillaume Rim, Copenole et aultres[3] qui les avoient fait venir de France. Et de ce murmures s'esleverent contre leurs gouverneurs, et fut pris le sieur de Rasseghem par les ungs et mis hors de prison par les aultres. Guillaume Rim et Daniel Ourain[4], premier eschevin, furent decapitez, et Copenole et

1. Biervliet, village de Zélande (Pays-Bas), près de l'embouchure de l'Escaut occidental.

2. « Raceguyen. »

3. « A Guillaume Rin, à Coppenole et à quelques autres. »

4. « Oudtredenc. » *Aliàs* : Outredem.

aultres s'enfuyrent, les uns à Tournay, les aultres en France où ilz furent recœilliez. Et pareillement les notables de Bruges mirent le conte de Nassau et le sieur de Beures à Bruges. Et fut le sieur de la Gruthuse prins du consentement de ceulx de Bruges, et fût la loy renouvellée à Gand et à Bruges de par le Roy, vostre pere, et furent en toutes les II villes les bourghemaistres. Et de ce faisoient[1] tous explois de justice de par vostre pere et de par vous. Et se tira le Roy, vostre pere, en sa ville de Bruges aussy paisiblement qu'il y avoit jamais esté, et fit faire justice et decapiter pluseurs rebelles, et mist officiers nouveaux à son vouloir. Et fut practiqué legierement que le Roy, vostre pere, nostre sire, entreroit en sa ville de Gand fort et feble, et que là vous luy seriez remis[2] par monsieur Adolph de Cleves, sieur de Ravestain, qui lors vous avoit en gouvernement. Ce qui fut fait et executé à [la] grant joye de vos loyaux subjectz et au grant desplaisir de vos ennemis et rebelles, et en mon IIIe volume[3] je declareray le jour et la maniere de l'entrée qui fut à l'honneur de vostre bon pere et de ceste maison grandement. Et declareray comment et par qui ces choses ont esté faictes et executées et ceste guerre pour ceste fois menée à fin. Car en ceste partie je ne veuil parler ne escripre, sinon en brief, des grandes choses advenues à cestui noble prince, vostre pere, comme j'ay dit en abregié de vos aultres nobles ancesseurs, comme[4] dessus peut estre dit et escript.

Ainsy doncques cestui vostre noble pere entra en

1. « Les bons maistres : et s'y faisoyent... »
2. « En ses mains. »
3. « Second volume. »
4. « Selon que. »

sa ville de Gand à tel puissance qu'il luy pleut de mener. Et au devant de luy une grant demy lieue[1] luy fustes amené à cheval par le sieur de Ravestain et autre grant nombre de gens, qui fut une joye si piteuse que chacun plouroit de la leesse qu'ilz avoient de vous veoir en la puissance de vostre pere et à son commandement, et que Dieu permist à la raison que de vous deux, qui est une char[2] et ung sang, fust et demourast ung povoir [en] luy comme pere et [en] vous comme filz, et venu de luy et de son essence. Sy fustes et estiez separez par rebelles subjectz de vive[3] puissance, et contre vostre voulenté fustes tenu separez de vostre pere, et hors, par puissance violente, de la mainbourne et tutele que pere doit avoir à son enfant par tout droit et bonne coustume. Laquele chose fut remise en son droit, et refustes le bon filz[4] remis ès mains de vostre bon pere et en son auctorité, povoir et obeyssance. Et puis, le bien viengnant de vous deux fait[5], marcha vostre noble pere, et vous à son senestre [costé], en la ville de Gand, et entrerent premiers à piet la picque sur le col, [myn] yoncre[6] de Gheldres, monsieur Phelippe de Cleves, messire Inglebert, conte de Nassau, et plusieurs autres contes, barrons, chevaliers et escuyers, que je nommeray plus amplement ailleurs[7], avecques grant foison d'Allemans et

1. « Une grande lieue. »
2. « Qui n'estoit qu'une chair. »
3. « Unie. »
4. Ms. nº 2868. Ces trois mots manquent ailleurs.
5. « La bienvenue de vous deux faicte. »
6. *Myn Jung Heer,* en bas-allemand : mon jeune seigneur, titre correspondant à notre *damoiseau.*
7. V. *infra, Mémoires,* liv. II, ch. XII.

aultres, pour accompaignier le Roy, vostre noble pere, et vous, comme je diray ailleurs, quant temps et lieu en sera. Et après iceulx gens de piet marcha le Roy, vostre pere, vous d'emprès luy, et toute la seigneurie et les gens d'armes à cheval. Et fut vostre pere maistre et seigneur de la ville de Gand à celle fois, pour en faire à son bon plaisir et vouloir, et alla logier en son hostel à Gand, et vous avec luy. Et furent les gens d'armes, tant de piet que de cheval, logiez par la ville en pluseurs rues et maisons, et fut celle journée toute paisible sans apparence de nulle mutacion. Mais quant vint sur le soir, et que ceulx de Gand se veirent logiez avec gens estranges en leurs maisons contre leur gré, ilz coururent au marchiet et s'assamblerent le plus qu'ilz peurent, et le Roy, vostre pere, fist mettre gens d'armes au devant d'eulz pour savoir qu'ilz vouloient faire. Et furent toute la nuit sus bout et ceulx de Gand et ceulx de nostre party, combien que les Ganthois estoient merveilleusement effreé et ne sçavoient où bien estre. Et vouloient aucuns des seigneurs et des capitaines que, sur le point du jour, l'on leur courut sus et que jamais à plus juste tiltre, ne à plus grant puissance, ne pourroit Gand estre subjughée ; mais aultres des seigneurs et des cappitaines estoient pour ceulx de Gand, et meismes vostre noble pere avoit ce regart qu'il estoit entré par amytié en la ville, et ne vouloit souffrir que, pour la follye d'aucuns mauvais garchons, si puissant ville fut destruite. Et toutesfois marcha le duc sur le marchiet au poisson et jusques au devant de l'ostel de la ville, car les sieurs de la ville estoient bons pour luy. Et n'est point à doubter que ce populaire mal conduit, sans sens et sans raison, estoit deffait et tout mors, se le bon prince, vostre pere, leur eust courut sus. Car il estoit fort accompagnié d'Allemans et de Wallons, nobles et aultres, tous en bonne voulenté de faire tele execution. Mais le Roy, vostre pere, leur manda que, s'ilz se vouloient retirer en leurs maisons, il feroit retirer ses gens d'armes sans leur porter aultre dommaige. Ce peuple promist de ainsy le faire ; mais ilz n'en firent riens. Et dura tout le jour et toute la nuit que tous furent sus bout et en armes, et le conte de Nassau et aultres nobles hommes en sa compaignie soustinrent toute la nuit la puissance d'iceulx Ganthois, affin qu'ilz ne venissent surprendre la compaignie de monseigneur. Mais iceulx Gantois estoient si effroyez qu'ilz habandonnerent le grant marchiet et se bouterent au [petit] marchié qui est entre le chasteau et Sainte Verlde. Et sur le jour fut practiquié que le Roy, vostre noble pere, les lairoit retourner paisiblement en leurs maisons, ce qui fut fait.

Et ce meisme jour, le Roy, accompaignié de ses gens, vous amena hors de la ville de Gand, et là vous pristes congié de luy, et, en la conduite de monsieur de Ravestain, fustes mené à Tenremonde où vous demourastes certains jours. Et le Roy retourna à Gand où il fut paisiblement receu, et [y] fist faire justice de ceulx qui avoient esmeu ceste assamblée et mis en dangier la puissante ville de Gand d'estre destruite. Et meismement leur cassa et rompit plusieurs previleges et luy pria le peuple merchy[1]. Et mist en police et en loy, en paix et en union la ville de Gand. Et puis

1. Cette phrase entière, donnée par Denis Sauvage, avait été supprimée par Lautens de Gand et quelques autres éditeurs.

s'en revint à Bruxelles où il avoit ordonné de vous mener; et à tant je fay fin et conclusion de la maniere comment vous fustes tiré hors de la main des Gantois et par vostre noble pere.

Les choses ainsy advenues, les Liegois se mirent contre leur evesque, et avoient à cappitaine, sous messire Robert de la Marke[1], ung nommé Guy de Camp et ung aultre nommé Rocka. Ces deux avoient sy grant puissance en la cyté de Liege qu'ilz voulurent entreprendre de livrer la cyté ès mains de vostre noble pere, par condicion qu'il s'en feroit maistre et seigneur[2] en deboutant leur evesque de Liege. Mais ce noble archiduc, vostre pere, qui encores n'estoit pas Roy des Romains, se monstra si bon et si leal à l'evesque de Liege que jamais il ne [le] volt souffrir ne entreprendre, mais le refusa plainement.

CHAPITRE XXIX.

Comment monseigneur Maximilian fut Roy des Romains dignement esleu du vivant et en la presence de l'Empereur Frederic, son pere.

Et en ce temps les electeurs et princes d'Allemaigne manderent ce noble archiduc, vostre pere, et, deuement informez des nobles meurs, vertus et vaillances de sa noble personne, en la presence et du consentement de

1. Guillaume d'Arenberg, de la maison de la Mark, dit *le Sanglier des Ardennes*, grand mayeur de Liège, nommé mainbour du pays de Liège après la mort de Louis de Bourbon, évêque de cette ville, assassiné le 30 août 1482.

2. « Qu'ils s'en feroyent maistres et signeurs. »

l'Empereur Frederic, son pere et vostre grant pere, il fut esleu Roy des Romains par la clemence de Dieu; et n'est pas venu à celle dignité par estre tirant, par force ne par violence, mais par vraye election, digne, sainte et canonicque et par rappors de vive voix des grans vertus qui sont en sa noble personne. Mon souverain seigneur, ce vous est miroir et exemple de bien vivre et de bien regner et d'estre leal en vos fais, car Dieu, le pardessus de toutes choses, guerdonne les bons et leur rent le merite de leurs bonnes euvres.

Et ainsy, monseigneur, je vous ay monstré, selon que je l'ay peu comprendre, comme les princes qui ont regné en ceste maison, vos ancesseurs, et dont vous estes yssu, se sont conduis et gouvernez, les noms et les causes qui leur ont esté données, et me tairay en ce premier volume[1] du surplus des hauls fais du Roy des Rommains, vostre noble pere, et metteray ses fais par escript plus au long en mon IIIe volume[2], et le nommeray doresenavant Roy, et a nom donné Maximilian Cœr d'achier; et me souffist par ceste presente memoire[3] que je l'ay mené jusques à estre Roy des Romains et par la clemence de Dieu heritier de l'empire sans contredit. Et porta le Roy des Romains, comme Roy, l'aigle de sable à une teste, et, comme Empereur, l'aigle imperial à deux testes. Et madame vostre mere, sa compaigne, porta les armes de Bourgoingne comme heritiere et comme faisoit le duc Charles, son pere.

1. « Present escript. »
2. « Second volume. »
3. « Present escript. »

CHAPITRE XXX[1].

La conclusion de ce present volume est la remonstrance que fait l'acteur comment, pour les grans fais des ancestres, seigneurie, beaulté, ne jeunesse, nulz ne s'y doit oublier, ne oultrecuidier; et des subjections en quoy est l'homme de Dieu, de fortune, de diverses maladies et de tant de perilz mondains, concluant de prendre son secours et seureté et son esperance en Dieu seulement.

Or, monseigneur, mon prince et mon maistre, pour mettre conclusion au premier volume de mes memoires[2], je vous [en] fais humble present[3]. Mais il est besoing en ceste conclusion que je tiengne l'anchienne regle et coustume que ont tenu les sains docteurs en leurs espitres, comme saint Augustin, saint Jerome, saint Pol, saint Thomas d'Acquin, Bonaventure et plusieurs autres notables docteurs, qui tousjours ont finé et conclut leurs livres et epistres en doctrines et en vrais exemples, pour tenir leurs disciples et ceulx à qui ilz ont adrecié leurs escriptures en la crainte de Dieu singulierement, car crainte et amour ne sont pas loings de la condicion l'un de l'autre. Et

1. Olivier de la Marche n'a pas donné dans cette *Introduction* tous les chapitres qu'annonce la table placée par lui en tête du ms. nº 2868. D'après cette table, l'*Introduction* aurait dû comprendre dix autres chapitres. Mais l'auteur a soin de prévenir, à la fin de son sommaire, qu'il s'est abstenu de traiter « d'aucuns articles mis en la table, » parce qu'il se réserve d'en parler plus amplement dans le dernier livre de ses *Mémoires*.

2. « A cet escript, précedant mes memoires, » etc.

3. « Dont je vous fais humble present. » Ms. nº 2868.

pour ce doncques que je desire que ces deux points d'amour et de crainte de Dieu vous demeurent en l'entendement et ferme propoz, je vous donray aucuns exemples de princes plus grans [de vous], pareil de vous et mendre[1] de vous, à qui la fortune n'a pas laissié, pour noblesse de sang, pour grandeur de linage, ne pour puissance terrienne, que, soubz la permission divine, ilz n'ayent esté flagellez et battus de diverses maladies et bien souvent plus grandes, plus horribles et plus abominables que n'ont les laboureurs et povres gens champestres qui vivent miserablement, au contraire de vous, messieurs les princes, qui vivez delicieusement, et ne vous peut l'on assouvir de bons vins et de delicieuses viandes, et dont bien souvent il advient que les corps, par trop de repletion, tumbent en inconvenient ou de langheur ou d'abregement de vie. Et commencerons nos exemples et remonstrances et entrerons ou fait de la Bible, et dirons de Saul, premier Roy d'Israël, lequel fut en ses plus beaulx jours et jusques à sa mort traveillié et passionné du mal caducque. Hercules le Grant [fut] pareillement passionné dudit mal caducq, comme l'appreuve Aristote en ses probleumes. Philotes, grant prince, et fut paige dudit Hercules, en manyant une des flesches de son maistre, laquele estoit envenimée du venin d'un serpent merveilleux que ledit Hercules avoit tué, laquele flesche tumba sur le pied dudit Philotes, [en][2] demoura boisteux et affollé, sans trouver garison; et combien qu'il fut prince valereux et de grant couraige, il vescut le demourant de ses jours en doleur intollerable. Serto-

1. Moindres.
2. « Dont il. » Ms. n° 2868.

rius, le grant capitaine des Espaignes, qui longuement mena la guerre contre Pompée le Grant, Philippe de Macedoine, pere du grant Alexandre, Hanibal de Cartaige, prince si renommé, ces trois capitaines les plus grans dont il soit memoire ont tous perdu chascun ung œil de bleceure ou autrement. Anthiocus, Roy de Sirye, puissant, courageux et renommé, toutesfois il fut[1] mengié de vers en sa plaine vie, sans ce que medecins ne art de medecine y peuist jamais remedier pour tresor, ne pour[2] avoir. Lucius Silla, ung grant dictateur entre les Rommains, fut mengié de poulz, à grant honte et destresse, et sans ce que sens d'homme y peust jamais pourveoir, comme tesmoingne Pline. Jullius Cesar, sy renommé, fut traveillié du mal caducque, comme tesmoingnent plusieurs anchiens medecins. Octovien Auguste, à qui Dieu donna si grant prosperité que la monarchie du monde fut tout en paix et sans guerre de son temps, et soubz son regne d'Empereur nasquit Nostre Seigneur Jhesucrist, et toutesfois[3] il fut traveillié de gravelle et d'autres dangereuses maladies toute sa vie. L'Empereur Caligula, moult renommé prince, fut, par poison que sa femme luy donna, cuidant estre de luy mieulx amée, foursené, dont il morut et hors de son sens[4]. Constantin, filz de sainte Helaine, Empereur et sy devot qu'il n'est pas trouvé que jamais homme fist tant de bien à l'Eglise comme il fist, et toutesfois il[5] fut lepreux jusques à sa

1. « Renommé, fut... »
2. Ce mot manque dans les éditions précédentes.
3. « Et que sous son règne.... Jesus-Christ, fut travaillé... »
4. « Fut tourmenté par poison... aymee, dont il mourut forsené, et hors du sens. »
5. « ... Fist, fut lépreux... »

mort, et en celle piteuse maladie le garda et nourrist la bonne sainte dame [sa mere] tant qu'elle vescut. Sigismond, duc d'Austrice, morut paraliticque. Le duc Loys de Bourbon fut impotent de goutes. Charles, Roy de France, VIe de ce nom, fut furieux et foursené. Le Roy Loys, [filz de son filz], si saige, si subtil et tant puissant et qui achetoit la grace de Dieu et de la Vierge Marie à plus grans deniers que oncques ne fist Roy, toutesfoix il[1] fut tourmenté jusque à sa mort de plusieurs diverses et piteuses maladies. Edouard, prince de Gaule[2], morut ydropicque, Henry Derby, Roy d'Angleterre, ladre de terrible et infecte ladrerie. Henry le Quint fut malade de alopisie, qui est ladrerie ou cueur et à la teste. Frederic, ce noble Empereur, vostre grant pere, qui fut si grant, qui regna toute sa vie sans estre decliné de son imperiale puissance, toutesfoix[3] par ung feu qui luy prist en la jambe, il luy convint la jambe copper, et dont il morut en la fin de l'an. Le Roy Charles, VIIIe de ce nom, en ses plus beaux jours ayant fait grans concquestes, et toutesfoix[4] en brief termin morut soudainement et en peu d'heure, comme eut fait le mendre bergier ou porchier de son royaume.

Mon souverain seigneur, vous veez par exemples vrais, vieulx et nouveaux, tant de plus grans que vous, [que] de moyens et de samblables, que, pour leur noble sang, linaige et povoir, Dieu n'a conte[5] à dissimuler avec eulx ne avec vous[6]. Pourquoy il est neces-

1. « ... Roy, fut tourmenté... »
2. Galles.
3. Manque dans les éditions précédentes.
4. Id.
5. « Faict compte de. »
6. « Comme il ne fera avecques vous. »

sité, pour eschever[1] telz inconveniens, de recourir en sa bonne grace et de la glorieuse Vierge Marie[2], [par le merite de Jhesucrist, son filz], auquel je prie et requiers devotement qu'il vous preserve de tous inconveniens et vous doint grace de vivre et de prosperer en ce monde à la louenge de Dieu, au salut de vostre ame et à la prosperité de vos pays et seignouries. Et ainsy fine le premier volume des memoires[3] de la Marche, dont il vous fait humble present, se recommandant à vostre noble grace.

Tant a souffert

LA MARCHE.

1. Esquiver.

2. Ms. nº 2868. Ces six mots manquent ailleurs.

3. « Le present escript pour introduction de la lecture des memoires de la Marche. »

LIVRE PREMIER[1]

PRÉFACE.

Ayant de present en souvenance ce que dit le saige Socrates, que oysiveté est le delicieux lict et la couche où toutes vertuz s'oublient et s'endorment, et, par le contraire, labeur et exercice[2] sont le repoz, l'abisme ou la prison où sont les vices abscondz et mussez, et ne se peuvent reveiller ne resouldre sinon par ladicte oyseuse mere de tous maulx ; je doncques[3] tanné, annuyé de la compaignie de mes vices, et desireulx de reveiller vertuz lentes et endormies, ay empris le faiz et la labeur de faire et compiler aucungs volumes, par maniere de memoires, où sera contenu tout ce que j'ay veu de mon temps digne d'escripre et[4] d'estre ramentu. Et n'entens pas de couchier ou d'escripre[5] de nulles matieres par ouy dire, ou par rapport d'aul-

1. A l'exemple de Sauvage et des autres éditeurs, nous avons considéré la première partie des *Mémoires* comme une véritable *Introduction*. Il suit de là que nous devons donner, comme eux, à la seconde partie le titre de *Livre premier,* bien qu'elle corresponde en réalité, il ne faut pas le perdre de vue, dans le ms. nº 2869, au *Second volume des Mémoires de la Marche.*

2. Exercite ?

3. « A cette cause, me trouvant. »

4. « Estre escript et. »

5. « D'escrire ou toucher. »

truy, mais seullement toucheray de ce que j'ay veu, sceu et experimenté ; sauf toutesvoyes que pour mieulx donner à entendre aux lisans et oyans mon escript, je pourray à la fois toucher pourquoy et par quelle maniere les choses advindrent et sont advenues, et par quelles voyes elles sont venues à ma congnoissance, affin qu'en eclarcissant le paravant advenu, l'on puist mieulx entendre et congnoistre la verité de mon escript.

Et n'entens pas que ceste ma petite et mal acoustrée[1] labeur se doibve appeler ou mettre ou nombre des cronicques, histoires ou escriptures faictes et composées par tant de nobles esperis qui aujourd'uy et en cestuy temps de ma vie ont si sollempnellement labouré, enquis et mis par escript, et principalement ce très vertueux escuyer George Chastelain, mon pere en doctrine, mon maistre en science et mon singulier amy, et celluy[2] seul je puis à ce jour nommer et escripre la perle et l'estoille de tous les historiographes qui, de mon temps, ne de pieça, ayent mis plume, ancre ne papier en labeur ou en œuvre ; seullement est mon entendement, pour ce que coustumierement je vois et chemine en divers lieux et en maintes places, et luy est occupé en songneuse labeur et estude, et en ce secret de sa chambre il amasse et rassemble plusieurs[3] rapportz, opinions, advis et ramentevances à luy rapportées, dictes et envoyées de toutes pars et dont de tout, et de toutes parties, il fait si notablement le prouffict de sa matiere, qu'il n'en fait pas seullement à loer,

1. « Ce mien petit et mal accoustré. »
2. « Lequel. »
3. « Divers. »

mais à gloriffier, priser et aymer de tous les nobles cueurs du monde, dont et à ceste fin[1], et pour faire mon debvoir et moy acquicter de la verité des choses advenues devant mes yeulx, me suis desliberé de mectre par memoire ce que j'ay veu et retenu au passé temps de ma vie, tendant à fin que, s'il y a chose dont ledit George ou aultre, en leurs haultes œuvres, se puissent ayder ou servir, ilz le preignent et le retirent, s'ilz me survivent, hors des ronces et espines de mes ruydes et vaines labeurs, pour les coucher ou noble lict paré et embasmé de ces nobles et riches termes, inventions et fruicts, dont le goust et l'entendement ne peult jamais empirer ne mourir.

Je doncques Olivier, seigneur de la Marche, chevalier, conseillier, maistre d'hostel, et capitaine de la garde de très hault, vertueulx et victorieux prince Charles, premier de ce nom, par la grace de Dieu duc de Bourgoingne, de Lotrich, de Brabant, de Lembourg, de Lucembourg et de Gueldres, conte de Flandres, d'Artois et de Bourgoingne palatin, de Haynnault, de Hollande, de Zeellande et de Namur, marquis du Sainct Empire, seigneur de Frize, de Salins et de Malines, leur ayderay à mon pouvoir, louhant et graciant mon redempteur Jesus Crist et sa glorieuse mere qui m'ont donné[2] et imparty leur grace, et especialle misericorde, dont je suis venu jusques au millieu de la voye et du chemin, terminé par le tour de nature, selon le cours de la vie presente. Car, à l'heure que j'ay ceste matiere

1. « Du monde, à ceste fin... »
2. « Jesus Christ, fils de la glorieuse Vierge, en ce qu'il luy a pleu me donner et impartir grace... »

encommencée, j'aproche quarante et cinq ans[1], pourquoy je[2] ressemble le cerf ou le noble chevreul, lequel, après avoir[3] tout le jour broutté et pasturé diverses feuilles, herbes et herbettes, les unes cuillies et prinses sur les haultz arbres, entre les fleurs et près des fruictz, et les aultres tirées et cuillées bas à la terre, parmy les orties et les ronces aguës, ainsi que l'apetit le desiroit et l'adventure le donnoit, et après que icelluy se treuve refectionné, il se couche sur l'herbe fresche, et là ronge et rumyne à goust et saveur sa gueullotte[4], ainsi, sur ce my chemin ou plus avant[5], je me repose et rassouage soubz l'arbre de congnoissance, et ronge et assavoure la pasture de mon temps passé, où je trouve le goust si divers et la viande si amere, que je prens plus de plaisir à parachever le chemin non cogneu par moy, soubz l'espoir et fiance du Dieu tout puissant, que je ne feroye, et feust il possible, de retourner le premier chemin et la voye dont j'ay desjà achevé le voiaige. Et toutesfois, entre mes amers goustz, je treuve un assouagement et une substance à merveilles grande, en une herbe qui s'apelle[6] memoire, que celle seulle[7] me fait oblier paines, travaulx, miseres et afflictions, et prendre plume, et employer ancre, papier et temps, tant pour moy desannuyer, comme pour accomplir et achever, se Dieu plaict, mon emprise, esperant que les lisans et oyans suppleront

1. 1472 ou 1473. V. la *Notice biographique*.
2. « Et ressemble. »
3. « Ayant. »
4. « Toute sa cueillette. »
5. « De mon aage. »
6. « Appelée. »
7. « Qui est celle seule qui... »

mes faultes, agreeront mon bon vouloir, et prendront plaisir et delect[1] de ouyr et savoir plusieurs nobles, belles et solempnelles choses advenues de mon temps, et dont je parle par veoir, non pas par ouyr dire.

CHAPITRE PREMIER[2].

Comment messire Jaques de Bourbon, comte de la Marche, mari de la derniere Royne Jehanne de Naples, se rendit Cordelier à Besançon.

Pour ce que Dieu et ses glorieulx faitz doibvent estre commencement de toutes bonnes œuvres, de tant je le louhe et gracie [qu']au commencement de mon eaige, et du premier temps que je puis entrer en matiere, et bailler ramentevance digne d'escrire, la premiere chose dont je puis parler est devoste et de saincte memoire; et combien que je [ne] veiz realment l'effect de ceste aventure, toutesfois m'est il force de deviser dont proceda le par avant. Et n'est pas à entendre pourtant que je corrompe ce que j'ay dit, de non parler que de ce que j'ay veu, car, comme dit est, par les

1. « Delectation. »

2. Aucun des manuscrits connus des *Mémoires* ne contient une division complète par chapitres. Nous avons cru devoir néanmoins, pour plus de clarté, maintenir celle qui avait été adoptée par Denis Sauvage, avec les intitulés qu'il a composés lui-même. Il suffit d'en prévenir le lecteur une fois pour toutes. Quand nous rencontrerons par hasard un titre dans le manuscrit, nous aurons soin de le rapporter en italiques dans le corps du texte, s'il ne peut être placé en tête d'un chapitre.

conjectures[1] se eclarcira et sera donné à congnoistre chascune matiere, où je n'entans de declairer et descripre que toute verité[2].

En ce temps, où je commence par l'an trente cinq, estoit duc de Bourgoingne le bon duc Philippe, filz et successeur du duc Jehan occis à Montereau, et pere du duc Charles, mon souverain seigneur et maistre, du temps duquel[3] j'ay commencé[4] ces presentes memoires. Et en ce temps regnoit[5] en Bourgoingne ung noble et puissant seigneur, le seigneur de Sainct George le Saige; et vraiement bien se devoit saige nommer, car il augmenta sa maison d'avoir et d'alliances, fut chevalier de la Thoison d'or, et se maria en grande et seignorieuse maison, et se maintint si haultement, tant à la court du duc Jehan de Bourgoingne, comme à celle du bon duc Philippe, mesme au pays de Bourgoingne et en toutes pars, qu'il estoit tenu et appelé du nombre des saiges et des grans; et après luy vint messire Guillaume de Vienne, son filz, qui vendit et engaigea toutes ses belles seigneuries, par faulte de sens et de conduicte, et mourut à Tours en Touraine, et laissa son filz heritier, Jehan de Vienne, qui encoires valut moings de vertuz et de personnaige. Ainsi par ces deux a esté la noble[6] maison de Sainct George destruicte et mancipée, non pas celle de Vienne,

1. « Commencemens. »

2. Les phrases de ce premier paragraphe sont coupées différemment dans le ms. n° 2869; nous avons adopté les corrections pleinement justifiées de Sauvage.

3. « Duquel Charles. »

4. « A escrire... »

5. « Pour lors de l'an dessusdict vivoit. »

6. Mot omis dans l'édition Buchon.

car encores, Dieu mercy, en y a qui honnorablement se conduysent.

Deux choses me font toucher de celle maison de Sainct George : l'une c'est regrect en amour, l'aultre c'est pour donner à entendre comment ne par quelle maniere je vins au premier lieu[1] où je veiz ma premiere ramentevance. Et est vray que en l'an de Nostre Seigneur courant mil quatre cens trante quatre, se meust une guerre et une question entre aucungs seigneurs d'Allemaigne et ledit seigneur de Sainct George le Saige dessusdit, pour la terre et seigneurie de Jou en Bourgoingne[2], que tenoit et possedoit ledit seigneur ; et pour ceste cause fut envoyé mon pere qui se nommoit Philippe de la Marche, à tout certain nombre de gens de guerre, oudit chastel de Jou, de par ledit seigneur de Sainct George, pour ce que ladicte place est sur la fin de la conté de Bourgoingne et marche aux Allemaignes et principallement à la conté de Neuf Chastel, dont le conte estoit ung des principaulx demendeurs.

Et pour ce que mon pere pensoit que la guerre et sa commission fust chose de longue durée, il mena tout son mesnaige celle part, et moy je fus mis à l'escolle en une petite bonne ville à une lieue dudit Jou qui se nomme Pontarli, et fus mis en la maison d'ung gentilhomme nommé Pierre de Sainct Moris, qui avoit plusieurs enffans et nepveurs qui pareillement alloient à l'escolle, et dont despuis nous sommes retrouvez de celle norriture à l'hostel du prince, et ses serviteurs

1. « Je vein premièrement au lieu. »
2. Joux, près de Pontarlier (Doubs).

domestiques, et principallement Jaques de Fallerans et Estienne de Sainct Moris, qui ont esté tenuz et reputez deux très vaillans escuyers de leurs personnes, et pouvoie pour lors avoir d'eaige de huit à neuf ans.

Cy parle comment le Roy de Naples se rendit Cordelier, et de son cas. — En celluy temps vint audit lieu de Pontarli le Roy Jaques de Bourbon[1], qui avoit esté Roy de Naples, et avoit renoncé au royaulme, à la couronne et au monde, pour prandre l'abit de sainct François et devenir Cordelier de l'observance; et tiroit à Besançon, ouquel lieu il vesquit puis longuement Cordelier, et de son cas et de son estat je deviseray cy après, qui fut tel qu'il s'ensuit.

Peu de temps avant trepassa de ce siecle le Roy Lancelot de Naples, et ne laissa nulz enffans de son corps, mais demoura Royne et heritiere du royaulme de Naples et de Cecile une sienne seur, nommée madame Jovenelle[2]. Celle Royne se maria à ung moult bel et vertueulx chevalier, du sang royal de France et de la maison de Bourbon de nom et d'armes, et se nommoit messire Jaques de Bourbon, conte de la Marche; et par icelluy mariaige fut celluy de Bourbon Roy de Cecile et de Naples. Ceste Royne Jovenelle fut de très grand esperit, et dame qui savoit et valoit beaucop, et dont le royaulme en generalité se tenoit fort contant,

1. « Le comte de la Marche, Jaques de Bourbon... » — Jacques de Bourbon, comte de la Marche, roi, puis régent de Naples de 1415 à 1419 par son mariage en secondes noces avec Jeanne II, fut emprisonné par sa femme, parvint à s'échapper et à fuir à Tarente, puis se décida à revenir en France, où il mourut le 24 septembre 1438 dans un couvent de Franciscains à Besançon. Olivier de la Marche lui a consacré une stance dans son *Chevalier délibéré*.

2. Jeanne ou Jeannette de Duras.

et par aucung temps le Roy Jaques et elle regnerent en Naples en grant prosperité, amour et union ; mais, par succession de temps, celle union se changea et mua entre eux deux en soupeçon et defidance et dont j'ay ouy recorder diversement. Les ungs disoient que le Roy Jaques vouloit trop maistrisamment vivre avec elle, tant sur le gouvernement du royaulme comme sur ses plaisances et passe temps. Autres disoient que la Royne ne print pas bien en grée aucunes assemblées de dames, par maniere de festiemens que journellement faisoit le Roy, dont elle conseut aucunes jalousies qui moult empira le repos des couraiges de chacune partie. Feust par l'une ou par l'autre voye, il advint que, par succession de temps, elle, se veant Royne et dame de la terre, aymée et obeie de tous, et congnoissant que son mary estoit estrangier, non Roy ne seigneur de celle seigneurie que par elle, subtivement et par grant malice se fist forte de ses gens et subjectz, et print et emprisonna le Roy Jaques son mary, et le mit en l'une des plus fortes tours du chastel de Constans[1] en Naples, ouquel chastel il demoura long temps prisonnier et enfermé; et toutesfois monstra la Royne telle amour et affection à luy par longue espace, qu'elle mesme luy apportoit et bailloit les mectz de son boire et de son mangier, doubtant que autre non saichant l'amour qu'elle luy portoit, cuidant complaire à elle, ne l'empoisonnast.

Tant dura celle estrange amour et ceste seheureté, soubz main fermée et close, qu'elle eslonga de celle privaulté, et par fois se tenoit[2] en aultres de ses palays

1. Le château de l'Œuf, *castel del Ovo*.
2. « La reyne. »

et de ses chasteaulx, et le Roy Jaques qui moult bel chevalier estoit et en fleur d'eaige se ennuyoit de celle prison, et avoit regrect de user sa vie en telle captivité. Si s'appensa que la mer flotta assez près d'icelluy chastel, et tant soubtiva avec aucungs de sa fiance, que ung petit bastel luy fut admené, où il entra secretement, et se tira jusques hors du royaulme, où il demoura certain temps; et dient les aucungs qu'il eschappa par subtiveté et par ayde de serviteurs et d'amys; et d'autres dient, et me semble assez vraysemblable, que la Royne qui ne vouloit ne sa mort ne sa compaignie avoit faict jouer et consentir le personnaige de son eschappement et de sa delivrance.

Longuement demoura le Roy Jaques en Ytalie en grant regrect et à peu de plaisance, toutesfois menant moult belle et honneste vie de sa personne; et, en lieu des pompes et grans chieres passées, il print le ploy et la devotion de mener vie contemplative et très devote. En celluy temps regnoit[1] une moult saincte et devote femme, religieuse de saincte Claire, au pays de Bourgoingne, nommée seur Collette[2]. Celle femme

1. Vivait.

2. Sainte Colette, née à Corbie en Picardie le 13 janvier 1381 (v. st.), entreprit de réformer l'ordre de Sainte-Claire. Elle fut attirée vers 1408 dans le comté de Bourgogne par Blanche de Savoie, comtesse de Genève, qui possédait la seigneurie de Frontenay, à deux lieues de Poligny, et à qui elle avait été signalée par un religieux de Saint-François, Henri de Baume. Benoît XIII ayant autorisé sœur Colette à réformer les Clarisses et l'ayant instituée leur supérieure générale à l'âge de 26 ans, elle se fixa au château de Frontenay et fonda ensuite 17 monastères, parmi lesquels ceux de Poligny et de Besançon, qui donnèrent en moins d'un demi-siècle, comme le remarque Olivier de la Marche, naissance à 380 communautés. Elle mourut à Gand le 6 mars 1446.

alloit par toute la chrestienté, menant moult saincte vie, et edifiant maisons et eglises de la religion sainct François et de saincte Claire; et ay esté acertené que par son pourchaz et par sa painne elle avoit edifflé de son temps trois cens quatre vingtz eglises de femmes encloses et enfermées; dont il advint que celle seur Collette fut advertie du cas du Roy Jaques, ou par la voulenté de Dieu, par raport, ou autrement[1], se trouva devers luy et tant luy monstra des variances du monde et des tours et retours de fortune, ensemble de la bresveté de ceste mortelle vie, qu'il print confort en son adversité, advis sur les dangiers advenir, et resolucion d'attendre la mort asseurée ou chemin et en la voye de religieuse penitence; et se deslibera de prandre l'habit de sainct François et de se rendre en l'observance en la tierce ordre, car encoires vivoit la Royne, sa femme. Et choisit le lieu de sa demeure à Besançon, en la conté de Bourgoingne, ce qu'il feit et executa; et de present je me taiz de parler et d'escripre des conjectures par moy non veues[2], pour deviser ce que j'ay veu de ceste matiere, et comment ne par quelle maniere il entra au lieu de Pontarli, où je feuz present.

Comme dessus est dit, le Roy Jaques de Naples se tira des Ytalies ou pays de Bourgoingne, au lieu de Besançon, et me souvient que les gens d'eglise de la

— Isabelle de Bourbon, fille du roi Jacques de Bourbon, était religieuse de Sainte-Claire à Besançon (Pierre de Vaux, *Vie de sainte Colette*, dans les Bollandistes, 1er vol. de mars; Chevalier, *Notice historique sur le monastère de Sainte-Claire de Poligny*, 1873).

1. « Et pourtant. »

2. « De tels commencemens par moyens non veus. »

ville de Pontarli, ensemble les nobles, les bourgeois et marchans, firent une congregation et une assemblée par procession, pour aller au devant du Roy Jaques qui venoit en ladicte ville. Et y mena le maistre de l'escole ses escoliers, duquel nombre j'estoye. Et ay bien memoire que le Roy se faisoit porter par hommes en une civiere telle sans aultre differance que les civieres en quoy l'on porte les fiens et les ordures communement; et estoit le Roy demy couché, demy levé, et appoyé à l'encontre d'un povre meschant desrompu oreillier de plume. Il avoit vestu, pour toute parure, une longue robe d'ung gris de très petit pris, et estoit scaint d'une corde nouhée à façon de Cordelier, et en son chef avoit ung gros [1] bonnet, que l'on appelle une cale, nouhé par dessoubz le menton; et de sa personne il estoit grant chevalier, moult beaul et moult bien formé de tous membres. Il avoit le visaige blont et agreable, et portoit une chiere joyeuse en sa recueillotte vers ung chascun, et povoit avoir environ quarante ans d'eaige. Et après luy venoyent quatre Cordeliers de l'observance, que l'on disoit moult grans clercs et de saincte vie; et après iceulx, ung peu sur le loings, venoit son estat, où il povoit avoir deux cens chevaulx, dont il y avoit litiere, chariot couvert, haquenées, mulles et mulletz dorés et enharnaichés honnorablement. Il avoit sommiers couvers de ses armes, nobles hommes et serviteurs très bien vestuz et en bon poinct; et, en celle pompe humble et devote ordonnance, entra le Roy Jaques en la ville de Pontarli, et ouys racompter et dire que en toutes les villes

1. « Blanc. »

où il venoit il faisoit semblables entrées par humilité. Et en cest estat fut conduict en son logis, et dois là tira à Besançon, où je le veiz despuis Cordelier rendu et voué en la religion, car sa femme estoit trepassée. Et fut la venue du Roy Jaques en Bourgoingne environ la Magdelaine mil quatre cens trante et cinq.

Et combien qu'en ce josne eaige où j'estoye je feisse de ceste chose plus tost une grant merveille que ung grant extime, certes deppuis en croissement de jours et d'eaige, à ramemorier ceste matiere, j'en faiz et extime et merveille, dont, quant à la merveille, ne fait il pas à esmerveiller de veoir ung Roy, né et yssu de royal sang, fuytif de son royaulme, yssant freschement de la prison de sa femme et de la servitude de celle qui, par raison du sacrement de mariaige, luy debvoit estre subjecte? Et pour l'extime, quant deppuis j'ay pensé et mis devant mes yeulx l'auctorité royale, les pompes seignorieuses, les delisses et aises corporelles et mondaines, lesquelles en si peu de temps furent par cestuy Roy mises en oubly et en nonchaloir, certes, selon mon petit sens, j'en faiz une extime plaine de merveille; et à tant me taiz et faiz fin en ma premiere adventure.

CHAPITRE II.

Sy parle de la paix de France et du traicté faict à Arras en Artois[1].

En celle mesme saison et année, j'ay souvenance

1. Ce titre appartient à Olivier de la Marche et non à Denis Sauvage.

que je veiz venir audit lieu de Pontarli un herault à qui l'on feit moult grant feste et moult grant chiere, car il avoit apporté cause de joye, de repoz et de soulas. Celluy herault se nommoit Franche Conté, et apporta les nouvelles de la paix faicte à Arras en Artois entre le Roy Charles, le septiesme de ce nom, Roy de France, et le bon duc Philippe de Bourgoingne dessusdit. Pour celle paix et pour celle joye se feirent les feuz, les danses et les carolles parmy la ville, et par les eglises l'on chantoit *Te Deum laudamus*, et rendoit on graces à Dieu de celle bonne œuvre, et me sera force de mettre par escript aucune chose hors de ce que je veiz et de deviser dont ne par quelle raison meut la guerre dont fut faicte la paix pour quoy je veiz lesdiz feugz et dont j'escriptz presentement.

Se ce ne feust pour acquicter et parfaire ce que j'ay mis avant au prologue de mes memoires, il ne feust jà besoing de travailler ma personne, ne de tanner ou annuyer tant les lisans comme les escoutans en ceste matiere ; car je sçay bien que toutes les escriptures sont plaines et remplies, les royaulmes loingtains et voisins sont[1] tous aprins et acertenés de ce que de present me fault escripre et mectre avant, et dont je me passeray le plus brief qu'il me sera possible ; c'est de la mort du très preulx, hardi et vaillant prince le duc Jehan de Bourgoingne, occis et murdry par ennemis reconseillez au lieu de Monstereau, en la presence et soubs le povoir de monseigneur Charles de France, daulphin de Viennois, et dont tant de maulx, tant de miseres, de povretez, de murdres, d'efforcemens,

1. Mot supprimé dans les éditions précédentes.

d'estorcions et de griefz sont advenuz ou royaulme de France, que ung million d'hommes en sont mors, deux millions de mesnaiges perduz, et tant de terres en sont[1] demourées sans fruict et sans labeur, qu'elles assemblées souffiroient pour faire ung bon royaulme de grande et fertille reuve[2]; et, qui pes est, ceste dolente et douloureuse playe ne se peult ou ne se scet guarir, qu'elle ne soit d'an à aultre et de saison en saison renouvellée et mise à sang fraiz par les couraiges d'ung chascun party, enflez, despitz et non saoulez de vangeance et d'estrif, où je ne voy ne ne congnoy remede, appaisement ne guarison, fors de suplier le redempte[3] de noz meffaictz qu'il vuille par sa benigne grace et especialle misericorde mectre par divine inspiracion, de chacune part de partie[4], en oubliance et en nonchalloir l'euvre commise par violente[5] main, et au comptent d'honneur et de justice.

Puisque doncques verité me contrainct en mon acquict de declarer le procedement de ceste guerre, je m'en acquicteray au moins mal et le plus brief que je le pourray mectre. Et fut vray que, l'an mil quatre cens dix neuf, fut une journée prinse soubz umbre de rappaisement des princes et du royaulme de France au lieu de Monstereau, et se debvoit icelle journée tenir devant la personne de monseigneur Charles de France, daulphin de Viennois, lequel povoit avoir quatorze ans d'eage. Et à celle journée vint le duc

1. Deux mots supprimés dans les éditions précédentes.
2. « Revenu. »
3. Rédempteur. « Pardonneur. »
4. Deux mots supprimés dans les éditions précédentes.
5. « Et cruelle. »

Jehan de Bourgoingne dessusdit, grandement accompaigné, et l'avoit à conduyre de ses pays messire Tanneguy du Chastel, ung moult renommé chevalier natif de Bretaigne bretonnant, lequel avoit grant auctorité devers le daulphin, et acertenoit ledit Tanneguy grandement le duc Jehan de grant recueil et de grant amour trouver envers ledit daulphin; et luy fit le duc Jehan de grans dons et de grans biens. Et, le jour de la journée[1], le duc Jehan passa le pont de Monstereau à peu de ses serviteurs, et laissa hors de la ville toute sa compaignie et mist pied à terre, et trouva le daulphin à la porte du chastel, accompaigné dudit Tanneguy, de messire Guillaume Bataillier[2], et autres ennemis dudit duc, à l'occasion de la mort du duc d'Orleans, à qui ils furent serviteurs, la mort duquel ledit duc Jehan advoua à Paris devant les plus prouchains de son lignaige. Et advint, fust par machinasion, deliberacion, ou aultrement, que en la presence dudit daulphin, luy estant à genoulx devant l'heritier de France, en faisant son debvoir, les dessusdiz le murdrirent de haches et d'espées, dont grant charge d'honneur demoura audit Tanneguy toute sa vie, combien

1. « De l'assemblée. »

2. Ce Guillaume Bataillier ou Bataille fut du nombre des dix personnes que le dauphin avait désignées pour l'accompagner sur le pont de Montereau ; ce fut lui qui, après l'assassinat du duc, arrêta Jean Seguinat, son secrétaire. On lit dans une lettre du temps, conservée en copie aux Archives de la Côte-d'Or, B 310, et qui est imprimée dans La Barre (t. I, p. 286), « qu'il frepa le second coup aprez Tanguy du Chastel, et s'en est Charlot Bataille, son frère, vanté par plusieurs fois ..... et aussi en avoient fait une chanson les feaulx traytres, et y avoit comment ledit Regnaudin (le Normant) l'enferma, Tanneguy si le frepa, et Bataille si l'assomma... »

que par plusieurs fois et par plusieurs moyens se voulust excuser. Là fut la pitié et la perte grande, et le desroy merveilleux, et sur le corps dudit duc de Bourgoingne fut occis ung chevalier de son hostel, gascon, frere germain du conte de Foys, nommé le seigneur de Nouelles[1] et pris le seigneur de Sainct Georges le Saige[2] dessus nommé, et aultres notables gens bien desolez et desconfortez. Toute son armée se desrompit et s'esgara, chacun tirant et allant sans ordre ne mesure là où Dieu le conseilla. Et de celle mort l'on parle encoires diversement, touchant le consantement du daulphin dessusdit, car aucungs dient qu'il avoit consenti et sceu la conspiracion du murdre, et aultres dient que, à l'occasion du rapport que l'on luy avoit faict de certaines alliances que l'on disoit avoir estées faictes entre ledit duc et les Angloys, ledit daulphin avoit consenti que ledit duc Jehan fust prins et constitué prisonnier, et que à l'occasion de sa josnesse il ne peust estre maistre de ceulx qui avoyent gouvernement à l'entour de luy ; parquoy l'omiside fut faict en sa presence soubs la couleur de ladicte prinse.

Or est bien besoing que je recorde en brief les grans faiz que madame Fortune souffrit retourner de sa roue, par la mort accidentale de cestuy noble prince. Ce fut celluy qui en ses josnes jours osa personnellement emprandre et faire le voiage, pour la querelle de la foy chrestienne, à l'encontre du très puissant et très redoubté Turc nommé Lamoratbay, qui par sa force et prouesse marchoit au royaulme de Honguerie. Et com-

1. Archambaud de Foix, seigneur de Noailles.
2. Guillaume de Vienne, seigneur de Saint-Georges.

bien que la fortune tournast contre luy, ce ne fut pas sa faulte d'emprandre ne de faire, et osa accomplir en sa personne ce que tant de princes abaient et menassent, et dont les ungs demeurent en negligence de la foy, pour leurs aises et delisses mondainnes et d'aultres pour leurs aguectz diaboliques, querans les pertuys et les voyes pour surprendre leurs voisins à la desmarche, pour les destruyre et grever souvent de leurs vindicacions, et oublians Dieu et son sainct service; et d'aultres, se je le osoye dire, qui valent mieulx, et sont plus ydoines pour menasser les ennemis soubz la chaulde cheminée et en leurs chambres et salles dorées et painctes d'oisivetez, qu'ils ne sont bons, dignes ne ydoines pour augmenter la foy, croistre leurs noms, ne sauver leurs ames. Et pour revenir aux faictz de ce noble duc, tantost après son retour de la prison du Turc dessusdit, il print la querelle du frere de sa femme qui fut de Baviere[1], livra la bataille à l'encontre des Liegeois qui se trouverent en nombre infini, avec leur esleu de Pervez[2], les desconfit le duc[3] et en occit pour ung jour plus de quinze mille[4], et mit le pays en totale subgection. Tiercemant, il s'accompaigna d'environ six mille chevaulx, vint à l'Arbre Secq devant Paris, entra en la cité, et print le gouvernement du Roy et du royaulme, qui que le voulsist ou non. Quartement que j'appelle plus grant chose que grant bien, il fist tuer le duc Louis d'Orleans, frere du Roy, en la maistresse cité du royaulme, c'est Paris, l'advoua en

1. Jean de Bavière, évêque de Liège.
2. Thierry de Perwes, aussi évêque de Liège.
3. Deux mots supprimés dans les éditions précédentes.
4. Bataille de Tougres (23 septembre 1408).

plain conseil, comme il est dit dessus, et se partit de Paris sans aultre destourbier. Il soubstint le siege d'Arras, où fut le Roy de France en personne et tous les princes de France[1] contre luy. Il assiegea le Roy de France en la cité de Bourges en Berry, et pour le derrener de ses faictz, cuydant faire le prouffict, le bien et l'utillité du royaulme de France, bien adverty des haynes et rancunes que luy portoit monseigneur le daulphin et ceulx qui le gouvernoient, en intencion qu'il n'eust la note et la reproche qu'à luy eust tenu le rappaisement du royaulme, il osa venir à sa mort, et mourut la dague au poing, et l'ung des hardis chevaliers qui oncques yssit du sang ne de la lignée de France. Si prie à Nostre Sauveur Jesus Crist qu'il en vuille avoir l'ame.

De ceste mort fut le dueil, le pleur et le cry si grant et si uny, par Bourgoingne, Flandres et Artois, que c'estoit pitié et douleur de le ouyr et sçavoir, et principallement[2] madame Marguerite de Baviere, duchesse de Bourgoingne, sa femme, [et] monseigneur le duc Philippe, son seul filz et heritier, qui povoit avoir environ vingt deux ans d'eage, lequel sentit[3] ces dures nouvelles si aspremeut, et par telle empraínte au cueur et ès entrailles, qu'il en cuyda soubdainement mourir, et toutesfois il print cueur de prince chevaleureulx et exercite de chevalier de vertu, et incontinent manda les Estatz de ses pays, qui tous avecques luy queroient et demandoient vengeance de ceste offence et oultraige desordonnée. Si trouva en conseil de prandre alliances

1. Six mots supprimés dans les éditions précédentes.
2. « En voyant. »
3. « Et pour lors sentit. »

et amytiés de toutes pars, et querir l'ayde et assistance de tous voisins, et où qu'il en porroit finer. Ce qui fut faict, et en trouva assez et largement, et peut on legierement croyre que les Angloix, anciens ennemis du royaulme de France, ne furent pas desplaisans de l'inconvenient advenu; mais tantost et diligemmant eurent moyens sur les chemins pour avoir l'aliance du nouvel duc Philippe de Bourgoingne offensé, à l'intencion de partir à la despouille du noble royaulme de France. Et, d'aultre part, furent les moyens trouvez que le Roy Charles le sixiesme, pere du dessusnommé daulphin, fut mis ès mains dudit duc de Bourgoingne, et tenoit party et opinion contraire de son filz, et le filz contre le père; et par ces aliances fut faict le mariage du Roy Henry le Quint, Roy d'Angleterre, et de madame Katherine de France, fille du Roy dessusdit, et seur dudit daulphin. Et fit le Roy de France grans traictiez et desheritemens au prouffit de sa fille la Royne d'Angleterre et des hoirs yssans du Roy anglois et d'elle; et, de l'aultre part, le daulphin se alia aux Espaignolz et aux Escotz, et commença la guerre de toutes pars, où tous les maulx que guerre sceut ou peust parmectre ne trouver se sont faictz, executez et accompliz.

Moult de batailles, de rencontres, d'assaulx, de sieges de villes et de chasteaulx, moult de belles et chevaleureuses executions et emprises, et maintes appartises d'armes, furent faictes d'une part et d'aultre, dont je me taiz, tant pour le laisser racompter et escripre aux plus saiges, comme aussi pour revenir à ma matiere, et laquelle je quiers continuer par sa premiere forme; mais force m'estoit de declarer le motif de la guerre, pour monstrer comment et par quelle maniere se trouva paix et appoinctement en matiere si diverse et ague.

CHAPITRE III.

De la paix d'Arras, et de la copie du traicté faict entre le Roy Charles septiesme et le bon duc Philippe de Bourgongne.

Tant dura cette guerre, que le Roy Charles le sixiesme mourut, et fut Roy le Roy Charles le septiesme, son filz, qui fut le daulphin dont nous avons parlé, qui tant souffrit, porta, endura et soubstint de paines, de povretés et de souffertes en ceste guerre, que, soubz le port du duc de Bourgoingne dessusdit, les Angloix seignourissoient et possessoient la cité de Paris et le plus beau du royaulme de France. Et se retrahit le Roy en la cité de Bourges en Berry, pardelà la riviere de Loire, et laquelle cité ung povre soudoyer bourguignon, nommé Parnet Grasset, tenoit en apatis, le Roy estant dedans. Paraillement durant icelle guerre mourut le Roy Henry d'Angleterre au bois de Vinciennes, lequel à la verité mourut bien à point pour son adversaire le Roy françois. Et dont ainsi termina cest accidant et ceste pestilence, que après avoir guerroyé environ vingt deux ans, le Pape Martin[1] envoya

1. Il s'agit ici du pape Eugène IV qui avait succédé à Martin V en mars 1431. Pour reconnaitre l'attachement de Philippe le Bon à son parti, ce pontife lui envoya, le 27 septembre 1433, une hostie miraculeuse conservée à la Sainte-Chapelle de Dijon jusqu'à la Révolution. — Il est vrai que, dès le mois de mai 1424, la hui-

en France ses legaulx et ses embassadeurs, et principallement le cardinal de Saincte Croix, qui tellement labourerent et prouffiterent en ceste matiere, que une journée fut prinse et acceptée de toutes les parties au lieu d'Arras en Artois; à laquelle journée, par la grace de Dieu, fut trouvée la paix, le traictié et l'appoinctement qui me font les choses dessusdictes declairer et escripre.

A celle convention et assemblée faicte à Arras, pour le Pape et le sainct consile de Basle furent les cardinaulx de Saincte Croix[1] et de Chipre[2], et autres; de la part du Roy de France, le duc Charles de Bourbon et d'Auvergne, monseigneur Artus[3], conte de Richemont, connestable de France, le conte de Vendosme[4], l'arcevesque de Rains[5], et plusieurs aultres grans personnaiges nommez audit traictié; de la part du Roy d'Angleterre, le cardinal de Vincestre[6] qui estoit du sang de Lanclastre, le conte d'Arondel[7], et aultres grans personnaiges; et de la part de monseigneur de Bourgoingne, il y fut en personne. Il estoit accompaigné du duc Arnoul de Guerles[8], de l'evesque de Liege[9] et du duc de Buillon qui se nommoit de Huisseber-

tième année de son pontificat, le pape Martin V avait écrit au duc Philippe pour l'exhorter à la paix. (Archives de la Côte-d'Or, B 11897).

1. Nicolas Albergati, cardinal du titre de Sainte-Croix.
2. Hugues de Lusignan.
3. Artur de Bretagne.
4. Louis de Bourbon.
5. Renaut de Chartres.
6. Henri Beaufort, cardinal de Winchester.
7. Thomas, comte d'Arundel.
8. Arnoul ou Arnoult d'Egmont, duc de Gueldres.
9. Jean VII de Heinsberg.

gues[1], de Jehan monseigneur, heritier du duc de Cleves, de Charles de Bourgoingne, conte de Nevers et de Reteil, de Loys, conte de Sainct Pol[2], de Jehan de Bourgoingne, conte d'Estampes et seigneur de Dourdan, de messire Jehan de Lucembourg, conte de Ligny, et de plusieurs grans personnaiges de son sang, et aultres. Et les principaulx de son conseil et d'emprès luy furent messire Nycolas Raoulin, seigneur d'Authume, son chancelier, messire Antoine, seigneur de Croy, son premier chambellan, messire Pierre de Bauffremont, seigneur de Charny, le seigneur de Ternant[3], de Haubourdin[4], et aultres. Grans questions et debatz furent entre le conseil de chascune partie par plusieurs fois, et le plus souvent grans chieres et grans festimens ; et là se fit armes à pied et à cheval, joustes, luyttes, et plusieurs essais et appartises se firent[5] des ungz partiz contre les aultres[6]. Et dura cestuy parlement trois mois entiers, c'est assavoir du commencement de juillet jusques à la fin de septembre, que lors fut la paix jurée, close et sceellée par tous les partiz[7], et fut

1. Lisez : *de Heinsberg.*
2. Louis de Luxembourg.
3. Philippe de Ternant, seigneur de la Motte de Thoisy.
4. Jean de Luxembourg, seigneur de Hautbourdin.
5. Deux mots supprimés dans les éditions précédentes.
6. V. notamment dans Monstrelet, t. V, p. 138, et dans Le Fèvre de Saint-Remy, ch. cxci, édit. Morand, t. II, p. 313, la description des joutes de Jean de Merlo avec le seigneur de Charny.
7. La paix fut publiée et jurée solennellement en l'église de Saint-Waast, non pas le 8, comme le dit Saint-Remy (édit. Morand, II, p. 326), mais le 21 septembre 1435. Voy. la note de la page suivante ; et c'est le même jour que Jean Tudert fit, au nom du roi, amende honorable à genoux pour le meurtre du duc Jean. Le procès-verbal est aux Archives de la Côte-d'Or, B 11901.

publiée et portée par escript par tout le royaulme de France, par les pays de monseigneur de Bourgoingne et ailleurs, et tellement que lesdiz traictiez vindrent au lieu de Pontarli, ce que je veiz, et en retint le double Pierre de Sainct Moris, escuyer, et l'envoya à mon pere ou chastel de Jou, dont il advint que, plus de vingt ans après, je les recuilliz, et me vient si à point à ceste [heure], qu'en ces presentes memoires j'ay ceste paix enregistrée, et dont la teneur de mot à mot s'ensuit[1].

1. Il y a trois choses à distinguer dans le traité d'Arras : 1° Les lettres des ambassadeurs de Charles VII contenant les articles du traité par eux proposés au nom du roi à l'acceptation du duc Philippe; elles sont datées d'Arras le 21 septembre 1435. (Double original aux Archives de la Côte-d'Or, B 11901, revêtu des seings manuels et des sceaux, très endommagés pour la plupart, des onze ambassadeurs; voy. aussi Chartes de Colbert, 365, n° 203 à la Bibl. nat., et Beaucourt, *Hist. de Charles VII,* t. II, p. 553, note 2.) — 2° Les lettres approbatives de Philippe le Bon, de même date, et contenant copie intégrale des articles du traité. (Expédition authentique non scellée, signée L. Dommesent, et au revers : *Par monseigneur le duc en son grant conseil,* L. Dommesent. Archives de la Côte-d'Or, B 11901.) — 3° Les lettres de ratification de Charles VII données à Tours le 10 décembre 1435, et où sont aussi transcrits les articles du traité. (Original scellé du grand sceau royal en cire blanche. Archives de la Côte-d'Or, B 11902.) — Enfin on conserve aux mêmes Archives deux expéditions authentiques du traité d'Arras, l'une sous le sceau du cardinal de Sainte-Croix, l'autre sous les sceaux des ambassadeurs du concile de Bâle, et contenant toutes deux, outre les articles du traité, la sentence d'excommunication prononcée contre ceux qui oseraient y contrevenir et le procès-verbal de la publication solennelle qui en fut faite, le 21 septembre, dans l'église de Saint-Waast, à l'issue de la grand'messe (B 11901).

Le traité d'Arras se trouve aussi en copie dans le ms. n° 4525 fonds fr. de la Bibl. nat., fol. 76, dans Monstrelet, t. V, p. 151, édition Douet-d'Arcq, dans la *Chronique* de Saint-

Coppie du traicté de la paix faicte à Arras ou mois de septembre mil quatre cens trante cinq. — « Charles, par la grace de Dieu Roy de France. Le très glorieux Roy des Roys, Dieu, nostre createur par lequel nous vivons et regnons, et duquel seulement nous tenons nostre royaume, nous enseigne et donne exemple par soy mesmes à querir, comme vray pasteur, le salut et repoz de nostre peuple, et le preserver des très grans et innumerables maulx et dommages de guerre, laquelle chose nous avons tousjours desirée de tout nostre cuer, et procurée à très soigneuse diligence, cognoissans que par le bien de paix est eslevée et exercée justice par laquelle les Roys regnent, et les temps passez nostre royaume a esté essaucié et conservé. Et comme nous tousjours portans à très amere desplaisance les divisions et guerres de nostre royaume, lesquelles paravant nostre advenement à la royal majesté estoient encommenciées, et jusques à ores ont duré, à la très grant affliction, oppression et destruc-

Remy, ch. CXCIII, et enfin dans Olivier de la Marche ; mais, tandis que ce dernier a donné le texte des lettres royales datées de Tours le 10 décembre, ce sont au contraire les lettres de Philippe le Bon du 21 septembre que reproduisent les deux autres chroniqueurs. Ces lettres ne diffèrent entre elles que par le préambule et la conclusion ; quant aux différences que présente le texte même des articles dans les trois copies, elles ne portent que sur des points de détail et de forme, et c'est uniquement en se plaçant à ce point de vue que M. Morand a pu dire (p. 327) que Saint-Remy est plus en rapport avec Olivier de la Marche qu'avec Monstrelet. — Nous substituons au texte d'Olivier celui des lettres originales de Charles VII conservées aux Archives de la Côte-d'Or. Les variantes de la copie de notre chroniqueur sont peu nombreuses et trop peu importantes pour que nous ayons cru devoir les signaler.

tion de nostredit peuple, ayons, dès qu'il a pleu à Dieu nous donner eage et temps de discrecion, vacqué, entendu et traveillé, et faict plusieurs de noz parans, gens et officiers vacquer, entendre et traveillier à trouver l'appaisement desdictes divisions et guerres, et mectre paix et union en nostre royaume, et reconsilier et reunir avec nous nostre très chier et très amé frere et cousin Philippe, duc de Bourgoingne, surquoy ayent esté tenues plusieurs convencions et journées en divers lieux de nostredit royaume avec les Anglois, noz anciens ennemis, et nostredit frere et cousin de Bourgoingne, et entre autres en la ville de Nevers, en laquelle eust esté prise, accordée et acceptée autre journée et convencion en la ville d'Arras, ausquelz lieu et jornée d'Arraz ayons envoyé pour nous noz très chiers et très amez cousins le duc de Bourbon, le conte de Richemont, nostre connestable, le conte de Vendosme, grant maistre de nostre hostel, et noz amez et feaulx l'arcevesque de Reims, nostre chancelier, Christofle de Harecourt, nostre cousin, et le sire de la Fayete, mareschal de France, maistre Adam de Cambray, premier president en nostre parlement, maistre Jehan Tudert, maistre des requestes de nostre hostel, maistre Guillaume Charretier, docteur en droit canon et civil, Estienne Bernard, dit Moreau, noz conseillers, et maistres Jehan Chastenier et Robert Malliere, noz secretaires, et tous noz ambaxeurs, et à iceulx lieu et convencion d'Arras ayent esté, de par nostre saint pere le Pape, nostre très chier et especial amy le cardinal de Saincte Croix, et de par le saint concile de Basle, nostre très chier cousin le cardinal de Chippre, et autres plusieurs prelaz et gens d'eglise notables; par le moyen desquelz cardinaulx et gens d'eglise ayent esté pourparlées et traictiées plusieurs voyes et ouvertures de paix general et particuliere, tant avec lesdiz Anglois comme avec nostredit frere et cousin de Bourgoingne, et finablement, par le moyen d'iceulx cardinaulx et autres gens d'eglise, ait esté conclue et fermée par nosdiz cousins et ambaxeurs, pour et ou nom de nous, avec icellui nostre frere et cousin, bonne paix, concorde et reunion de lui avec nous, et fait, consenti, promis et accordé les choses declarées et contenues ès articles qui de mot à mot s'ensuyvent :

« Ce sont les offres que nous Charles, duc de Bourbonnois et d'Auvergne, Artur, conte de Richemont, connestable de France, Loys de Bourbon, conte de Vendosme, Regnault, arcevesque duc de Reims, chancelier de France, Christofle de Harecourt, Gillebert, seigneur de la Fayete, mareschal de France, Adam de Cambray, president en parlement, Jehan Tudert, doyen de Paris et maistre des requestes, Guillaume Charretier, Estienne Moreau, conseillers, Jehan Chastenier et Robert Malliere, secretaires, et tous ambaxeurs de Charles, Roy de France, nostre souverain seigneur, estans presentement en la ville d'Arras, faisons, pour et ou nom du Roy, à monseigneur le duc de Bourgoingne et de Brabant, pour son interest et querele qu'il a et puet avoir à l'encontre du Roy, tant à cause de la mort de feu monseigneur le duc Jehan de Bourgoingne, son pere, comme autrement, afin de parvenir avec lui à traictié de paix et concorde.

Premierement, que le Roy dira ou par ses gens notables souffisamment fondez fera dire à mondit seigneur de Bourgoingne que la mort de feu monseigneur le duc Jehan de Bourgoingne, son père, que Dieu absoille, fut iniquement et mauvaisement faicte par ceulz qui perpetrerent ledit cas, et par mauvais conseil, et lui en a tousdiz[1] despleu, et de present desplaist de tout son cuer, et que s'il eust sceu ledit cas, et en tel eage et entendement qu'il a à present, il y eust obvié à son povoir, mais il estoit bien jeune, et avoit pour lors petite cognoissance, et ne fut point si advisé que de y pourveoir, et priera à mondit seigneur de Bourgoingne que toute rancune ou hayne qu'il puet avoir à l'encontre de lui à cause de ce, il oste de son cuer, et que entre eulz ait bonne paix et amour, et se fera de ce expresse mencion ès lettres qui seront faictes de l'accort et traictié d'entre eulz.

« *Item*, que tous ceulz qui perpetrerent ledit mauvais cas, ou qui en furent consantens, le Roy habandonnera, et fera toute diligence possible de les faire prendre et apprehender quelque part que trouvez pourront estre, pour estre puniz en corps et en biens, et, se apprehendez ne pevent estre, les bannira et fera bannir à tousjours sans grace ne rappel hors du royaume et du daulphiné, avec confiscacion de tous leurs biens, et seront hors de tout traictié.

« *Item*, et ne souffrera le Roy aucun d'eulz estre receptez ou favorisez en aucun lieu de son obeissance et puissance, et fera crier et publier par tous les lieux desdiz royaume et daulphiné accoustumez de faire

1. *Toudis*, toujours. Saint-Remy se sert de ce dernier mot, bien qu'il ne soit pas dans le texte des lettres de Philippe le Bon.

criz et publicacions, que aucun ne les recepte ou favorise, sur peine de confiscacion de corps et de biens.

« *Item*, et que mondit seigneur de Bourgoingne, le plus tost qu'il pourra bonnement après ledit accord passé, nommera ceulz dont il est ou sera lors informé[1], qui perpetrerent ledit mauvais cas, ou en furent consentens, afin que incontinent et diligemment soit procedé à l'encontre d'eulz de la part du Roy, comme dessus est dit, et en oultre, pour ce que mondit seigneur de Bourgoingne n'a encores peu avoir vraye cognoissance ne deue informacion de tous ceulz qui perpetrerent ledit mauvais cas ou en furent consentens, toutes les foiz que cy après il sera deuement informé d'aucuns autres, il les pourra nommer et les signiffier par ses lettres patentes ou autrement souffisamment au Roy, lequel en ce cas sera tenu de faire proceder tantost et diligemment à l'encontre d'eulz par la maniere dessusdicte.

« *Item*, et que pour l'ame dudit feu monseigneur le duc Jehan de Bourgoingne, de feu messire Archembault de Foiz, seigneur[2] de Noailles qui fut mort avec

1. En marge du manuscrit n° 2869 est écrit : « *Nota* que monseigneur le duc a nommé Tanneguy du Chastel, Jehan Louvet, président de Provence, chevaliers, Pierre Frostier, escuyer, maistre Jehan Cadart, physicien. » — On conserve en original aux Archives de la Côte-d'Or, B 11901, les lettres datées du 1er octobre 1435, par lesquelles Charles de Bourbon, Artur de Richemont, et les autres ambassadeurs du roi Charles VII, confessent avoir reçu les lettres du duc de Bourgogne qui nomme au roi les quatre personnes mentionnées dans la note.

2. Monstrelet lui donne à tort le titre de comte; les lettres de Philippe le Bon, comme celles de Charles VII, le qualifient simplement de seigneur.

lui, et de tous autres trespassez à cause des divisions et guerres de ce royaume, seront faictes les fondacions et edifices qui s'ensuyvent : c'est assavoir en l'eglise de Montereau, en laquelle fut premierement enterré le corps dudit feu monseigneur le duc Jehan, sera fondée une chapelle et chapellenie perpetuelle d'une messe basse de *Requiem*, chacun jour, perpetuelment, laquelle sera rentée et douée convenablement de rentes admorties, jusques à la somme de soixante livres parisis par an, et aussi garnie de calice et aournemens d'eglise bien et souffisamment, et tout aux despens du Roy, et laquelle chapelle sera à la collacion de mondit seigneur et de ses successeurs ducz de Bourgoingne à tousjours.

« *Item*, et avec ce, en ladicte ville de Montereau, ou au plus près d'icelle que faire se pourra bonnement, sera fait, construit et edifié par le Roy et à ses fraiz et despens, une eglise, couvent et monastere de Chartreux, c'est assavoir pour ung prieur et douze religieux, avec les cloistres, celes, reffectouers, granges, et autres edifices qui y seront neccessaires et convenables, et lesquelz Chartreux, c'est assavoir ung prieur et douze religieux seront fondez par le Roy de bonnes rentes et revenues annuelles et perpetueles, et bien admorties souffisamment et convenablement, tant pour le vivre des religieux, entretenement du divin service, comme pour le soustenement des edifices du monastere et autrement, et jusques à la somme de huit cens livres parisis de revenue par an, à l'ordonnance et par l'advis de très reverend pere en Dieu monseigneur le cardinal de Saincte Croix, ou de celui ou ceulz qu'il vouldra à ce commectre.

« *Item*, et que sur le pont de Montereau, ou lieu où fut perpetré ledit mauvais cas, sera faicte, edifiée et bien entaillée et entretenue à tousjours une belle croix, aux despens du Roy, de telle façon et ainsi qu'il sera advisé par ledit monseigneur le cardinal ou ses commis.

« *Item*, et que en l'eglise des Chartreux lez Dijon en laquelle gist et repose à present le corps dudit feu monseigneur le duc Jehan sera fondée par le Roy et à ses despens une haulte messe de *Requiem*, qui se dira chacun jour perpetuelment au grant autel de ladicte eglise, à tele heure qu'il sera advisé, et laquelle fondacion sera douée et asseurée de bonnes rentes admorties jusques à la somme de cent livres parisis de revenue par an, et aussi garnie de calice et aournemens d'eglise, comme dessus.

« *Item*, que lesdictes fondacions et edifices seront encommenciées à faire le plus tost que faire se pourra bonnement; en especial commencera l'en à dire et celebrer lesdictes messes incontinent ledit accort passé; et au regart des edifices qui se doivent faire en ladicte ville de Montereau ou au plus près d'icelle, l'en y commencera à ouvrer dedens trois mois, après ce que ladicte ville de Montereau sera reduicte en l'obeissance du Roy, et y continuera l'en diligemment et sans interrupcion, telement que tous iceulz edifices seront assouviz et parfaiz dedens cinq ans après ensuyvans, et quant ausdictes fondacions, l'en y besongnera sans delay, le plustost que faire se pourra bonnement. Et pour ces causes tantost après ledit accord passé, sera faicte et assovye la fondacion de la haulte messe ès Chartreux lez Dijon, dont dessus est faicte mencion, avec ce qui en deppend, c'est assavoir de livres, calices, et autres choses à ce neccessaires ; et aussi y sera dicte et celebrée aux despens du Roy la basse messe quothidienne qui doit estre fondée en l'eglise de Montereau, jusques à ce que la ville dudit Montereau soit reduicte en l'obeissance du Roy. Et au surplus, touchant les edifices et fondacions qui se doivent faire en ladicte ville de Montereau ou au plus près d'icelle, de la part du Roy sera mise, dedens lesdiz trois mois après que icelle ville de Montereau sera reduicte en l'obeissance du Roy, ès mains de celui ou ceulz que y vouldra ordonner et commectre mondit seigneur le cardinal de Saincte Croix, certaine somme d'argent souffisant pour commencier à faire lesdiz edifices, et aussi aucunes bonnes receptes souffisans pour accomplir et parfaire iceulz edifices, et achater les calices, livres, aournemens et autres choses à ce neccessaires et convenables. Et d'autre part seront aussi lors advisées, assises et delivrées les rentes dessus declairées, montans pour ledit lieu de Montereau huit cens soixante livres parisis par an, bien revenans et seurement admorties, et assises au plus près que bonnement faire se pourra dudit lieu de Montereau, sans y comprendre les cent livres parisis de rente qui tantost doivent estre assises pour la fondacion de ladicte haulte messe, ès Chartreux lez Dijon.

« *Item*, et que pour et en recompensacion des joiaulx et autres biens meubles que avoit feu mondit seigneur le duc Jehan au temps de son decès, qui furent prins et perduz, et pour en avoir et achater des autres en lieu d'iceulz, le Roy paiera et fera bailler realment et de fait à mondit seigneur de Bourgoingne la somme de cinquante mil vielz escuz d'or, du poix de LXIIII au marc de Troyes, VIII onces pour le marc, et à XXIIII quaraz, I quart de quarat de remede d'aloy, ou autre monnoie d'or courant, à la valeur, aux termes qui s'ensuyvent : c'est assavoir quinze mil à Pasques prouchiennement venant en ung an qui commencera l'an mil CCCC XXXVII, et quinze mil aux Pasques ensuyvant mil CCCC trante huit, et les XX^m qui resteront aux autres Pasques ensuyvans, esquelles commencera l'an mil CCCC XXXIX ; et avec ce est et sera sauvé et reservé à mondit seigneur de Bourgoingne son action et poursuyte, au regard du bel colier de feu mondit seigneur, son pere, à l'encontre de tous ceulz qui l'ont eu ou ont, pour l'avoir et recouvrer, pour ledit colier et joiaulx avoir à son profit, en oultre et pardessus lesdiz L^m escuz.

« *Item*, et que de la part du Roy à mondit seigneur de Bourgoingne pour partie de son interest, seront delaissées, et avec ce baillées et transportées de nouvel pour lui et ses hoirs, procreez de son corps, et les hoirs de ses hoirs, en descendant tousjours en directe ligne soient masles ou femelles, les terres et seigneuries qui s'ensuyvent : c'est assavoir la cité et conté de Mascon, ensemble toutes les villes, villages, terres, cens, rentes et revenues quelzconques qui sont ou appartiennent ou doivent competer et appartenir en demaine au Roy et à la coronne de France, en et par tout les bailliages roiaulx de Mascon et de Saint Gengon, et ès mectes d'iceulz, avec toutes les appartenances et appendances d'icelle conté de Mascon et autres seigneuries que tient et doit tenir le Roy en demaine et de demaine, en et par tout lesdiz bailliages de Mascon et de Saint Gengon, et tant en fiefz, arrierefiefz, confiscacions, patronnages d'eglises, collacions de benefices, comme en autres droiz et proffiz quelzconques, sans y rien retenir de la part du Roy de ce qui touche ou puet touchier le demaine, et la seigneurie et juridicion ordinaire dez conté et lieux dessusdiz, et est sauve et reservé au Roy seulement le fief et hommage des choses dessusdictes, le ressort et souveraineté, ensemble la garde et souveraineté des eglises et subgiez d'icelles de fondacion real, estans ès metes desdiz bailliages ou enclavées en iceulz, et le droit de regale là où il a lieu, et autres droiz roiaulx appartenans d'ancienneté à la coronne de France ès bailliages dessusdiz, pour de ladicte cité et conté de Mascon, ensemble des villes, villages, terres et demaines dessusdiz, joir et user par mondit seigneur et sesdiz hoirs à tousjours, et les tenir en foy et hommage du Roy et de la coronne de France, et en parrie, soubs le ressort du Roy et de sa court de parlement, sans moyen, pareillement et en teles franchises, droiz et prerogatives, comme les autres pers de France.

« *Item*, et avec ce de la part du Roy seront transportez et baillez à mondit seigneur de Bourgoingne, et à celui de sesdiz hoirs legitimes procreés de son corps, auquel il delaissera, après son decez, ladicte conté de Mascon, tous les profiz et emolumens quelzconques qui echerront esdiz bailliages roiaulx de Mascon et de Saint Gengon, à cause des droiz roiaulx et de souveraineté appartenans au Roy en iceulz bailliages, soit par le moyen de la garde et souveraineté des eglises qui sont de fondacion royal et des subgiez d'icelles, droiz de regale ou autrement, et tant en confiscacions pour quelque cas que ce soit, amendes et exploiz de justice, le profit et emolument de la monnoye, comme en autres profiz quelzconques, pour en joir par mondit seigneur de Bourgoingne, et sondit hoir après lui, durant leurs vies, et du survivant d'eulz tant seulement, en et par la maniere qui s'ensuit : c'est assavoir que à la nominacion de mondit seigneur de Bourgoingne et de sondit hoir après lui, le Roy commettra et ordonnera celui qui sera bailli de Mascon pour mondit seigneur de Bourgoingne, juge real, et commis de par lui à cognoistre de tous cas roiaulx, et autres choses procedans des bailliages, païs, lieux et enclavemens dessusdiz, aussi avant et tout en la forme et maniere que l'ont fait et accoustumé de faire par cy devant les bailliz roiaulx de Mascon et Saint Gengon qui y ont esté le temps passé, et lequel bailliage de Saint Gengon est et sera aboly de present par ce moyen. Et semblablement seront commis de par le Roy, à la nominacion de mondit seigneur de Bourgoingne et de sondit hoir, tous autres officiers neccessaires pour l'exercite de ladicte juridicion et droiz roiaulx, tant chastellains, capitaines, prevostz, sergens, comme receveurs et autres, qui exerceront leurs offices ou nom du Roy, au profit de mondit seigneur de Bourgoingne et de sondit hoir après lui, comme dit est.

« *Item*, et semblablement de la part du Roy, seront transportez et baillez à mondit seigneur de Bourgoingne, et à sondit hoir après lui, tous les profiz des aides, c'est assavoir des greniers à sel, quatriesmes de vins venduz à detail, imposicions de toutes denrées, tailles, fouages, aides et subvencions quelzconques qui ont ou auront cours, et qui sont ou seront imposées ès elections de Mascon, Chalon, Ostun et Langres, si avant que icelles elections s'estendent, en et par tout la duchié de Bourgoingne et conté de Charrolois, et ladicte conté de Mascon, et tout le pais de Masconnois, et ès villes et terres quelzconques, enclavées en icelles conté, duchié et païs, pour joir de la part de mondit seigneur de Bourgoingne, et de sondit hoir après lui, de tous lesdiz aides, tailles et autres subvencions, et en avoir les profiz durant le cours de leurs vies, et du survivant d'eulz, auquel mondit seigneur de Bourgoingne, et à sondit hoir après lui, appartiendra la nominacion de tous les officiers à ce neccessaires, soient esleuz, clercs, receveurs, sergens, ou autres, et au Roy la commission et institucion comme dessus.

« *Item*, et aussi sera par le Roy transporté et baillié à mondit seigneur de Bourgoingne à tousjours pour lui et ses hoirs legitimes, procreez de son corps, et les hoirs de ses hoirs, soient masles ou femelles, descendans en droicte ligne, en heritage perpetuel, la cité et conté d'Aucerre, avec toutes ses appartenances quelzconques, tant en justice, demaine, fiefz, rierefiefz, patronnages d'eglises, collacions de benefices, comme autrement, à la tenir du Roy et de la coronne de France, en foy et hommage et en parrie de France, soubs le ressort et souveraineté du Roy et de sa court de parlement, sans moyen, pareillement et en teles franchises, droiz et prerogatives, comme les autres pers de France.

« *Item*, et avec ce seront transportez et baillez par le Roy, à mondit seigneur de Bourgoingne, et à celui de ses hoirs auquel il delaissera après son decez ladicte conté d'Aucerre, tous les profiz et emolumens quelzconques qui escherront en ladicte cité et conté d'Aucerre, et en toutes les villes et terres enclavées en icelle conté, qui ne sont pas de la conté, soient à eglises ou à autres, à cause des droiz roiaulx, en quelque maniere que ce soit, tant en regales, confiscacions, amendes et exploiz de justice, les profiz et emolumens de la monnoye, que autrement, pour en joir par mondit seigneur de Bourgoingne et sondit hoir après lui durant leurs vies et du survivant d'eulz tant seulement, en et par la maniere dessus declarée : c'est assavoir que à la nominacion de mondit seigneur et de sondit hoir après lui, le Roy commectra et ordonnera celui qui sera bailli d'Aucerre pour mondit seigneur de Bourgoingne, juge royal et commis de par lui à cognoistre de tous cas roiaulx et autres choses, ès metes de ladicte conté d'Aucerre et des enclavemens d'icelle, aussi avant et tout par la forme et maniere que l'ont fait et accoustumé de faire par cy devant les baillis de Sens audit lieu d'Aucerre, et lequel bailli de Sens ne s'en entremectra aucunement durant la vie de mondit seigneur de Bourgoingne et de sondit hoir, mais en laissera convenir le bailli d'Aucerre, qui sera juge commis de par le Roy à ce faire; et semblablement seront commis de par le Roy à la nominacion de mondit seigneur de Bourgoingne et de sondit hoir, tous autres officiers neccessaires pour l'exercite de ladicte juridicion et droiz roiaulx en ladicte conté d'Aucerre, tant chastellains, capitaines, prevostz, sergens, comme receveurs et autres, qui exerceront leurs offices ou nom du Roy, au profit de mondit seigneur de Bourgoingne et de sondit hoir après luy, comme dit est.

« *Item*, en oultre de la part du Roy seront transportez et baillez à mondit seigneur de Bourgoingne, et à sondit hoir après lui, tous les profiz des aides, c'est assavoir des greniers à sel, quatriesmes de vins venduz à detail, imposicions de toutes denrées, tailles, fouages, et autres aides et subvencions quelzconques qui ont ou auront cours, et qui sont ou seront imposées en ladicte conté, cité et election d'Aucerre, si avant que icelle election s'estent en ladicte conté, et ou païs d'Aucerrois et ès villes et villages enclavées en iceulz, pour en joir par mondit seigneur de Bourgoingne, et sondit hoir après lui, et en avoir le profit durant le cours de leurs vies, et du survivant d'euz tant seulement, auquel mondit seigneur de Bourgoingne, et à sondit hoir après lui, appartiendra la nominacion de tous les officiers à ce neccessaires, soient esleuz, clercs, receveurs, sergens, ou autres, et au Roy la commission et institucion, comme dessus.

« *Item*, et aussi seront par le Roy transportez et baillez à mondit seigneur de Bourgoingne, pour lui et ses hoirs legitimes procreez de son corps, et les hoirs de ses hoirs, soient masles ou femelles descendans en ligne droicte à tousjours et en heritage perpetuel, les chastel, ville et chastellenie de Bar sur Seine, ensemble toutes les appartenances et appendences d'icelle chastellenie, tant en demaine, justice, juridicion, fiefz, rierefiefz, patronnages d'eglises, collacions de beneficcs, comme autres profiz et emolumens quelzconques, à les tenir du Roy en foy et hommage, et en parrie de France, soubz le ressort et souveraineté du Roy et de sa court de parlement, sans moyen.

« *Item*, et avec ce appartendront à mondit seigneur de Bourgoingne, et de la part du Roy lui seront baillez et transportez, pour lui et cellui de sesdiz hoirs auquel il delaissera après son decès la seignourie dudit Bar sur Seine, tous les profiz des aides, tant du grenier à sel, se grenier y a accoustumé d'avoir, quatriesmes de vins venduz à detail, imposicions de toutes denrées, tailles, fouages, et autres aides et subvencions quelzconques qui ont et auront cours, et sont ou seront imposées en ladicte ville et chastellenie de Bar sur Seine, et ès villes et villages subgiez et ressortissans à icelle chastellenie, pour joir de la part de mondit seigneur de Bourgoingne, et de sondit hoir après luy, d'iceulz aides, tailles et subvencions, et en avoir les profiz, par la main des grenetiers et receveurs roiaulx qui seront à ce commis par le Roy, à la nominacion de mondit seigneur de Bourgoingne, durans les vies de lui et de sondit hoir après lui, et du survivant d'eulx.

« *Item*, et aussi de la part du Roy sera transporté et baillé à mondit seigneur de Bourgoingne pour lui et ses hoirs, contes de Bourgoingne, à tousjours et en heritage perpetuel, la garde de l'eglise et abbaye de Luxeu, ensemble tous les droiz, profiz et emolumens quelzconques appartenans à ladicte garde; laquelle le Roy, comme conte, et à cause de la conté de Champaigne, dit et maintient à lui appartenir, combien que les contes de Bourgoingne, predecesseurs de mondit seigneur, ayent par cy devant pretendu et querelé au contraire, disans et maintenans icelle abbaye de Luxeu qui est hors du royaume, et ès metes de la conté de Bourgoingne devoir estre de leur garde, et pour ce, pour bien de paix et obvier à tous debaz, sera delaissié par le Roy, et demourra ladicte garde entierement à mondit seigneur, pour lui et ses hoirs successeurs, contes de Bourgoingne.

« *Item*, et aussi seront par le Roy transportées et baillées à mondit seigneur de Bourgoingne, pour lui et ses hoirs masles, legitimes, procreés de son corps, et les hoirs de ses hoirs masles tant seulement, procreez de leurs corps, descendans d'eulz en ligne directe, à tousjours et en heritaige perpetuel, les chasteaulx, villes, chastellenies et prevostez forainnes de Peronne, Mondidier et Roye, avec toutes leurs appartenances et appendences quelzconques, tant en demaines, justices, juridicions, fiefz, rierefiefz, patronnages d'eglises, collacions de benefices, comme autres droiz, profiz et emolumens quelzconques, à les tenir du Roy et de la coronne de France en foy et hommage, et en parrie de France, soubs le ressort et souveraineté du Roy et de sa court de parlement, sans moyen.

« *Item*, avec ce baillera et transportera le Roy à mondit seigneur de Bourgoingne, et à celui de sesdiz hoirs masles auquel il delaissera après son decès lesdictes villes et chastellenies de Peronne, Mondidier et Roye, tous les profiz et emolumens quelzconques qui escherront en icelles villes, chastellenies et prevostez foraines, et ès villes et terres subgectes, et ressortissans à icelles villes, chastellenies et prevostez foraines, à cause des droiz roiaulx, en quelque maniere que ce soit, tant en regales, confiscacions, amendes et exploiz de justice, comme autrement, pour en joir par mondit seigneur de Bourgoingne et sondit hoir masle après lui durant leurs vies et du survivant d'eulz tant seulement, en et par la maniere dessus declairée : c'est assavoir que à la nominacion de mondit seigneur de Bourgoingne et de sondit hoir masle après lui, le Roy commectra et ordonnera celui qui sera gouverneur ou bailli desdictes villes et chastellenies pour mondit seigneur de Bourgoingne, juge royal, et commis de par lui à cognoistre de tous cas roiaulx et autres choses procedens desdictes villes, chastellenies et prevostez foraines, et ès villes et terres subjectes et ressortissans à icelles, aussi avant et par la forme et maniere que l'ont fait et accoustumé de faire par cy devant les bailliz roiaulx de Vermendois et d'Amiens. Et en oultre seront commis, se mestier est, par le Roy à la nominacion de mondit seigneur de Bourgoingne et de sondit hoir masle, tous autres officiers neccessaires pour l'exercite de ladicte juridicion et droiz roiaulx, comme chastellains, capitaines, prevostz, sergens, receveurs et autres, qui exerceront leurs offices ou nom du Roy, au profit de mondit seigneur de Bourgoingne et de sondit hoir masle après lui, comme dit est.

« *Item*, et semblablement de la part du Roy, seront transportées et baillées à mondit seigneur de Bourgoingne, et à sondit hoir masle après lui, tous les profiz des aides, c'est assavoir des greniers à sel, quatriesmes de vins venduz à detail, imposicions de toutes denrées, tailles, fouages, et autres aides et subvencions quelzconques qui ont ou auront cours, et qui sont ou seront imposées esdictes villes, chastellenies et prevostez foraines de Peronne, Mondidier et Roye, et ès villes et terres subgiectes et ressortissans à icelles villes, chastellenies et prevostez foraines, pour en joir par mondit seigneur de Bourgoingne, et sondit hoir masle après lui, durant le cours de leurs vies, et du survivant d'eulz, auquel monseigneur de Bourgoingne et à sondit hoir masle après lui appartiendra la nominacion de tous les officiers à ce neccessaires, soient esleuz, clercs, receveurs, sergens, ou autres, et au Roy la commission et institucion, comme dessus.

« *Item*, et en oultre de la part du Roy sera delaissié à mondit seigneur de Bourgoingne, et à celui de ses heritiers auquel après son decès il laissera la çonté d'Artois, la composicion des aides oudit conté d'Artois, ressors et enclavemens d'icelle, montant à present icelle composicion à XIIII^{m} frans par an ou environ, sans ce que mondit seigneur, ne sondit hoir après lui durans leurs vies, soient astrains d'en avoir autre don ou octroy du Roy ne de ses successeurs; et nommeront mondit seigneur et sondit hoir après lui telz officiers que bon leur semblera, pour le fait de ladicte composicion, tant esleus, receveurs, sergens, comme autres, lesquelz ainsi nommez le Roy sera tenu de instituer et commectre esdiz offices, et leur en fera bailler ses lettres.

« *Item*, et que le Roy baillera et transportera à mondit seigneur de Bourgoingne pour lui, ses hoirs et ayans cause, à tousjours, les citez, villes, forteresses, terres et seigneuries appartenans à la coronne de France de et sur la riviere de Somme, d'un costé et d'autre, comme Saint Quentin, Corbie, Amyens,

Abbeville, et autres, ensemble toute la conté de Ponthieu, deçà et delà ladicte riviere de Somme, Dorlens, Saint Riquier, Crevecuer, Alleux, Mortaigne, avec leurs appartenances et appendences quelzconques, et toutes autres terres qui pevent appartenir à ladicte coronne de France, depuis ladicte riviere de Somme inclusivement, en tirant du costé d'Artois, de Flandres et de Haynau, tant du royaume que de l'empire, en y comprenant aussi, au regard des villes seans sur ladicte riviere de Somme, du costé de la France, les banlieues et eschevinages d'icelles villes, pour joir par mondit seigneur de Bourgoingne, sesdiz hoirs et ayans cause, à tousjours, desdictes citez, villes, forteresses, terres et seigneuries, en tous profiz et revenues, tant de demaine, comme des aides ordonnez pour la guerre, et aussi tailles et autres emolumens quelzconques, et sans y retenir de la part du Roy fors les foy et hommage, ressort et souveraineté. Et lequel transport et bail se fera, comme dit est, par le Roy, au rachat de la somme de quatre cens mil escuz d'or vielz de LXIIII au marc de Troyes, VIII onces pour marc, et d'aloy à XXIIII quaras, I quart de remede, ou autre monnoye d'or courant, à la valeur; duquel rachat de la part de mondit seigneur de Bourgoingne seront baillées lettres bonnes et soufisans, par lesquelles il promectra, pour lui et les siens, que toutes et quanteffois qu'il plaira au Roy ou aux siens faire ledit rachat, mondit seigneur de Bourgoingne et les siens seront tenuz, en recevant ladicte somme d'or, de rendre et delaissier au Roy ou aux siens toutes lesdictes citez, villes, forteresses, terres et seigneuries comprinses en ce present article tant seullement, et sans toucher aux autres dont dessus est faicte mencion. Et sera content en oultre mondit seigneur de Bourgoingne, de recevoir le paiement desdiz cccc^{m} escuz à deux foiz, c'est assavoir à chacune foiz la moitié, pourveu qu'il ne sera tenu de rendre lesdictes citez, villes, forteresses, terres et seigneuries, ne aucunes d'icelles, jusques tout ledit paiement soit accompli, et qu'il ait receu le derrenier denier desdiz cccc^{m} escuz; et ce pendant fera mondit seigneur de Bourgoingne les fruiz siens de toutes lesdictes citez, villes, forteresses, terres et seigneuries, tant des demaines, comme des aides et autrement, sans en rien deduire ne rabatre du principal. Et est à entendre que oudit transport et bail que fera le Roy, comme dit est, ne seront point comprins la cité de Tournay, et bailliages de Tournay, Tournesis et Saint Amant, mais demoureront icelles cité et baillages de Tournay, Tournesis et Saint Amant ès mains du Roy, reservé Mortaigne, qui y est comprins et demourra à mondit seigneur de Bourgoingne, ainsi que dessus est dit. Et combien que ladicte cité de Tournay ne doye point estre baillée à mondit seigneur de Bourgoingne, ce non obstant est reservé à icellui seigneur monseigneur de Bourgoingne l'argent à lui accordé par ceulz de ladicte ville de Tournay par certain traictié qu'il a avec eulz, durant jusques à certain temps et années avenir, et lequel argent lesdiz de Tournay paieront entierement à mondit seigneur de Bourgoingne. Et est assavoir que au regart de tous officiers qui seront neccessaires à mectre et instituer ès citez, villes, forteresses, terres et seigneuries dessusdictes, au regart du demaine, mondit seigneur de Bourgoingne et les siens y mectront et institueront plainement et à leur voulenté; et au regard des droiz roiaulz, et aussi des aides et tailles, la nominacion en appartient à mondit seigneur de Bourgoingne et aux siens, et l'institucion et commission au Roy et à ses successeurs, comme dessus est declaré en cas semblable.

« *Item*, et pource que mondit seigneur de Bourgoingne pretend avoir droit en la conté de Boulongne sur la mer, laquelle il tient et posside, et pour bien de paix, icelle conté sera et demourra à mondit seigneur de Bourgoigne, et en joira, en tous profiz et emolumens, par lui et ses enfans masles procreez de son propre corps seulement, et en après sera et demourra icelle conté à ceulz qui droit y ont ou auront; et sera chargé le Roy de appaiser et contenter lesdiz pretendens avoir droit en icelle conté, telement que ce pendant ilz n'y demandent ne querelent rien, ne en facent aucune poursuite à l'encontre de mondit seigneur de Bourgoingne, ne de sesdiz enfans masles.

« *Item*, et que les chastel et ville, conté et seigneurie de Gien sur Loire que l'en dit avoir esté données et transportées pieçà avec la conté d'Estampes et seigneurie de Dourdan par feu monseigneur le duc de Berry à feu monseigneur le duc Jehan, pere de mondit seigneur de Bourgoingne, seront, de la part du Roy, mis et baillez realement et de fait ès mains de nous duc de Bourbonnois et d'Auvergne, tantost après ledit accord passé, pour les tenir et gouverner l'espace d'un an après ensuivant, et jusques à ce que durant ledit an Jehan de Bourgoingne, à present conte d'Estampes, ou mondit seigneur de Bourgoingne pour lui, ayent monstré ou fait monstrer au Roy et à son conseil les lettres dudit don fait à feu mondit seigneur de Bourgoingne par mondit seigneur de Berry, lesquelles veues, se elles sont trouvées souffisans et valables, sommierement et de plain, et sans quelque procès, nous, duc de Bourbonnois et d'Auvergne, serons tenuz de bailler et delivrer audit conte d'Estampes, nostre nepveu, lesdiz chastel, ville et conté de Gien sur Loire, comme à lui appartenans par le moyen du don et transport que lui en a fait mondit seigneur de Bourgoingne, sans ce que de la part du Roy l'en doye ne puisse alleguer au contraire aucune prescripcion ou laps de temps depuis le decès de feu mondit seigneur de Berry, et aussi non obstant quelzconques contradictions ou opposicions d'autres, qui vouldroient pretendre droit en ladicte conté de Gien, ausquelz, s'aucun en y a, sera reservé leur droit pour le poursuir par voye de justice, quant bon leur semblera, contre ledit conte d'Estampes.

« *Item*, et que par le Roy sera restitué et paié à monseigneur le conte de Nevers et audit monseigneur d'Estampes, son frere, la somme de trente deux mil huit cens escuz d'or, que feu le Roy Charles derrenier trespassé fist prendre comme l'en dit en l'eglise de Rouen, où icelle somme estoit en depost, comme deniers de mariage et appartenans à feue madame Bonne d'Artois, mere desdiz seigneurs, ou cas que l'en fera deuement apparoir que icelle somme ait esté et soit allouée en compte au profit dudit Roy Charles, pour icelle somme de XXXII^{m} VIII^{c} escuz paier à telz termes raisonnables qui seront advisez, après le paiement fait et accompli à mondit seigneur de Bourgoingne, des L^{m} escuz dont dessus est faicte mencion. Et au regart des debtes que mondit seigneur de Bourgoingne dit et maintient à lui estre deues par feu ledit Roy Charles, tant à cause de dons et pensions, comme autrement, montans à bien grans sommes de deniers, son droit, tel qu'il a et doit avoir pour la recouvrance d'icelles debtes, lui demourra sauf et entier.

« *Item*, et que mondit seigneur de Bourgoingne ne sera tenu de faire aucune foy, hommage ne service au Roy des terres et seigneuries qu'il tient à present ou royaume de France, ne de celles qu'il doit avoir par ce present traictié, et pareillement de celles qui lui pourront escheoir cy après par succession oudit royaume, mais sera et demourra exempt de sa personne en tous cas de subjection, hommage, ressort, souverainneté et autres du Roy, durant la vie de lui. Mais, après son decès, mondit seigneur de Bourgoingne fera à son filz et successeur en la coronne de France les hommages, fidelitez et services qu'il appartient ; et aussi, se mondit seigneur de Bourgoingne aloit de vie à trespas avant le Roy, ses heritiers et ayans cause feront au Roy lesdiz hommage, fidelitez et services, ainsi qu'il appartiendra.

« *Item*, et pource que cy après mondit seigneur de Bourgoingne, tant ès lettres qui se feront de la paix, comme en autres lettres et escriptures, et aussi de bouche, recognoistra, nommera, et pourra nommer et recognoistre là où il appartiendra, le Roy son souverain seigneur, offrent et consentent lesdiz ambaxeurs du Roy que lesdictes nominacions et recognoissances, tant par escript que de bouche, ne portent aucun prejudice à ladicte exempcion personnele de mondit seigneur de Bourgoingne, sa vie durant, et que ce non obstant, icelle exempcion demoure en sa vertu, selon le contenu en l'article precedent, et aussi que icelles nominacions et recognoissances ne se estendent que aux terres et seigneuries que icelui monseigneur de Bourgoingne tient et tendra en ce royaume.

« *Item*, et au regard des feaulx et subgiez de mondit seigneur de Bourgoingne, des seigneuries qu'il a et tient, et doit avoir par ce present traictié, et qui lui pourront escheoir par succession ou royaume de France durans les vies du Roy et de lui, ilz ne seront point contrains d'eulx armer au commandement du Roy ne de ses officiers, supposé ores qu'ilz tiegnent avec ce du Roy aucunes terres et seigneuries, mais est content le Roy que, toutes les foiz qu'il plaira à mondit seigneur de Bourgoingne mander sesdiz feaulx et subgiez pour ses guerres soit ou royaume ou dehors, ilz soient tenuz et contrains de y aler, sans povoir ne devoir venir au mandement du Roy, se lors il les mandoit. Et pareillement sera fait au regard des serviteurs de mondit seigneur de Bourgoingne, qui sont ses familiers, et de son hostel, supposé qu'ilz ne soient pas ses subgiez.

« *Item*, et toutesvoyes s'il advenoit que les Angloiz ou autres leurs aliez facent guerre cy après à mondit seigneur de Bourgoingne, ou à ses païs et subgiez, à l'occasion de ce present accord ou autrement, le Roy sera tenu de secourir et aider à mondit seigneur de Bourgoingne, et ses païs et subgiez, ausquelz l'en feroit guerre soit par mer ou par terre, à toute puissance ou autrement, selon que le cas le requerra, et tout ainsi comme pour son propre fait.

« *Item*, que de la part du Roy et de ses succeseurs Roys de France ne sera faicte ne permise, ou seufferte faire par les princes et seigneurs dessusdiz aucune paix, traictié ou accord avec son adversaire et ceulz de la part d'Angleterre, sans le signifier à mondit seigneur de Bourgoingne et à son heritier principal après lui et sans leur exprès consentement, et les y appeller et comprendre, se comprins y veullent estre, pourveu que pareillement soit fait de la part de mondit seigneur de Bourgoingne et de sondit hoir principal au regard et en tant comme il touche la guerre d'entre France et Angleterre.

« *Item*, et que mondit seigneur de Bourgoingne, et tous ses feaulx et subgiez et autres qui par cy devant ont porté en armes l'enseigne de mondit seigneur, c'est assavoir la croix saint André, ne seront point contrains de prendre ne porter autre enseigne, en quelque mandement ou armes qu'ilz soient en ce royaume ou dehors, soit en la presence du Roy, ou de ses connestable et mareschaulx, et soient à ses gaiges ou souldées, ou autrement.

« *Item*, et que le Roy fera restituer et desdommager de leurs pertes raisonnables, et aussi de leurs raençons ceulz qui furent prins le jour de la mort dudit feu mondit seigneur le duc Jehan, cui Dieu absoille, et qui y perdirent leurs biens, et furent grandement raençonnez.

« *Item*, et que au surplus abolicion generale soit faicte de tous cas advenuz et de toutes choses passées, dictes et faictes à l'occasion des divisions de ce royaume, excepté au regard de ceulz qui perpetrerent ledit mauvais cas, ou furent consentens de la mort de feu mondit seigneur le duc Jehan de Bourgoingne, lesquelz seront et demourront hors de tout traictié, et que au surplus chascun d'un costé et d'autre retourne, c'est assavoir les gens d'eglise à leurs eglises et benefices, et les seculiers à leurs terres, rentes, heritages, possessions et biens immeubles, en l'estat qu'ilz seront, reservé au regard des terres et seigneuries estans en la conté de Bourgoingne, lesquelles monseigneur de Bourgoingne et feu monseigneur, son pere, ont eues et retenues, ou ont données à autruy, comme confisquées à eulz, à cause desdictes guerres et divisions, lesquelles seront et demourront, non obstant ladite abolicion et accord, à ceulz qui les tiennent et possident. Mais par tout ailleurs chacun reviendra à ses terres et heritages comme dit est, sans ce que pour demolicion, empirement, gardes de places, ou reparacions quelzconques, on puist rien demander l'un à l'autre. Et sera chacun tenu quicte des charges et rentes escheues du temps qu'il aura joy de ses terres et heritages; mais au regard des meubles prins ou euz d'un costé et d'autre, jamais n'en pourra estre faicte aucune querelle ou question d'un costé ne d'autre.

« *Item*, et que par ce present traictié seront estainctes et abolies toutes injures, malveillances et rancunes, tant de paroles, de fait que autrement, advenues par cy devant à l'occasion desdictes divisions, parcialitez et guerres, et tant d'une partie que d'autre, sans ce que nul en puist aucune chose demander, ne en faire question ne poursuite, par procès ne autrement, ne reproucher ou donner blasme, pour avoir tenu aucun parti; et que ceulz qui diront ou feront le contraire soient puniz, comme transgresseurs de paix, selon la qualité du meffait.

« *Item*, et en ce present traictié seront comprins expressement de la part de mondit seigneur de Bourgoingne, toutes les gens d'eglise, nobles, bonnes villes, et autres de quelque estat qu'ilz soient, qui ont tenu son parti et de feu mondit seigneur, son pere, et joyront du benefice de ce present traictié, tant au regard de l'abolicion que de recouvrer et avoir tous leurs heritages et biens immeubles à eulz empeschez, tant ou royaume que ou daulphiné, à l'occasion desdictes divisions, pourveu qu'ilz accepteront ce present traictié, et en vouldront joir.

« *Item*, et renoncera le Roy à l'aliance qu'il a faicte avec l'Empereur contre mondit seigneur de Bourgoingne, et à toutes autres aliances par lui faictes avec quelques princes ou seigneurs que ce soient à l'encontre de mondit seigneur, pourveu que mondit seigneur le face pareillement. Et sera tenu et promectra en oultre le Roy à mondit seigneur de Bourgoingne de le soustenir et aidier à l'encontre de tous ceulz qui le vouldront grever ou faire dommage par voye de guerre, ou aultrement; et pareillement sera tenu et le promectra mondit seigneur de Bourgoingne, sauve toutesvoies l'exempcion de sa personne à sa vie, comme dessus est declaré.

« *Item*, et consentira le Roy, et de ce baillera ses lettres, que s'il advenoit cy après que de sa part feust enfraint ce present traictié, ses vassaulx, feaulx, subgiez et serviteurs, presens et avenir, ne soient plus tenuz de le obeir ne servir, mais seront tenuz deslors de servir mondit seigneur de Bourgoingne et ses successeurs à l'encontre de lui; et que oudit cas tous sesdiz feaulx, vassaulx, subgiez et serviteurs soient absolz et quictes de tous seremens de fidelité et autres, et de toutes promesses et obligacions de services, en quoy ilz porroient paravant estre tenuz envers le Roy, sans ce que pour le temps après avenir il leur puist estre imputé à charge ou reproche, ne que on leur puist riens demander, et que dès maintenant pour lors le Roy leur commande de ainsi le faire, et les quicte et descharge de toutes obligacions et seremens, ou cas dessusdit, et que pareillement soit fait et consenti du costé de mondit seigneur de Bourgoingne, au regard de ses vassaulx, feaulx, subgiez et serviteurs.

« *Item*, et seront de la part du Roy faictes les promesses, obligacions et submissions touchans l'entretenement de ce present traictié, ès mains de monseigneur le cardinal de Saincte Croix, legat de nostre saint pere le Pape, et de monseigneur le cardinal de Chippre, et autres ambaxadeurs du saint concile de Basle, les plus amples que l'on pourra adviser, et sur les peines d'excommeniement, agravacion, reagravacion, interdit en ses terres et seigneuries, et autrement, le plus avant que la censure d'Eglise se pourra estandre en ceste partie, selon la puissance que en ont mesdis seigneurs les cardinaulx de nostre saint pere le Pape et du saint concile, pourveu que pareillement sera fait du costé de mondit seigneur de Bourgoingne.

« *Item*, et avec ce fera le Roy, avec son seellé, bailler à mondit seigneur de Bourgoingne les seellez des princes et seigneurs de son sang de son obeissance, comme de monseigneur le duc d'Anjou[1], Charles, son frere[2], de monseigneur le duc de Bourbon, monseigneur le duc d'Alençon[3], monseigneur le conte de Richemont, monseigneur le conte de Vendosme, le conte de Foix[4], le conte d'Armignac[5], le conte de Pardiac[6], et autres que l'en advisera, esquelz seellez desdiz princes sera incorporé le seellé du Roy. Et promectront d'entretenir de leur part le contenu dudit seellé, et s'il estoit enfraint de la part du Roy, de en ce cas estre aidans et confortans mondit seigneur de Bourgoingne et les siens à l'encontre du Roy ; et pareillement sera fait du costé de mondit seigneur de Bourgoingne.

« *Item*, et que pareillement le Roy fera bailler semblables seellez des gens d'eglise, des autres nobles et des bonnes villes de ce royaume et de son obeissance, c'est assavoir ceulz desdictes gens d'eglise, nobles et bonnes villes que mondit seigneur vouldra nommer, avec seurtez de peines corporeles et pecunielles, et autres seurtez que messeigneurs les cardinaulx et autres prelaz, cy envoyez de par nostre saint pere le Pape et le saint concile de Basle, adviseront y appartenir.

« *Item*, et s'il advenoit cy après qu'il y eust aucune

1. René, duc d'Anjou, de Bar et de Lorraine, deuxième fils de Louis II et de Yolande d'Aragon ; il était alors prisonnier de Philippe le Bon.

2. Charles d'Anjou, comte du Maine, troisième fils de Louis II.

3. Jean V, dit le Beau, duc d'Alençon.

4. Jean de Grailli, comte de Foix.

5. Jean IV, comte d'Armagnac.

6. Bernard d'Armagnac, comte de Pardiac.

deffaulte ou obmission en l'accomplissement d'aucuns des articles dessusdiz, ou aucune infraction ou atemptas faiz contre le contenu esdiz articles d'une part ou d'autre, ce non obstant ceste presente paix, traictié et accord seront et demourront valables et en leur plaine force, vertu et vigueur, et ne sera pourtant icelle paix reputée cassée ou adnullée, mais les actemptaz seront reparez, et les choses mal faictes contre icelle paix amendées, et aussi les deffaultes et obmissions accomplies et executées deüement, tout selon que dessus est escript, et à ce contrains ceulz qu'il appartendra, par la forme et maniere et sur les peines dessus declarées.

« Lesquelles choses contenues ès articles dessus escripz, nosdiz cousins et ambaxeurs ayent promis faire consentir, approuver, ratiffier et confermer par nous, et en bailler noz lettres confirmatoires et patentes en forme deue à nostredit frere et cousin de Bourgoingne, et sur ce ayent baillé leurs lettres à icellui nostre frere et cousin, lequel a fait et juré bonne, loyale, seure, ferme et entiere paix et reunion avec nous, et a consenti et fait les renonciacions, promesses, soubzmissions et autres choses dessus declarées, qu'il doit et est tenu faire de sa part, et nous a recongneu son souverain seigneur, savoir faisons à tous presens et avenir, que nous, oyz à plain nosdiz cousins et ambaxeurs sur les choses dessusdictes, et icelles bien considerées, et tout ce que par eulx y a esté fait et passé pour nous et en nostre nom, à l'onneur et pour reverence principalement de Nostre Saulveur Jhesucrist, tous desirs de honneurs mondains et bien temporelz arriere mis, et pour eschever l'effusion du sang humain, et pour pitié et compassion de nostre peuple, et afin qu'il puisse vivre soubz nous en paix et tranquilité, pour honneur aussi et contemplacion de nostredit saint pere, dudit saint concile et desdiz cardinaulx, et pour certaines autres causes et considéracions à ce nous mouvans, ledit traictié de paix, accord et reunion de nostredit frere et cousin Philippe, duc de Bourgoingne, avec nous, consentons, ratifions, approuvons et confermons, et, se mestier est, faisons de nouvel, tout ainsi et par la forme et maniere qu'il est contenu ès articles dessus transcripz, et qu'il a esté promis et passé par nosdiz cousins et ambaxeurs; promectans de bonne foy et en parole de Roy, et soubz l'obligacion de tous noz biens presens et avenir, pour nous, noz hoirs et successeurs, tenir, garder, enteriner et accomplir, et faire tenir, garder, enteriner et accomplir, à nostre loyal povoir, sans fraude, decepcion ou mal engin, ladicte paix et reunion, et toutes les choses dessus transcriptes, et chacune d'icelles de nostre part, et entant qu'il nous touche et puet touchier à tousjours, tout par la forme et maniere dessus escripte, inviolablement et sans enfraindre, sans faire ne venir, ne souffrir faire ou venir au contraire, couvertement ou en appert, en quelque maniere que ce soit; nous soubzmettans, quant à ce, à la censure, cohercion, compulsion et contrainte de nostredit saint pere, dudit saint concile et desdiz cardinaulx, et de toutes autres cours, tant d'eglise que seculieres, voulans et octroyans par icelles estre contrains et compelliz, tant et si avant comme faire se puet en tel cas, se faulte y avoit de nostre part; et renonçons à toutes allegacions et excepcions, tant de droit que de fait, que pourrions dire ou alleguer au contraire, en especial au droit disant que general renonciacion ne vault, se l'especial ne precede, et tout sans fraude, decepcion ou mal engin; et afin que ce soit chose ferme et estable à tousjours, nous avons fait mectre nostre seel à ces presentes. Donné à Tours le dixiesme jour de decembre l'an de grace mil quatre cens trente et cinq, et de nostre regne le quatorziesme. Signé : FRESNOY.

« Par le Roy en son grant conseil, FRESNOY.

« Et au doz desquelles lettres est escript ce qui s'ensuit : *Lecta et publicata in curiâ parlamenti, vicesima quarta die januarii, anno domini millesimo quadringentesimo tricesimo quinto.* Ainsi signé, BLOIS. *Lecta eciam ad burellum, in camera compotorum domini nostri regis, XIII*[a] *die mensis februarii, anno supradicto, et ibidem registrata libro cartarum hujus temporis, folio XXXVIII*[o]. LESCUIER. »

Par la maniere dessus escripte fut le traictié et la paix entre le Roy et le duc faicte et trouvée, qui m'a semblé œuvre et matiere plus divine que naturelle, car le Roy Charles n'estoit pas à celle heure sans gens d'armes ne sans confort, mais estoit jà le siege d'Orleans levé à l'encontre des Angloix, et plusieurs villes et places reconquises et gaignées par les François, et mesmement la ville de Rieu, en Picardie[1], nouvellement gaignée et prinse. Et, d'aultre part, le duc de Bourgoingne estoit en fleur d'eaige, et en renon che-

1. Roye (Somme), prise le 10 décembre 1419 par le sire de Karados, Charles de Flavy, le bâtard de Tournemine et « le nommé » Harbonnières, accompagnés de 500 combattants. (Monstrelet, t. II, p. 366.)

vallereux; et florissoit et croissoit journellement en seignories et en renommées, et n'y avoit gueres qu'il avoit desconfit en bataille[1] et prins prisonnier le duc Regnier, duc de Bar et de Lorrainne, par son mareschal de Bourgoingne, messire Antoine de Thoulongeon, où fut occis le bon chevalier qu'on dit sans reproche, le seigneur de Barbasan, françois. Et pareillement avoit desconfit en Zeelande, au lieu de Berveshave[2], le seigneur de Filwatre[3], angloix, et faict grant murtre d'Angloix, et conquis sur le duc de Clocestre[4], frere du Roy d'Angleterre, Henault, Hollande et Zeelande. Et en la guerre de France avoit tel bruit et tel avantaige, que soubz sa main gisoit la prosperité ou perte des Angloix, et toutesfois, estans tous deux grans et sur leurs arigoz, nature qui ne peult mentir en sa raison se sentit grevée et blecée d'ung chascun party, parquoy se condescendirent les deux nobles princes à la paix dessusdicte. Et quand j'ay bien enquis et calculé les causes et raisons qui meust chascune partie de querir la paix, je trouve que, de la part du Roy de France, il faisoit conscience du cas advenu en la mort du duc Jehan. Secondement, il ne veoit pas la possibilité de porter le faiz, [sans] grant peril ou dommaige de son estat, des Angloix et Bourguignons, à une fois. Tiercement, à l'occasion de la guerre, il se trouvoit gouverné et soubz la main de tant de maniere de gens

1. Bataille de Bulgnéville.
2. Bataille de Brouwers-haven (1426).
3. Lord Fitz-Walter.
4. Humfrey, duc de Glocester, 4e fils du roi Henri IV, frère d'Henri V et oncle d'Henri VI. V. Mathieu d'Escouchy, t. I, p. 114 et 115, édit. Beaucourt.

d'armes estranges et privez, qu'il n'y avoit si petit capitaine en France à qui l'on osast fermer l'uis ou la chambre du Roy, quelque affaire qu'il eust. Quartement, il fut si saige et si raisonnable Roy, qu'il aymoit mieulx l'utilité et le prouffit de son royaulme, que de demourer en opinion inique, sans salut ne repos. Et de la part du bon duc Philippe, semble que ce qui le fist si legierement condescendre fut au regard du salut du royaulme de France, au noble sang dont il estoit né et yssu, qui luy bouilloit en l'estomac et à l'entour du cueur, et aux grans biens qu'il avoit receus en ses predecesseurs de la maison royalle, tant de droit naturel comme de biens faiz. Ces trois choses qui font une [seule] partie luy firent oblier l'offence et la male aventure, mal faicte et mal advenue. Secondement, la petite affinité et amour qu'il avoit aux Angloix, et tiercement, l'honneur et vertu de luy, et qui tousjours et toute sa vie, quelque offensé, quelque aguillonné, quelque picqué ou poingt qu'il eust esté par plusieurs fois, maintenant de faict, maintenant de parolles, toutesfois il a tousjours[1] tendu la main, de tout effect et de tout povoir, à soubstenir, maintenir et garder la royalle magesté de France[2], vesqit et mourut noble et entier François, de sang, de cueur et de voulenté[3].

1. Quatre mots omis par les précédents éditeurs.

2. « Tellement qu'il. »

3. Les motifs rapportés par Olivier de la Marche et d'autres encore furent longuement exposés dans le conseil ducal par le chancelier Rolin, partisan de l'alliance française, et dont l'active intervention dans cette circonstance parait avoir beaucoup contribué à la détermination de Philippe le Bon. (V. Beaucourt, *Histoire de Charles VII*, t. II, p. 541.) Pour reconnaître un aussi grand service, le roi Charles VII, par lettres datées de Tours le

Et se aultres choses se sont aucunes fois monstrées et apparues à l'encontre de cestuy article, je respondz qu'il est advenu pour obvier aux entreprises des malveillans et haynneulx, qui, soubz umbre de povoir royal, queroient et machinoient la destruction de la maison de Bourgoingne.

CHAPITRE IV.

Si parle comme les Angloix ne vouldrent tenir le traicté de France, de messire Jehan de Lucembourg, de l'escorcherye et de plusieurs aultres choses[1].

Or est besoing que je tiengne le droit chemin de mon usaige, et que plus avant je discerne et devise le temps et les adventures, poursuyvant ma matiere ; et me fault encoires retourner et recharcher aucungs cas advenuz à traicter la paix dessusdicte. Et fut verité qu'il fut traicté, pour le bien de paix universelle, que la duchié de Guienne et celle de Normandie demoureroient aux Angloix, et ils quicteroient le residu de leur querelle, mais lesdiz Angloix disoient que c'estoit partaige dont ilz estoient desjà possesseurs, et qu'en cecy n'avoient point de creüe ne de prouffit. Parquoy ils ne vouldrent tenir l'appoinctement dessusdit[2] ; et demourerent par ce bout en guerre comme devant à l'encontre des François. D'aultre part, mes-

21 janvier 1435, fit don au chancelier des terres et seigneuries de Martigny-le-Comte, la Perrière, Lugny, le Plessers, Bragny et Giey-sur-Seine. (Archives de la Côte-d'Or, B 11904.)

1. Titre donné par le ms. nº 2869.

2. V. Monstrelet, ch. CLXXXXIV, t. V, p. 203.

sire Jehan de Lucembourg, conte de Ligny, subget et parent du duc de Bourgoingne, ne voult point estre comprins au traicté de la paix, n'abandonner les Angloix ne son premier serment. Ledit conte de Ligny estoit un grant homme de guerre, puissant d'amis et d'avoir, vaillant et entrepreneur, et l'ung des plus renommés chevaliers de son temps. Il tenoit beaucoup et largement de villes et de chasteaulx en frontiere de Henault, de Champaigne et de Barrois, et avoit gens et souldoiers duitz à la guerre, et norris de butin, et peult on legierement croire qu'ilz vivoient avec leurs voisins, et qu'ilz monstroient de toutes pars que la paix estoit pour eulx, à traicter, consentir et faire. Et estoit ledit conte de Ligny porté des Angloix, et aimé du duc de Bourgoingne, et conduisit si haultement ses affaires, qu'il vescut et finit en grant bruit, et sans foule[1]. Pareillement sur la marche de Bourgoingne se tenoient messire Thibault, bastard de Neuf Chastel, le bastard de Vergy[2], et aultres Bourguignons, qui s'estoient enforcez et garnys ès places de Dernay[3], de Montesclaire, et aultres places prises sur le duc de Bar; et sur la fin de la guerre, recuillirent ce qu'ilz peurent prandre et avoir pour leur derniere main. En Champaigne, et sur les marches de la duchié de Lucembourg qui pour lors estoit ung pays plain de haussaires et de coureurs, se tenoit le seigneur de Commersy[4],

1. Jean II de Luxembourg, comte de Ligny, mourut à Guise dans la nuit des Rois 1441 (n. st.). V. Mathieu d'Escouchy, édit. Beaucourt, *Introduction*, t. I, p. v, et Monstrelet, t. V, p. 451.

2. Jean, bâtard de Vergy.

3. Darney, chef-lieu de canton de l'arrondissement de Mirecourt (Vosges).

4. Robert de Saarbruck, dit le Damoiseau de Commercy.

riche seigneur et puissant, et tenoit places et souldoyers assez et plusieurs, et faisoit guerre au premier rencontré ; et prenoit et ravissoit de toutes pars prisonniers et butin, dont il esleva ung merveilleux avoir. Sur les marches de Metz, de Lucembourg, de Bar et de Lorrainne, se tenoit Henry de la Tour, au lieu de Pierrefort[1], et tenoit les citez de Tou et de Verdun en rente d'apatis[2], et tous ses voisins en subjection. Tout le tournoiement du royaulme de France estoit plain de places et de forteresses, vivans[3] de rapine et de proie ; et par le millieu du royaulme et des pays voisins s'assemblerent toutes manieres de gens de compaignie que l'on nommoit escorcheurs[4], et chevaulchoient et alloient de pays en pàys, de marche en marche, querans victuailles et aventures pour vivre et pour gaigner, sans regarder ne espargner les pays du Roy de France, du duc de Bourgoingne, ne d'aultres princes du royaulme. Mais leur estoit la proye et le butin tout ung, et tout d'une querelle ; et furent les cappitaines principaulx, le bastard

1. Hameau de la commune de Martincour (Meurthe).

2. *Apatis,* contribution fixée par un pacte. — Par lettres du duc du 18 avril 1433 après Pâques, Jean Boilleaue, clerc, demeurant à Dijon, reçoit 50 fr. pour être allé, par ordonnance de Pierre de Bauffremont, seigneur de Charny, gouverneur et capitaine-général de Bourgogne, de Dijon au duché de Bar, « pour le fait de la vuidange des garnisons nagaires mises et establies de par mondit seigneur (de Bourgogne) ès places de Bourmont et de Chastillon, oudit duché de Bar, lors estant ès mains de mondit seigneur, lequel pour certaines causes et consideracions a depuis accordées et octroiées lesdictes places estre remises ès mains de mondit seigneur de Bar. » (Archives de la Côte-d'Or, B 1651.)

3. « Dont les gardes vivoyent. »

4. Sur les Écorcheurs, v. Monstrelet, t. V, p. 317, 338, 340, 350, 385 ; D. Plancher, *Histoire de Bourgogne,* t. IV, *passim ;*

de Bourbon [1], Brusac [2], Jeofroit de Sainct Belin, Lestrac[3], le bastard d'Armignac[4], Rodrigues de Villandras[5], Pierre Regnault, Regnault Guillaume et Anthoine de Chabannes, conte de Dompmartin. Et combien que Poton de Saintralles et la Hire [6] furent deux des principaulx et des plus renommez cappitaines du party des François, toutesfois ilz furent de ce pillaige et de celle escorcherie; mais ilz combatoient les ennemis du royaulme, et tenoient les frontieres aux Angloix, à l'honneur et recommandacion d'eulx et de leurs renommées. Et à la verité lesdiz escorcheurs firent moult de maulx et de griefz au povre peuple de France [7] et aux marchans, et pareillement en Bourgoingne [8] et à l'environ, car à ceste occasion fallut que

Barante, *Histoire des ducs de Bourgogne, passim*; Tuetey, *Les Écorcheurs sous Charles VII*, t. I, p. 25 et suiv.; Marcel Canat, *Documents inédits pour servir à l'histoire de Bourgogne*, t. I, p. 372 et suiv.

1. Alexandre, bâtard de Bourbon.

2. Gauthier de Brussac.

3. Arnaud de Lalande, dit Lestrac.

4. Jean, dit de Lescun, bâtard d'Armagnac, fils d'Arnaud Guilhem de Lescun et d'Anne d'Armagnac.

5. Rodrigue de Villandrando, fameux capitaine de compagnie. (V. Quicherat, *Rodrigue de Villandrando*. Paris, 1879, in-8°.) Il avait épousé la sœur du duc de Bourbon.

6. Etienne de Vignoles, dit la Hire.

7. « Et meismement les propres villes et pays du Roy et de ses princes degastoient comme les aultres. » (Monstrelet, t. V, p. 350.)

8. Les courses faites en 1435-1436 par les gens du roi de France, occupés au siège de Montigny-le-Roi (Haute-Marne), paraissent avoir donné le premier signal des terribles invasions des Écorcheurs en Bourgogne. Le fameux bâtard de Bourbon, qui assiégeait cette place avec le sire de la Suze, s'occupait plus de ravager le pays que d'emporter la petite ville. (V. sur toute cette période Tuetey, *op. cit.*, et Marcel Canat, *op. cit.*) En 1437, les Écorcheurs

les Bourguignons se missent sus, qui tenoient les champs en grant nombre, et vivoient sur le povre peuple en telle derision et oultraige, que le premier mal ne faisoit que empirer par la medecine; et les nommoit on les retondeurs[1], car ilz retondoient et recourroient tout ce que les premiers avoient failly de happer et de prandre. Et qui me demanderoit comment ce porroit estre que ainsi, la paix faicte à Arras, jurée et promise par le Roy de France si sollempnellement qu'il est cy dessus escript et touchié, ses cappitaines, serviteurs et gens d'armes pilloient et couroient les pays de Bourgoingne, et leur portoient beaucoup plus de dommaiges qu'ilz ne firent du temps de la plus forte guerre qui oncques fut entre eulx, à ce je respondz, et vray est, que le Roy et le royaulme de France furent en icelluy temps fort chargiez de grant nombre de gens d'armes de divers pays et contrées qui avoient bien servy, et leur falloit pour le devoir, faire entretenue, paiement ou recompense. Et à quoy le Roy ne povoit fournir, pour les affaires passez, portez et soubstenus; toutesfois jamais ne les porta ou soubstint en ceste querelle, mais les habandonna et desavoua, par cris publicqs et universelz[2]; et ay bonne

français et bretons, chassés du nord par une armée de Philippe le Bon rassemblée à Douai, firent irruption en Champagne, d'où ils arrivèrent en Bourgogne.

1. Il y avait parmi eux beaucoup d'anciens gens d'armes amenés de Picardie par le comte d'Étampes. (4e compte de Jean de Visen, receveur général de Bourgogne, aux Archives de la Côte-d'Or, B 1689.)

2. Le 15 septembre 1438, le roi donna des lettres qui ordonnaient aux capitaines des Écorcheurs de ne point ravager les terres du duc de Bourgogne. (Archives de la Côte-d'Or; Canat, *op. cit.*, p. 385.) Jacques de Rochefort avait été précédemment envoyé

memoire que le conte de Fribourg, pour lors gouverneur de Bourgoingne[1] se tira à Chalon sur la Sonne,

par le conseil du duc vers le duc de Bourbon pour le prier de faire « departir » ceux de ses sujets qui accompagnaient les Écorcheurs.

1. Jean de Fribourg, maréchal de Bourgogne, était à Rouvre près Dijon lorsque les Écorcheurs se cantonnèrent entre Is-sur-Tille et Gemeaux. Il apprit aussi qu'ils étaient en grand nombre au comté de Charolais, et fit publier des lettres pour appeler les vassaux du duché aux armes afin de leur résister. (V. Canat, *op. cit.*, p. 382.) Un curieux incident se produisit alors. Les villes de Nuits, d'Auxonne, de Beaune, de Pontailler et plusieurs châteaux refusèrent opiniâtrément d'ouvrir leurs portes aux troupes ducales qui voulaient les occuper pour les défendre contre les brigands, et l'on dut ouvrir une enquête pour constater ces refus et punir les récalcitrants. Cette enquête établit que « la plus grant partie des feaulx et vassaulx du duchié ne se sont voulu emploier au reboutement des escorcheurs, mais les pluseurs d'iceulx les ont recuily et recepté en leurs places et maisons et les ont aussi menez, favorisez et conduis parmi le païs et baillé vivres à leurs gens, et en oultre ont refusé les entrées de leurs places aux gens et officiers de mondit seigneur dont pluseurs grans dommaiges se sont ensuis esdiz païs. » (Archives de la Côte-d'Or, B 1669, 1er compte de Louis de Visen, receveur général de Bourgogne, fol. 85.) V. aussi les enquêtes contre les habitants d'Auxonne et de Talent aux mêmes Archives, B 11881.

Le 8 mai 1439, Jean de Fribourg appelle près de lui à Chalon le seigneur de Saint-Georges avec ses gens « pour rebouter les escorcheurs estans à Couches. » (Canat, *op. cit.*, p. 391.) Mais il les avait déjà battus avec l'armée qu'il avait réunie autour de la ville, et Berry, comme Olivier de la Marche, raconte leur déroute à cette époque. Cela ne suffit pas néanmoins, car les États furent convoqués et tenus le 15 octobre et le 6 novembre 1439 à Chalon pour aviser à ce « reboutement. » (Archives de la Côte-d'Or, B 1669, fol. 83, et B 1673, fol. 72.) Un peu plus tard, en 1441, on envoyait des espions, comme Georget des Vignes, écuyer, au milieu des Ecorcheurs, afin de s'assurer de leurs projets et de connaître la route qu'ils parcourraient. (*Ibid.*, 1er compte de Jean de Visen, B 1677, fol. 110.) Le 22 février de cette année, le gouverneur de Bourgogne adressa des lettres à plusieurs seigneurs du pays, notamment à Antoine de la Marche, pour leur ordonner de se rendre à

et y assembla tous les seigneurs et cappitaines du pays, qui firent plusieurs courses et emprises sur les escorcheurs dessusdiz, et desquels, s'aucun on en prenoit, on en faisoit justice publicque, et de main de bourreau, comme de larrons et pillars[1] habandonnez. Et certiffie que la riviere de Sonne et le Doux estoient si plains de corps et de charongnes d'iceulx escorcheurs, que maintesfois les pescheurs les retiroient en lieu de poisson, deux à deux, trois à trois corps, loyez et accouplez de cordes ensemble, et en advint plusieurs tels piteulx cas et semblables, et dura pour celle fois ceste pestilence despuis l'an trante cinq jusques à l'an trante huit.

Celluy an trante huit[2], se partit de ses pays de

Buxy, afin de résister aux bandes de pillards. (*Ibid.*, compte de Jean de Visen.) Cette lutte dura plus longtemps que le dit notre chroniqueur. Jusqu'en 1445, on rencontre de nombreuses montres d'armes faites devant Jean de Fribourg et Thibaut de Neufchâtel, à Dijon, à Beaune et à Chalon pour aller combattre ces bandes. (*Ibid.*, B 11808, 11809.) — Notons ici une erreur de M. de Barante: c'est Jean de Fribourg et non Jean de Vergy qui défit les Ecorcheurs dans le Chalonnais.

1. « Larrons, pillars et gens. »

2. Olivier de la Marche commet ici une de ces erreurs chronologiques qui sont fréquentes dans ses *Mémoires,* mais celle-ci est particulièrement remarquable, parce qu'elle se rattache à des faits personnels et aux incidents les plus importants de son enfance. Le duc Philippe le Bon ne vint pas en Bourgogne en 1438; il y était venu quatre ans auparavant, d'août 1434 à avril 1435, et n'y reparut qu'en décembre 1441. En 1439, il manifesta l'intention de se rendre de Flandre en Bourgogne pour résister aux Écorcheurs, ainsi que l'établissent des lettres du conseil du 28 mai de cette année annonçant à ses vassaux sa prochaine venue. (Canat, p. 393; 1er compte de L. de Visen.) Mais « le partement » passager des bandits le fit renoncer à son projet de voyage. (Archives de la Côte-d'Or, 3e compte de Jean de Visen, receveur général, B 1684.)

Flandres le duc Philippe, pour venir en son pays de Bourgoingne où il n'avoit esté depuis les sieges d'Avallon, de Grancy et de Pierre Pertuys[1], lesquelles places il reconquist à force d'armes sur les François, et laissa au lieu de Brucelles le conte de Charrolois, son filz, et ordonna gouverneur pour luy, en Picardie, le conte d'Estampes, lequel, accompaigné de mille ou douze cens archiers de Picardie, conduisit et mena ledit duc jusques près de Bar sur Aube[2], auquel lieu les Bourguignons s'estoient mis sus pour le recuillir. Et si tost

Les faits que narre La Marche dans ce paragraphe se rapportent donc à l'année 1441-1442.

1. V. *suprà* l'*Introduction*.

2. Il y avait déjà en 1439 des gens d'armes et de trait picards en Bourgogne sous les ordres du comte d'Étampes qui était à cette époque déjà gouverneur de Picardie. (Archives de la Côte-d'Or, B 1669, fol. 83 et B 1673, fol. 72.) Ils y avaient été conduits pour combattre les Écorcheurs, et y commirent presque autant de ravages qu'eux. (4e compte de J. de Visen.) Mais une autre troupe d'archers picards escorta Philippe le Bon jusqu'à Bar-sur-Aube où ce prince arriva le 16 déc. 1441. (Canat, *op. cit.*, p. 491.) Jean de Bourgogne, comte d'Étampes, reçut en 1443 750 fr. « pour mois pour le paiement de 90 combatans que mondit seigneur et oncle nous ordonna, dit-il, tenir avec nous, ou en tel lieu que bon nous sembleroit pour la seurté et deffense de ses païs. » (Archives du Nord, B 1979.) S'agit-il ici de ces combattants de Picardie?

Monstrelet dit (t. VI, ch. CCLXIV, p. 26) que le comte d'Étampes conduisit le duc à Troyes. C'est encore là une erreur. Philippe le Bon n'alla pas à Troyes dans ce voyage. Le 1er décembre, il est au Quesnoy avec Mme de Bourgogne, M. de Nevers, Jean et Adolphe de Clèves et Mlle d'Étampes; le 4, à Avesnes; le 5, à Vervins; du 8 au 9, à Réthel; le 10, à Soiroy en Champagne; le 13, à Bray; le 14, à Bar-sur-Aube; le 18, à Villaines; le 19, à Saint-Seine; le 20, à Dijon, et reste dans cette ville jusqu'au 24 janvier 1442 (n. st.). V. les *Itinéraires des souverains des Pays-Bas*, par Gachard, t. I, p. 85. M. de Barante a confondu toutes ces dates ou a ignoré le véritable itinéraire du duc.

qu'il fut à Dijon, l'armée se rompit, et tint le duc la feste de Noel[1] en sadicte ville de Dijon, en grant feste et solempnité qui resjouissoit moult fort Bourgoingne, et principallement la noblesse et la seigneurie du pays, qui longuement avoient esté sans leur seigneur veoir. Et environ les Roys[2] se tira le duc au lieu de Nevers[3] fort et noblement accompaigné des nobles de son pays de Bourgoingne, et là se trouverent la pluspart des princes du sang de France, et nommeement Charles de Valoys, duc d'Orleans, que le duc Philippe de Bourgoingne, par son pourchaz et par sa mise, avoit retiré et rachepté de la prison des Angloix[4], et luy avoit

1. Le 24 décembre 1441, l'évêque de Chalon célébra le service divin à Dijon devant le duc.

2. 1442 (n. st.).

3. L'assemblée de Nevers n'eut lieu que le 30 janvier 1442. Dom Plancher la place par erreur en 1441. Sur cette célèbre réunion, voir les documents réunis dans les *Preuves de la chronique de Mathieu d'Escouchy,* p. 1-92; Berry, *Le recouvrement de Normandie et d'une partie de la Guyenne,* cité dans les *Cronicques d'Engleterre,* t. I, p. 340, édit. Dupont, et Monstrelet (ch. CCLXV), qui se contente de donner les *instructions* envoyées par les princes à Charles VII et les réponses du roi.

4. La délivrance du duc d'Orléans est de 1440, et la bulle de dispenses pour son mariage du 6 juill. de la même année; le contrat de mariage fut dressé le 26 nov. 1440 (V. Monstrelet, ch. CCLIII, t. V, p. 439; D. Plancher, t. IV, p. 244 et CLXIX). Le duc de Bourgogne leva deux aides en une année pour payer la rançon du duc d'Orléans (Archives du Nord, B 1606; v. ms. de la Bibl. de Douai, n° 904, fol. 57). Philippe le Bon donna 100,000 saluts d'or à Marie et non à Jeanne de Clèves, sa nièce, pour sa dot, le 2 décembre 1440 (Archives de la Côte-d'Or, Peincedé, t. I, p. 507; B 299).— Quant à la rançon du duc d'Orléans, on sait qu'elle ne fut pas acquittée entièrement et qu'en 1484 la duchesse de Somerset intenta un procès à ce sujet à la duchesse d'Orléans devant le parlement de Paris (V. Archives nationales, X^{1a}, 1489 et 1490, registres du

donné en mariaige madame Jehanne[1] de Cleves, sa niepce; et se traicterent et firent moult grans amityez et alliances entre ces deux nobles princes, ce qui fut bien et dehuement entretenu par toutes les parties. Là estoit le conte d'Angoulesme[2], frere du duc d'Orleans dessusdit, le duc Charles de Bourbon et d'Auvergne, le conte de Vendosme, le conte de Dunois, bastard d'Orleans[3], et moult d'aultres grandz et nobles personnaiges. Là estoit ladicte duchesse d'Orleans, moult belle dame, madame Anne[4] de Bourgoingne, duchesse de Bourbon, et seur du dessusdit duc Philippe, et moult belle compaignie de dames et de damoiselles. Et y fit on moult grant feste, joustes, banquestz et divers festimens, les ungs avec les aultres, et entre les princes fut pourparlé et traictié de moult grans choses tendans à l'utillité et prouffict du Roy, des princes et du royaulme de France, et singulierement fut advisée et mise avant la seurté, le moyen et la façon comment le duc de Bourgoingne se peust trouver devers le Roy de France pour faire son debvoir, et demourer avec luy en telle privaulté et fiance, comme l'amour et le cueur y estoit. Et, à la verité,

conseil, et en Angleterre, *Arch. Westminster Abb.*, *Reports of the royal commission on historical manuscripts*, IV, 192).

1. Lisez : *Marie*. Avant de l'épouser, Charles d'Orléans avait déjà été marié deux fois : 1° avec Isabelle de France, veuve de Richard II, roi d'Angleterre; 2° avec Bonne d'Armagnac, fille de Bernard, connétable de France.

2. Jean d'Orléans, comte d'Angoulême.

3. Jean, comte de Dunois.

4. Agnès de Bourgogne, mariée à Charles, duc de Bourbon et d'Auvergne, comte de Clermont. Le duc Philippe le Bon lui fit une rente de 2,000 fr. en faveur de ce mariage (Archives de la Côte-d'Or, B 1655, fol. 101).

et l'ung et l'aultre le queroient et desiroient, et furent lors les choses fort approuchées, mais toujours l'infernal qui ne dort, soubz couverture de defidence, malicieusement renouvellée par les malheurtez advenues et passées, rompit et eslongea ceste bienheurée et salutaire œuvre, et se perbouta ès corps mauulditz d'aucungs rappourteurs desloyaulx et maulvais, qui d'ung costé et d'aultre rompirent ladicte emprinse. Et se deppartirent iceulx princes de la cité de Nevers[1] en grant amour et union, et se retira chascung en sa seigneurie, et s'en revint le duc Philippe en son pays de Bourgoingne, au lieu de Dijon; et, la caresme après, se tira en sa cité de Chalon sur Sonne[2], ouquel lieu il demoura jusques environ la Penthecouste. Et audit lieu de Chalon, et à celle fois, messire Guillaume de Lurieu, seigneur de la Queuille, m'amena à la court, lequel seigneur de la Queuille et dame Anne de la Chambre, sa femme, me nourrirent en leur hostel, despuis l'an trante sept[3] que mon pere mourut, jusques à l'an trante neuf[4] que lors messire Anthoine, seigneur

1. Philippe le Bon quitta Nevers pour se rendre à Autun le 15 mars 1441-1442. Il y resta trois jours et se rendit ensuite à Chalon-sur-Saône (Canat, *op. cit.*, p. 491). Olivier commet donc une erreur en disant qu'il alla à Dijon, où il ne se rendit qu'au mois d'avril, après avoir séjourné à Chalon.

2. Le duc était à Chalon le 25 mars 1441-1442. Il y resta jusqu'au 8 avril et partit pour Dijon, où il passa plusieurs mois. La Marche a confondu toutes ces dates.

3. V. la *Notice biographique* sur Olivier de la Marche.

4. Les notes qui précèdent indiquent que cette date ne peut être exacte. Si Olivier a été présenté au duc à Chalon, ce ne peut être qu'en 1442 ou en 1443. Dans cette dernière année, en effet, Philippe le Bon séjourna à Chalon du 26 juin au 10 juillet (Canat, *op. cit.*), ce qui se rapprocherait de la date de la Pentecôte donnée par La Marche. — V. au surplus la *Notice biographique*.

de Croy, premier chambellan de mondit seigneur le duc, requist à mondit seigneur le duc qu'il luy pleust de sa grace, en faveur des services faitz par mes predecesseurs, me retenir de son hostel. Ce que le bon duc de sa grace accorda, et povoys avoir treze ans d'eage, et ordonna mondit seigneur que je feusse son paige, avec plusieurs aultres josnes nobles hommes de divers pays, et fuz mis ès mains et soubz le gouvernement de Guillaume de Cercy[1], premier escuyer d'escuyrie. Et soit prins en grée ce que j'ay sceu ramentevoir et escripre des choses advenues tant devant mes yeulx [qu']en maintes conjectures[2], [lesquelles] ainsi josne d'eaige, sans sens[3] et experiment, toutesfois les ay recitées et escriptes à la verité et sans fable; et d'ores en avant rendray compte, se Dieu me donne temps, loisir et vie, de ce que Dieu m'a donné grace de veoir et incorporer, moy estant à court, et en lieu pour veoir et congnoistre beaucop de grans biens, se je les ay sceus retenir et apprendre.

CHAPITRE V.

Comment les ducs de Bourgongne et de Bourbon s'assemblerent à Chalon sur Sosne pour appaiser une querelle entre messire Jaques de Chabannes et messire Jehan de Grantson; et comment le duc Louys de Savoye et sa femme visiterent le duc de Bourgongne.

En celle mesme caresme[4], le duc de Bourbon des-

1. Lisez : *Sercey*.
2. « Autres apparences. »
3. «Lesquelles, encores que je fusse jeune d'aage, sans grand sens...»
4. 1443. Le duc de Bourgogne n'était pas encore arrivé à Cha-

susdit vint à Chalon visiter et veoir le duc de Bourgoingne à qui il estoit beau frere, pour avoir espousé sa seur, et vint avec luy ung chevalier de très grant façon, son subgect, et se nommoit messire Jaques de Chabannes[1], lequel de Chabannes estoit en debat à l'encontre de messire Jehan de Grantson, seigneur de Pesmes, lequel estoit parent des plus grands [seigneurs] de Bourgoingne, et de ces subgectz du duc, à qui il escripvoit cousin. Vaillant chevalier estoit, et bien renommé, et aymé entre les gens d'armes de Bourgoingne, et fit en son temps de grans services au duc et à ses pays. Dont, pour revenir à [la] question et [au] debat des deux chevaliers dessusdiz, la cause fut pour ce que ledit seigneur de Pesmes avoit prins d'eschelle une des maisons dudit de Chabannes, l'avoit pillée, et prins son filz aisné prisonnier, sous umbre et couleur d'aucunes querelles que ledit de Pesmes disoit avoir sur ledit de Chabannes. Et de ceste matiere fust une journée publicque tenue en la salle du palays de l'evesque[2], et furent assis les deux ducz de Bourgoingne et de Bourbon, comme freres et bons amys, sur un banc, et l'ung emprès l'aultre; et certes, com-

lon au carême 1443. Il était à Dijon. Il y a encore ici une erreur dans les souvenirs de La Marche.

1. Les registres secrets de la ville de Mâcon rapportent, sous la date du 17 février 1442-1443, une ordonnance des échevins sur la garde de la ville, motivée par le bruit qu'Antoine de Chabannes, comte de Dammartin, voulait conduire en Bourgogne une troupe de huit mille Ecorcheurs à cheval pour se recouvrer des pertes que lui avait causées le sire de Pesmes à la prise du château de Montagu-le-Blanc (Canat, *op. cit.*, p. 427). Antoine de Chabannes était le frère de Jacques.

2. Cette « journée » ne put avoir lieu qu'en juillet 1443, un peu avant le pas de l'Arbre Charlemagne, décrit plus loin.

bien que le duc de Bourgoingne fut le premier per de France, et si puissant qu'il est assez sceu et notoire, toutesfois fit il en son hostel et en ses pays, au duc de Bourbon, son beau frere, autant et plus d'honneur qu'il n'en voult prendre ne recevoir. Et, à la verité, le duc Charles de Bourbon fust de son temps l'ung des meilleurs corps, fust à pié ou à cheval, et l'ung des plaisans et des mondains, non pas seullement des princes, mais des chevaliers du royaulme de France, et sçavoit des honneurs et gracieusetez du duc, son frere, prendre ce qui en estoit en son appertenir. A celle journée feust le seigneur de Pesmes grandement accompaigné des seigneurs de Bourgoingne, ses parens, comme de ceulx de Chalon, de ceulx de Vienne, de ceulx de Neuf Chastel et de Vergy ; et portoit la parolle pour le seigneur de Pesmes messire Thibault, bastard de Neuf Chastel, ung moult saige chevalier dont est cy dessus desjà faicte mencion, et tendoit plus ceste question à gaige de bataille que à forme d'aultre plait ou procès. Et advint que ledit de Chabannes, quant on luy demandoit au commencement du procès s'il voulloit tenir les deux ducz dessus nommez pour ses juges en ceste partie, il respondit qu'il avoit choisy pour son juge le duc de Bourbon, son seigneur, et non aultre. Et prestement que le duc de Bourgoingne entendit qu'il ne debvoit pas estre juge en ceste matiere, il se leva, et dit au duc de Bourbon : « Mon frere, puisque je ne suis pas accepté pour juge par messire Jaques de Chabannes, je ne me puis excuser d'estre partie avecques le seigneur de Pesmes, car il est mon parent, et me ont luy et ses predecesseurs si bien servy, et la maison de Bourgoingne, que je luy doitz et luy vuil faire honneur, et porte à son besoing. » Et prestement se tira le bon duc devers le seigneur de Pesmes, et se joindit avec luy comme parent, non pas comme seigneur, prince ou souverain, ce qu'il estoit, et devez sçavoir que ledit seigneur de Pesmes et les seigneurs qui l'accompagnoyent le receurent humblement et de grant couraige, comme ceulx qui bien le devoient faire ; et quant partie adverse veit le duc, qui estoit adjoint avecques son contraire, il disoit tout hault, par très bonne façon : « A ceste fois ay je partie trop forte et trop pesante. » Et ceste chose j'ay voulentiers ramentue et mise en escript, pour commencer, temps après aultre, selon les lieux, les raisons et les causes, à dire et deviser les biens, les vertuz, les bontez et les courtoisies de cestuy noble prince le bon duc Philippe de Bourgoingne, cinquiesme de ce nom, auquel, en la premiere sepmaine que je l'eusse jamais veu, je luy veiz faire et monstrer publicquement tel honneur et tel port de soy monstrer et declairer parent de son subject. Secondement, j'ay declairé ceste cause advenue par une maniere de doctrine et de regard que ung chacun, en tel cas, doibt bien peser et avoir bon advis de refuser ou regetter le jugement d'ung prince, car mieulx vault ou moins puissant faire de son plus grant son juge, que son ennemy. Et tiercement, pour ramentevoir et rememorer à tous nobles hommes l'honneur et la chierté qu'ilz doivent garder et porter, d'estre yssus par consanguinité des grans et des nobles maisons, car chascun en droyt soy en sent et gouste une fois en sa vie ou peu ou beaucop, ou tellement qu'il en vault mieulx d'avoir, ou de recommandacion.

Pour retourner à ma matiere commencée, messire

Jaques faisoit plainte du seigneur de Pesmes, et disoit que après le traicté de la paix de France, faicte entre le Roy et le duc en la maniere cy dessus escripte, le seigneur de Pesmes avoit prins et desrobé d'eschelle et par nuyct, sans tiltre, querelle ou deffiance, une des maisons dudit de Chabannes nommée Montagu le Blanc[1], située ou pays de Bourbonnois, avoit pillé et prins les biens meubles dudit de Chabannes[2], et emmené son filz aisné prisonnier qui n'avoit pas dix ans d'eage, et plusieurs autres josnes nobles hommes qui accompaignoient sondit filz[3], et demandoit sur ce reparacion d'honneur, de sa maison, de son filz et de son avoir. Et de la part du seigneur de Pesmes fut respondu, par la bouche de messire Thibault, bastard de Neuf Chastel, que voirement avoit prins le seigneur de Pesmes le chasteau de Montagu le Blanc par aide et soubtivité de guerre, prins les biens et le filz dudit de Chabannes, et ce à la querelle et contrevange de plusieurs griefz, pilleries et prinses faictes sur ledit seigneur de Pesmes et sur ses amys, parens et alliez, par Anthoine de Chabannes, conte de Dampmartin, frere dudit messire Jaques, et dont les prinses avoient esté menées et retraictes, tant en icelle place de Montagu, comme aultres places et maisons appartenans et soubz le pouvoir dudit messire Jaques, et que telles choses et telles œuvres de faict se doivent et peuvent rendre par tous droits de guerre, par le semblable. Et concluoit, sur grandes reparacions que demandoit ledit

1. Aujourd'hui Montaigu-le-Blin (Allier).

2. Chabannes prétendait avoir perdu dans ce pillage plus de 30,000 livres (*Registres secrets de Mâcon*).

3. Ces jeunes gens étaient au nombre de deux.

de Pesmes, d'estre chargié de son honneur sans desserte, par ledit de Chabannes, en la presence tant de son prince, du duc de Bourbon, et de telle noblesse qui là estoit presente, en faisant offre de son corps pour son honneur deffendre, se ledit de Chabannes le vouloit chargier d'avoir fait en ce aucune faulte digne de reprehencion. Plusieurs responses et replicques furent faictes de chascune partie ; mais, pour ce qu'il estoit tart, la journée fut remise à une aultre fois, et assez tost après mondit seigneur de Bourbon se partit de monseigneur de Bourgoingne, et s'en retourna avec luy ledit de Chabannes, et deppuis madame Ysabeau de Portugal, duchesse de Bourgoingne, vint au pays, qui appaisa icelluy debat, et rendit le filz dudit de Chabannes à son pere, ensemble les autres enffans et nobles hommes qui furent prins avecques luy[1].

Assez tost après le partement du duc de Bourbon[2], vint au lieu de Chalon sur Sonne le duc de Savoye[3], et madame Jehanne[4] de Lusignem, fille du Roy de Cipre, sa femme, et vindrent veoir le duc Philippe en son

1. Dès le 9 mai 1443, le duc s'était fait remettre le jeune Chabannes et ses deux compagnons de captivité et les avait conservés à Dijon (Archives du Nord, 3e compte de Bladelin).

2. Le duc de Bourbon, venant par eau de Chalon, passa le 10 juillet devant Mâcon pour se rendre à Villefranche ; on disait alors que les Ecorcheurs étaient dans le Forez (*Registres secrets de Mâcon*).

3. Louis, duc de Savoie, arriva à Chalon à la fin du séjour qu'y fit Philippe le Bon (29 juin-10 juillet 1443). Il y était déjà venu l'année précédente, en avril 1442, et, le samedi 7 de ce mois, l'évêque de Langres lui avait donné à Saint-Marcel, ainsi qu'aux ducs de Bourgogne et de Bourbon, un grand dîner, auquel il alla assister par eau, la Saône étant alors fort grande (Canat, *op. cit.*, p. 418).

4. Ou Anne de Lusignan.

pays, moult grandement accompaigné de seigneurs et nobles, et la duchesse de dames et de damoiselles, et luy fut au devant bien une lieue le duc de Bourgoingne, accompaigné de Jehan monseigneur, heritier de la duchié de Clèves, du conte de Nevers [1], du seigneur de Beaujeu [2], de Adolf, monseigneur de Cleves, de Cornille, bastard de Bourgoingne, et de moult belle compaignie de noblesse, et se convoierent [3] et bien viengnerent les deux ducz bien honnorablement, et par moult grant cordialité. Et bien le debvoient faire, car ilz estoyent cousins germains, et enffans de frere et de seur, car le duc Loys de Savoye fut filz de madame Marguerite [4] de Bourgoingne, seur du duc Jehan, pere dudit duc Philippe. Et au regard de l'honneur que fit ledit duc Philippe à la duchesse de Savoye, il ne fait pas à demander, car le bon duc fut si gracieulx, tant courtois et tant honnorable à toutes dames, que nul plus courtois prince ne chevalier ne fut jamais trouvé ; et certes la duchesse valoit bien que l'on fist d'elle grant

1. Charles de Bourgogne, comte de Nevers, petit-fils du duc Philippe le Hardi (P. Anselme, t. I, p. 251). V. *Anchiennes cronicques d'Engleterre,* t. II, p. 31, et le *Livre des faits dc Jacques de Lalaing,* dans les *Œuvres* de Chastellain, éd. Kervyn de Lettenhove, t. VIII, p. 32.

2. Philippe de Bourbon, seigneur de Beaujeu, à peine âgé alors de 10 ans, était élevé à la cour de Philippe le Bon, son oncle et probablement son parrain (P. Anselme, t. I, p. 305). C'est ce qui explique sa présence, aussi jeune, à l'entrevue de Chalon.

3. « Conjouirent. »

4. Lisez *Marie,* femme d'Amédée VIII, duc de Savoie. Sa sœur Marguerite avait épousé, en 1385, Guillaume, fils aîné du duc de Bavière. Marie eut elle-même deux filles du nom de Marguerite, l'une morte fille, l'autre mariée : 1° à Louis d'Anjou, roi de Naples; 2° à Louis, électeur palatin; 3° à Ulric, comte de Wurtemberg.

extime, car elle estoit fille de Roy, une très grande et puissante duchesse, et avec ce l'une des plus belles dames de tout le monde. Et pareillement là fut la duchesse de Bourgoingne, qui grandement estoit accompaignée de moult de dames et de belles filles, et eurent plusieurs gracieuses et amyables conversacions ensemble, dont, pour la venue des deux princes, furent faictz et tenuz plusieurs assemblées et congregacions du conseil de chascune partie assemblez ensemble, et maintesfois s'y trouvoient les deux ducz. Et la cause singuliere de la venue du duc et de la duchesse de Savoye en Bourgoingne fut en intencion de gaigner de leur part le duc de Bourgoingne[1], pour tenir le party du Pape Felix à l'encontre du Pape Eugene, et ce à l'occasion de la division qui pour lors estoit en l'Eglise; pourquoy me sera force de laisser un peug le droit chemin de ma matiere, et d'antrer en incidence pour declairer comment il advint que deux Papes en un temps et à une fois regnerent en l'Eglise, ce qui advint, comme vous pourrez entendre et ouyr.

CHAPITRE VI.

De la cause qui meut le duc de Savoye à visiter le duc de Bourgongne; et de quelques autres petites particularités.

Verité fut que l'an mil quatre cens trante ung, par le moyen d'aucungs cardinaulx, et principallement du

1. Le traité de renouvellement d'alliance des ducs de Bourgogne et de Savoie fut signé à Chalon-sur-Saône le 10 juillet 1443. (V. le

cardinal d'Arle[1], qui se surnommoit d'Arban, et estoit noble homme, et du pays de Savoye, ung concile fut mis sus en la cité de Basle en Allemaigne[2]. Et singulierement fut creé icelluy concile à l'encontre et à la refformacion de Pape Eugene, et publicquement luy mirent avant, à l'encontre de sa vie et de sa personne, plusieurs cas telz et de telz gestes, que je n'en veuilz escripre ne ramentevoir, mais le laisse reciter et escripre à ceulx qui plus saigement sçavent coucher et mectre en souvenir ou ramentevance chose de tel poix et de telle efficasse, car à toucher à la fame et au regnom de si saincte et haulte personne en chres-

texte de ce traité dans D. Plancher, *Histoire de Bourgogne,* t. IV, aux preuves, p. CLXXII.)

1. Louis Alleman, archevêque d'Arles, cardinal du titre de Sainte-Cécile, dit le cardinal d'Arban ou d'Arbent, du nom de son père Jean Alleman, seigneur d'Arbent.

2. Conf. ms. de la Bibliothèque de Berne, nº 205, intitulé *Le mystère du concile de Bâle,* et attribué à Georges Chastellain. Il a été publié par M. Kervyn de Lettenhove dans les *Œuvres* de Chastellain, t. VI, p. 1 et suiv. La bulle de convocation au concile de Bâle est datée du 1er février 1431. Mais la première session n'eut lieu que le 14 décembre de la même année. Le 18 décembre suivant, le pape prononça la dissolution du concile. On sait que, le 14 février 1433, Eugène IV permit à l'assemblée de suivre le cours de ses travaux et qu'il adhéra à ses actes le 1er août suivant. (V. Beaucourt, *op. cit.,* t. II, p. 467 et suiv.)

Il est inutile de rappeler que Philippe le Bon s'était fait représenter au concile de Bâle. En 1435, Jean de Fruyn, doyen de l'église de Besançon et conseiller du duc, est payé pour être allé au concile de Bâle avec l'évêque de Nevers, et y avoir assisté continuellement avec les autres ambassadeurs du duc depuis le dernier mars 1434 après Pâques jusqu'au 27 juillet suivant. Il y retourna encore en septembre et octobre de la même année, et fut renvoyé par les ambassadeurs à Mâcon vers le duc « pour l'advertir d'aucunes matieres touchant son bien... » (Archives de la Côte-d'Or, B 1655, fol. 113.)

tienté, comme nostre sainct pere le Pape, l'entendement se doit arrester de frayeur, la langue doit barbusser de crainte, ou encre seicher, le papier fendre et la plume ployer, par doubte dangereuse et plaine de peril encourir, ou d'enchoir au dangier d'inobedience et de faulte, à l'encontre des commandemens et ordonnances de nostre saincte et salutaire mere et ressource, l'Eglise triomphante ; et supplie à[1] la garde de tous bons et catholicques couraiges, la Vierge Marie[2] qui me deffende et garde en ceste partie de toucher ou de mectre chose qui soit contre l'estat de ma conscience. Or, toutesfois fut ceste matiere tant continuée, et vint le concile à ce poinct, que par effect, et par sanctence pronuncée soubz umbre de certains adjournemens faicz à la personne du Pape Eugene, par faulte de comparoir aux journées à luy baillées, et pour aultres raisons dictes et declairées au dicton de ceste sanctence, et où je ne vuil attoucher ne venir, fut le sainct pere dessusdit privé du sainct estat de papalité, et injurieusement et par grant derision declairé inhabille de tenir et exercer l'estat dessusdit, et, pour pourveoir au faict de l'Eglise, prestement et à celle heure esleurent et creerent à Pape et souverain pasteur de l'Eglise, monseigneur Amé[3], duc de Savoye, pere du duc Loys dessus nommé ; et lequel duc Amé avoit paravant renuncé à sa seignorie, et icelle mise ès mains de son filz, et s'estoit rendu au lieu de Ripaille lez Tonon[4],

1. « A celuy qui est. »

2. Trois mots omis dans les éditions précédentes.

3. Amédée VIII, duc de Savoie, élu pape le 5 novembre 1439 sous le nom de Félix V.

4. Ripaille, où il établit un ermitage le 21 octobre 1430 (Gui-

en une confrarie et ordre de chevaliers[1] qu'il avoit fondée, luy treziesme, de chevaliers moult honnorables et de grande recommandacion. Et là fut envoyé querre par le sainct concile, fut creé, sacré et eslevé pour Pape, et nommé Pape Felix; et le plus tost qu'il peust se tira à Basle, à grant triumphe et grant compaignie de prelatz et de seigneurs, et arriva à Basle en telle cerimonie que l'on peult et doibt faire à l'entrée et joyeuse advenue du Pape, lieutenant souverain de Dieu en terre.

En grant erreur, grant murmure et grant desolacion fut l'estat de l'Eglise et de toute la chrestienté, car chascun d'eulx faisoit les sainctz exercices aussi bien l'ung comme l'aultre, Eugene comme Felix, et Felix comme Eugene. Ils prononçoient les sainctes parolles sacramentales; ils faisoient et consacroient le sainct chresme dont l'on baptisoit les enffans nouveaulx nez; ils sacroient prestres et diacres, donnoient absolutions, indulgences, beneffices et bulles, et estoient, l'ung obey et porté d'aucungs princes et d'aucunes seigneuries et provinces, et l'aultre d'autres, et tenoit ung chascun party et parcial à bon, sainct et valiable ce que son Pape faisoit, ordonnoit, lioit ou deslioit; et je mesme veiz et m'en souvient que ceulx de Bourgoingne qui tenoient la premiere eslection et le party du Pape Eugene, faisoient conscience de ouyr messe, ou d'eulx conffesser au pays de Savoye et en l'obeissance du Pape Felix. Et certes icelluy Felix eut moult grant faveur, et moult grant port de plusieurs princes, et

chenon, *Hist. généal. de la maison de Savoie*, t. I, p. 469). Il quitta la couronne ducale le 7 novembre 1434 (*Id.*).

1. L'ordre de Saint-Maurice.

tellement qu'il gaigna de son costé Ytalie, Allemaigne et Espaigne. Mais le Roy de France ne le duc de Bourgoingne ne vouldrent jamais laisser ne habandonner le premier sainct et canonique Pape Eugene dessusdit; et se le duc de Bourgoingne se feust condescendu au duc de Savoye, son cousin, touchant ceste matiere, Pape Felix eust esté obey aussi par toute France, par Angleterre, et jusques en Norveghe. Mais, pour amour, pour sang ou pour affinité, jamais le bon duc ne se voult ployer ou condescendre de faire ou consentir riens, ou nulle chose, au prejudice du Pape Eugene.

Cinq ans dura ou environ ce scisme et ceste douleur en l'Eglise et par la chrestienté, et jusques à ce que cestuy Felix congneust bien qu'il n'auroit port ne obedience du Roy de France ne du duc de Bourgoingne, et qu'il demorroit frustré, en abuz de son intention. Si s'apensa de saulver son cas et son emprise par aultre voye; et, à la verité, ce fut ung des plus saiges et des plus entreprenans princes que l'on sceust, car, luy estant conte de Savoye, se feit duc, et fut le premier duc de Savoye. Il conquist la principaulté de Piemond à force d'armes; et tellement travailla Philippe Maria[1], duc de Millan, de guerre et par force d'arme, qu'il luy donna la conté de Verseil et la ville de Cyvaulx[2], et print le duc de Millan sa fille à femme, et recongneut avoir receu pour son mariaige trois cens mille ducatz;

1. Philippe-Marie Visconti.

2. Par le traité de Turin, du 2 décembre 1427, le duc de Milan céda à Amé ou Amédée VIII la ville et le comté de Verceil, et s'engagea à épouser Marie de Savoie, sa fille (Guichenon, *op. cit.*, t. I, p. 466). — Cyvaux, lisez Chivasso, à 22 kil. de Turin.

et pour icelle somme donna au dessusdit duc de Savoye et à ses successeurs, ou cas qu'il mourust sans hoirs legitimes de son corps, la duchié de Millan; et est la querelle que encores ont les ducz de Savoye sur la duchié de Milan. Cestuy Felix vesquit avec François et Bourguignons, et si saigement se gouverna au temps des divisions de France, que son pays de Savoye estoit le plus riche, le plus seur et le plus plantureux de tous ses voisins. Trois filles de Roy furent pour un jour seans à sa table, dont il avoit alié ses enffans par mariaige[1]. Luy vesve, print l'estat de religion, et fut appelé, invoqué et esleu pour la plus digne, plus grande et premiere personne de chrestienté; dont, comme dit est, luy congnoissant son emprise non venir à effect, trouva les moyens que la pluspart des princes chrestiens se meslerent de l'appoinctement des deux nommez Papes et du concille; et fut conclud, tenu et accepté que Pape Eugene demoureroit en sa dignité juste et canonicque, et que Felix demoureroit legat en toute puissance papale, en toute la duchié de Savoye et la principaulté de Piemond; et conferma Pape Eugene toutes les choses faictes par ledit Felix du temps devant. Et ainsi fut

1. Erreur assez étrange d'Olivier de la Marche. Dans les termes dont il se sert, cette qualification de fille de roi ne peut s'appliquer rigoureusement qu'à Anne, fille de Janus, roi de Chypre, mariée en 1433 à Louis de Savoie, deuxième fils d'Amédée VIII et son successeur en 1451. Les autres fils d'Amédée moururent tous jeunes et sans alliance. Il est vrai qu'une de ses filles, Marguerite, épousa en premières noces Louis d'Anjou, roi de Sicile, de Naples et de Jérusalem, et qu'il avait fait épouser à son petit-fils Amé Yolande de France, fille de Charles VII, par contrat du 16 août 1436. V. ce contrat ms. Bibl. nat., fonds franç. n° 2746, fol. 97. Mais le mariage ne fut consommé qu'après sa mort, en 1452.

paix et union en saincte Eglise, et despuis vesquit le legat de Savoye environ dix ou douze ans, et trespassa à Ripaille l'an mil quatre cens cinquante deux[1].

Sur ceste matiere ne firent les deux ducz aucune conclusion; mais en alliance d'amour et de paix se partirent[2], comme bons parens devoient faire; et avoit

1. Amédée mourut à Genève le 7 janvier 1451 (Guichenon, *op. cit.*, t. I, p. 493).

2. V. *supra* la mention du traité d'alliance conclu entre les deux ducs le 10 juillet 1443. Il subsiste dans les comptes de la recette générale de Bourgogne de nombreux vestiges des négociations poursuivies entre ces deux princes, avant ce traité, pendant le concile de Bâle et antérieurement à l'élection d'Amédée comme pape. Par lettres du 26 avril 1432, Lancelot, seigneur de Luyrieu et de Belfort, conseiller et chambellan du duc et son bailli de Mâcon, reçoit 72 fr. pour être allé par son commandement, avec Me Antoine de Noyers, archidiacre d'Autun, conseiller et maître des requêtes de l'hôtel du duc, de Dijon vers le duc de Savoie « pour aucunes besoignes et affaires grandement touchans mondit seigneur, lesquelx affaires se conduisoient par le moyen d'icellui monseigneur de Savoye. » Les envoyés de Philippe le Bon avaient quitté Dijon le 1er avril; ils trouvèrent Amédée à Thonon le dimanche 6 avril, y séjournèrent jusqu'au vendredi suivant, et adressèrent leur rapport au chancelier de Bourgogne le jeudi 24 avril après Pâques (Archives de la Côte-d'Or, B 1655, fol. 105). Jean Périer, conseiller du duc, reçoit 34 fr. par lettres du 19 février 1434 (v. st.), pour être allé au mois de juillet précédent, avec messire Philibert Andrenet, seigneur de Coursan, de Mâcon, où il faisait sa résidence, à Thonon vers le duc de Savoie « pour lui dire et exposer de par mondit seigneur certaines choses qui grandement touchoient le bien de mondit seigneur et de ses païs et subgez, » et aussi à Genève où le duc l'avait chargé d'une certaine besogne (Archives de la Côte-d'Or, *ibid.*). Le 16 septembre 1436, le chancelier envoie le même Philibert Andrenet, de Coursan à Anthon où était le duc de Savoie, puis en Bresse vers le prince de Piémont « pour besoignier devers eulx d'aucunes matieres secretes grandement touchans et dont mondit seigneur ne veult estre faicte aucune declaracion. » (Mêmes archives, B 1659, fol. 148.) — En janvier, février et mars 1437 (v. st.), Jean Esperon, sergent du duc au bailliage d'Autun, et

le duc de Savoye avec luy ung sien frere de l'eage de dix huit ans, qui estoit conte de Genesve, et se nommoit Amé[1]. Cestuy conte de Genesve desira d'estre de l'hostel du duc de Bourgoingne, ce qui luy fut liberalement accordé, car il estoit de très belle apparence de prince, et moult bien condicionné ; mais ne demoura guieres après qu'il mourut, dont ce fut grant dommaige pour la maison de Savoye. Et ainsi se partit le duc de Savoye et la duchesse, et se retirerent en leur pays[2]; et le duc de Bourgoingne se retira en sa ville

Jean Maire, clerc de la chancellerie audit bailliage, font aussi plusieurs voyages à Ripaille, vers le duc de Savoie, pour négocier le remboursement de 10,000 ducats d'or que celui-ci devait au duc de Bourgogne. Philibert Andrenet accompagnait Esperon dans ces missions (Mêmes archives, B 1664, fol. 89 et 94).—Jean de Neufchâtel, seigneur de Vaumarcoul, chevalier, conseiller et chambellan du duc, fit également un voyage avec Philibert Andrenet près du duc de Savoie et du prince de Piémont, son fils (Mêmes archives, B 1659, fol. 131). Cette ambassade se prolongea pendant les mois de mars et d'avril 1436 (v. st.), et fut payée 48 fr. à Jean de Neufchâtel, et 45 fr. à Andrenet (*Ibid.*, fol. 130).

1. Nouvelle erreur du chroniqueur. Il s'agit ici de Philippe, comte de Genève et baron de Faucigny, troisième fils d'Amédée VIII, qui mourut sans postérité en 1452. Amé ou Amédée, frère aîné de Louis et de Philippe, était mort depuis 1431.

2. Olivier de la Marche dit plus loin que le duc de Savoie assista au *pas* de l'arbre Charlemagne. Les deux princes quittèrent Chalon-sur-Saône le 10 juillet 1443, allèrent coucher à Nuits avec le comte de Genève et ouvrirent le pas le lendemain (Canat, *op. cit.*, p. 436). Il est probable qu'Olivier commet ici une nouvelle confusion. Les ducs de Bourgogne, de Bourbon et de Savoie ont fait ensemble deux séjours à Chalon-sur-Saône, l'un au mois d'avril 1442, l'autre au mois de juillet 1443. A la suite de ce second séjour, le duc de Savoie ne retourna pas immédiatement dans ses états, puisqu'il suivit le duc au pas de l'arbre Charlemagne et à Saint-Claude. Le passage ci-dessus se rattache donc vraisemblablement au premier séjour d'avril 1442. Ce qui

de Dijon, ouquel lieu il passa le plus beau de l'esté en grans chieres, festimens, bancquetz, chasses et volleries, et en plusieurs et divers desduictz ; et revint le duc de Bourbon et la duchesse de Bourbon[1], seur du duc, et Jehan de Bourbon, conte de Clermont, leur aisné filz, devers ledit duc de Bourgoingne, où ilz furent bien festoyez et bien recuilliz. Et en celluy temps se maria un escuyer de Bourgoingne, nommé Jehan de Salins, à la bastarde du duc de Baviere[2], une très belle damoiselle de l'hostel de la duchesse de Bourgoingne. Et là furent faictes les premieres joustes que je veiz oncques[3]; et furent les joustes en harnois de joustes, en selle de guerre, et à la foulle, sans toille. Là jousta monseigneur Jehan, heritier de Cleves, le conte Loys de Nevers[4], le nouveau marié, le seigneur de

confirme cette opinion, c'est qu'un peu plus loin La Marche ajoute que le duc de Bourbon *revint* près de Philippe le Bon ; or il ne revint qu'en 1442. (Canat, p. 423.)

1. Agnès de Bourgogne.

2. Jeanne, fille naturelle du duc Louis de Bavière et dame d'honneur de la duchesse de Bourgogne. Philippe le Bon, qui l'appelait sa cousine, lui constitua en dot 4,000 saluts d'or. Le contrat fut passé à Dijon en l'hôtel du duc, le 8 mai 1442. (Archives de la Côte-d'Or, B 300.)

3. Le récit d'Olivier semble indiquer que les joutes eurent lieu à Dijon, et le *Livre des faits de Jacques de Lalaing*, ch. VIII, l'affirme positivement. Au contraire, un ms. de la Bibliothèque publique de Valenciennes, n° 601, intitulé : *Diverses joustes et tournois. Fêtes et rois de l'épinette*, et attribué à Jacques Le Boucq, contient une description des noces de Jean de Salins et des joutes qui les suivirent, d'après laquelle ces fêtes auraient eu lieu à Besançon en 1440. Cette dernière date est évidemment erronée; aussi M. Kervyn de Lettenhove a-t-il pensé que les joutes ont été exécutées à Besançon en novembre 1442 (v. son édition de Chastellain, t. VIII, p. 35).

4. On ne connaît pas dans cette branche de la maison de Bour-

Wavrin[1], Guillaume Rolin, Anthoine de Sainct Simon, et plusieurs aultres. Et fut la jouste bien joustée, et certes les pompes et parures de lors n'estoient pas telles que celles de present; car les princes joustoient en parures de drap de laine, de bougran [et] de toille, garniz et ajolivez d'or clicquant, ou de peincture seullement, et si n'en laissoient point à rompre grosses lances, et d'endurer la rudesse de la jouste et des armes, comme font aujourd'huy les plus jolys. Et fut donné le bruit et le prix de la feste, tant dedans comme dehors, au seigneur de Wavrin, et à ung jeune escuyer du païs de Hainault, de l'hostel du duc de Bourgoingne, mignon dudit heritier de Cleves, nommé Jaquet de Lalain[2], lequel a depuis tant cuilly et monstré de vertuz, d'honneur et de vaillance, que cy après je auray assez affaire à besongner pour declairer et pour escripre le exercite chevaleureuse de sa vie.

En celle saison le conte de Fribourg, pour lors gouverneur et mareschal de Bourgoingne, pour ce qu'il estoit jà viel et travaillé de gouttes, se tira à Dijon devers le duc, et remonstra son impotence, et qu'il ne povoit porter le faiz et le travail de la guerre, suppliant que l'on le voulsist depporter et dechargier de son office, et y pourveoir d'homme pour exercer la

gogne de prince du prénom de Louis. Il s'agit bien certainement de Charles, comte de Nevers depuis 1415, fils de Philippe II de Bourgogne, aussi comte de Nevers, tué à Azincourt, et de Bonne d'Artois.

1. Philippe, seigneur de Wavrin et de Saint-Venant, « moult et vaillant jousteur, » dit le *Livre des faits de Jacques de Lalaing*.

2. V. le *Livre des faits de Jacques de Lalaing*, ch. VIII, dans les *Œuvres* de Georges Chastellain, édit. Kervyn de Lettenhove, t. VIII, p. 35.

peine et le labeur pour l'utillité du pays; et fut mis en conseil, que pour ce que le duc ne debvoit guieres demourer en la contrée, il estoit expedient voirement de pourveoir ès choses dessusdictes. Si fut advisé que Thibault de Neuf Chastel[1], escuyer, seigneur de Blamont, filz aisné du seigneur de Neuf Chastel, et eagé de vingt six ans, estoit homme de faict, de sens et d'execution et d'emprise, et de soy des plus grans et des plus puissans du pays de Bourgoingne et de grande maison; et combien que de sa personne il n'estoit d'apparence ou de force corporelle se peu de chose non, touteffois il s'estoit monstré homme magnanime, hardy et entrepreneur, et desjà avoit prins et gaigné Chasteau Villain[2] sur les François, et s'estoit monstré celluy des seigneurs de Bourgoingne qui plus grande resistance fist à l'encontre des escorcheurs, et fit et executa sur eulx maintes belles emprises, et leur fict et pourta moult de dommaige en ce temps et deppuis, comme vous orrez cy après. Et ainsi fut faict

1. Par lettres du 19 février 1434, le duc accorda 1,200 fr. à Thibaut de Neufchâtel « pour ses grans, notables, bons et aggreables services. » (Archives de la Côte-d'Or, B 1655, fol. 99.) Thibaut de Neufchâtel occupa la charge de maréchal de Bourgogne plus de trente ans.

2. Châteauvillain avait été pris peu après la paix d'Arras par le sire de Commercy qui l'occupa pendant près d'un an. Thibaut de Neufchâtel et le sire de la Sceiche reprirent sur lui cette place « de nuyt par eschielle. » V. les lettres de rémission accordées au sire de la Sceiche en décembre 1446, publiées par Tuetey, *Les Écorcheurs sous Charles VII*, t. I, p. 16 et 17. En décembre 1440, les gens du conseil à Dijon écrivent aux seigneurs de Blamont et de la Sceiche (Guillaume de Bauffremont), « presentement à Chastelvilain » pour les prier de vouloir bien certifier la vérité de la prise de cette ville. (Archives de la Côte-d'Or, B 1673, fol. 131.)

le seigneur de Blamont mareschal de Bourgoingne, l'an mil quatre cens trante[1].

CHAPITRE VII.

Comment Federic, Roy des Rommains, et le bon duc Philippe de Bourgongne se veirent et festeyerent en la ville de Besançon.

En celle mesme année[2] monseigneur Frederich,

1. « Trente-neuf. » Il y a ici une erreur de date. Thibaut IX de Neufchâtel fut créé maréchal de Bourgogne par lettres données à Dijon le 11 août 1443, et gardien de Luxeuil le 8 septembre suivant. Il reçut 2,000 fr. par an de gages sur la recette générale de Bourgogne, outre les gages et autres droits de guerre qu'il prenait sur les retenues des gens d'armes et de trait ordonnés sous ses ordres (Archives de la Côte-d'Or, B 1684, fol. 72). Jean, comte de Fribourg et de Neufchâtel, touchait 200 fr. par mois en qualité de gouverneur et capitaine général de Bourgogne, et les perçut jusqu'en 1440 (Mêmes archives, B 1655, fol. 73, et B 1673, fol. 56), « en oultre et par dessus tous telz droitz de mareschal que les mareschaulx de Bourgoingne ont acoustumé prendre et avoir en fait de guerre. » (*Ibid.*, B 1655, fol. 73.) En 1435, on lui paya ainsi 1,850 fr. pour ses gages (*Ibid.*). Mais, en 1440, l'office de gouverneur et capitaine général fut aboli, ainsi que le constate la pièce suivante : « Audit messire Jehan, conte de Fribourg, mareschal de Bourgoingne, retenu par monseigneur le duc oudit office par ses lettres patentes sur ce faictes données en son chastel de Hesdin le VIe jour de may l'an mil cccc et quarante, en abolissant, adnullant et mettant au neant ledit office de gouverneur et cappitaine general, aux gaiges d'ancienneté accoustumés, duquel office de mareschal de Bourgoingne dont esdictes lettres est faicte mencion il fist le xxe jour de septembre mil cccc et quarante le serement ès mains de mondit seigneur le duc, lequel serement fait, mondit seigneur lui bailla le baston en sa main comme à son mareschal. » Les gages de maréchal alors fixés à 200 fr. par an (Mêmes archives, B 1673, fol. 57) furent augmentés considérablement, comme on l'a vu plus haut, en faveur de son successeur.

2. On ne doit pas perdre de vue que toute cette chronologie est

archiduc d'Austrice, estant[1] Roy des Rommains, venant d'Ais en Allemaigne, et traversant partie de l'empire, retournant[2] en ses pays d'Austrice et aillieurs, par moyens trouvez d'ung costé et d'aultre, passa et vint en la cité de Besançon, ou conté de Bourgoingne, et laquelle est cité et siege d'empire. Et pour ce que c'estoit ou pays et en la seigneurie du duc, comme conte de Bourgoingne, il se tira audit lieu de Besançon environ huict jours avant que le Roy des Rommains y arrivast; se logea le duc ès Cordeliers[3], et fit preparer pour le Roy ou palays de l'archevesque[4] moult honnorablement de riches chambres de soye, de brodure et de tapisserie, et manda le duc les seigneurs du pays, lesquelx y vindrent pour accompaigner leur prince; et disoit on par extime que le duc de Bourgoingne fut accompaigné à celle fois de mille nobles hommes, ses subjectz; et quant vint le jour que

absolument inexacte. Elle ne commence à se rectifier qu'à la fin du chapitre VII. Rappelons sommairement que l'entrevue de Besançon, qui fait l'objet de ce chapitre, eut lieu au mois de novembre 1442, tandis que les faits relatés dans les chapitres V et VI *in fine* (assemblée de Chalon, nomination de Thibaut de Neufchastel) se rapportent à l'année 1443, de même que ceux des chapitres VIII et IX (pas de l'arbre Charlemagne, ambassade de l'empereur de Constantinople).

1. Mot remplacé par « fut fait » dans les éditions précédentes.

2. « Et depuis estant venu à Aix-la-Chapelle, et traversant partie de l'empire pour s'en retourner. »

3. Au couvent des Cordeliers de Besançon, fondé pendant la vie de saint François, c'est-à-dire avant 1226.

4. Le palais archiépiscopal de Besançon, rétabli par l'archevêque Guillaume de la Tour (1245-1268), venait d'être reconstruit en partie par l'archevêque Quentin Ménart, qui éleva le corps de logis ayant vue sur la ville (Dunod, *Histoire de l'église de Besançon*, t. I, p. 258).

le Roy des Rommains devoit arriver, qui fut par ung jeudi[1], le duc de Bourgoingne se tira aux champs, accompaigné de ceulx de son sang et de sa noblesse. Et me souvient que le seigneur de Ternant conduisit ce jour les archiers du corps du duc; et portoit le palatre[2] d'orfevrerie, qui moult bien luy seoit; car ledit de Ternant estoit lors en fleur d'eage, beau chevalier, de bonne grandeur, brung de visaige et de moult belle taille, et du demourant l'ung des acomplis chevaliers de son temps, et moult bien luy seoit la conduicte des archiers. Et le mieulx en point de celluy jour fut ung chevalier de Picardie, nommé messire Jehan de Crequi, chevalier de la Thoison; et fut icelluy seigneur de Crequi un très honnorable chevalier, vaillant en armes et grant voageur. Et affin que riens n'oublie, environ quinze jours paravant le duc de Bronswick[3], ung moult bel prince d'Allemaigne, revenant de Sainct Jaques[4], vint visiter le duc en sa ville de Dijon; et l'amena ledit duc avec luy, pour l'accompaigner à celle assemblée; et en fut honnorablement accompaigné le duc de Bourgoingne, car il parloit la langue d'Allemaigne, et sçavoit et congnoissoit comme l'on se devoit conduyre avec les seigneurs de l'empire; car chascune nation a sa maniere de faire. Et depuis le duc de Bronswich eust en mariaige la fille du duc de Cleves, nyece du duc de Bourgoingne dessusdit. Là estoit messire Loys de Chalon, prince d'Orange,

1. Jeudi 5 novembre? Le mercredi 31 octobre, d'après Dunod.

2. Hoqueton, aussi appelé « palletot. »

3. Henri, dit le Pacifique, fils de Henri, aussi duc de Brunswick, marié à Hélène de Clèves, sœur du duc de Clèves Jean Ier.

4. Saint-Jacques de Compostelle.

ung moult saige chevalier, et homme de grand fait, le seigneur d'Arguel[1], son filz, qui accompagnoient le duc leur souverain seigneur, à moult grant compaignie, Jehan de Vienne, seigneur de Bussy, filz du seigneur de Sainct George, le seigneur de Neuf Chastel[2], accompaigné de ses deux filz, le seigneur de Blamont[3], mareschal de Bourgoingne, et le seigneur de Montagu[4], son frere. Là estoient le conte de Fribourg[5] et le marquis de Rotellin[6], et furent ceulx qui conduisirent la veue du Roy et du duc. Là estoient les seigneurs de Couches[7], de Vergy[8], de Charny[9], de Montby[10], de Pesmes, de la Queuille et de Ray[11], et brief toute la noblesse du duchié et conté de Bourgoingne. Et par un mardi se tira le duc aux champs, à moult grant nombre de chevaulx, et chevaucha bien demie lieue avant qu'il encontra le Roy des Rommains qui venoit, grandement accompaigné des seigneurs et de la noblesse d'Allemaigne, et chevauchoit en grant ordre avec sa noblesse et toutes ses gens, qui portoient lances, targes, crannequins ou

1. Guillaume de Chalon.

2. Thibaut VIII, grand maître de l'hôtel du roi.

3. Thibaut IX, seigneur de Blamont et de Chastel-sur-Mozelle.

4. Jean de Neufchâtel, seigneur de Montagu et de Reynel.

5. Jean, comte de Fribourg, seigneur de Neufchâtel et de Champlitte.

6. Rodolphe de Hochberg, marquis de Rothelin, gouverneur en Suisse pour le duc d'Autriche.

7. Claude de Montagu, seigneur de Couches.

8. Jean de Vergy, seigneur de Fouvens et de Vignory.

9. Pierre de Bauffremont, seigneur, puis comte de Charny.

10. Guillaume de Vienne, seigneur de Montbis.

11. Antoine de Ray, seigneur de Ray, de Feneu et de Courcelles-sur-Aujon.

armures, dont il avoit grand nombre; et chevauchoient loing de luy, en la conduicte d'ung grand estendard armoyé d'ung grant aigle au millieu, et tenoient moult bel ordre ; et faisoit moult bel estrange veoir ce grant nombre de targes en diverses peinctures, et ces blondz cheveulx de ces Behaignons et Allemans qui reluisoient contre le souleil, et sonnoient les clairons du Roy à l'abordée. Mais les trompettes du duc de Bourgoingne ne sonnerent, depuis qu'il veit les enseignes du Roy des Rommains. Le jour fut assez bel, et à l'aprocher eust grant presse de chevaulx d'ung cousté et d'aultre, et s'arresta le Roy des Rommains en une plaine[1]; et

1. Dans son *Histoire de l'église de Besançon*, t. I, p. 265, Dunod a publié le récit de cette entrevue d'après un manuscrit écrit, dit-il, la même année. Ce récit diffère sur quelques points de celui d'Olivier de la Marche qu'il complète ou rectifie. Il en résulte que Philippe le Bon entra à Besançon le lundi avant la Toussaint, 29 octobre 1442, à six heures du soir, suivi de 2,200 chevaux et de sa noblesse *sans armes*. Le « mercredi de Toussaint, » 31 octobre, au soleil couchant, Frédéric, qui était alors âgé de vingt-sept ans et demi, entra à Besançon, avec 600 chevaux, par la porte de Maupas. Les gouverneurs de la cité étaient allés à sa rencontre jusqu'à Tarcenay, à deux lieues. Il y trouva l'archevêque, les abbés de Saint-Paul et de Saint-Vincent ; on le harangua en latin et en allemand, et Me Pierre-Léonard Mouchet lui offrit les clefs de la ville. A une demi-lieue de Besançon, avant la Vèse, se trouvaient M. de Clèves et le seigneur d'Arguel, et à la Vèse même, Philippe le Bon, *sans armes,* avec ses archers armés.

Les deux princes s'abordèrent au-dessus de Pierre-Écrite, dans une *combe*. Le roi des Romains et le duc descendirent de cheval et celui-ci mit un genou en terre. Puis ils remontèrent sur leurs coursiers, et partirent, l'empereur passant devant.

Entre les deux portes de Notre-Dame, les gouverneurs de la ville prièrent le roi des Romains de prêter serment de garder les libertés de la cité ; il répondit que « si il feroit. » En entrant, on plaça sur sa tête un « patron » ou dais de drap d'or, porté par Léonard Mouchet, Jean Clervau, Jean Woilland et Jean Le Blanc,

si tost que le duc de Bourgoingne peust avoir veue du Roy, ensemble les princes et les gens de sa compaignie, tous se defulerent du chief en grant reverence; et pareillement feit le Roy et ceulx de sa compaignie, qui furent grant nombre de ducz, de contes et de che-

le duc marchant à ses côtés. On alla ainsi jusqu'au grand autel de Saint-Jean et, de là, Frédéric se rendit à l'archevêché, tandis que Philippe le Bon se dirigeait « devers le cloistre. »

Le jour de la Toussaint qui suivit, la duchesse de Bourgogne entra à Besançon dans une litière, avec « trois chariots damerets et huit hacquenées blanches toutes garnies de drap d'or velouté. » Le roi des Romains alla au-devant d'elle jusqu'à la fontaine Saint-Martin, à deux milles de la ville. Il la rencontra dans une plaine, où « se baisèrent l'Empereur à cheval et Madame en sa litière, et vindrent l'un de costé l'autre jusques ez Ruchottes des Champs, où l'Empereur se mit devant et alla jusqu'à la porte de Charmont, en laquelle fut grand débat d'aller devant ; toutefois l'Empereur entra premier à la requeste de Madame, qui l'en requit à genoux dans sa litière, et dès donc allèrent ensemble jusqu'à l'hostel des Cordeliers, à l'entrée duquel, auprès de la Croix, l'Empereur descendit à terre, et Monsieur de Bourgongne estoit sous l'angle du toit venant au devant de l'Empereur et là se rencontrèrent. »

Ici Philippe le Bon met deux fois l'un des genoux à terre et « l'Empereur l'embrasse en le retenant. » Quant à la duchesse, elle s'agenouille aussi deux fois devant M. de Bourgogne, mais celui-ci « n'en fit onques semblant. » En prenant congé de l'Empereur dans la grande salle du palais archiépiscopal, Philippe le Bon se met encore par deux fois à genoux.

Tel est le récit de Dunod. D'après les *escroes* de l'hôtel au contraire, le duc de Bourgogne serait arrivé à Besançon le 3 novembre au soir et en serait parti le 13 au matin. Ce serait entre ces deux dates qu'il faut placer le séjour du roi des Romains. Notons cependant que le duc avait convoqué dès le 16 octobre plusieurs seigneurs « à estre devers luy à Besançon le xxviii dudit mois, pour le accompagner à la venue du roi des Romains » (Canat, p. 425, d'après un compte de Bladelin), ce qui correspond bien au récit de Dunod. En tout cas, le duc n'est pas arrivé six jours avant le roi, comme l'affirme Olivier de la Marche. (Marcel Canat, *Documents inédits pour servir à l'histoire de Bourgogne*, t. I, p. 492.)

valiers, et beaucop habillez à la parure et comme le Roy. Et quant vint à l'aproucher, le duc de Bourgoingne s'enclina sur l'arçon de sa selle si bas et si reveremment comme il le peust faire, et le Roy le receut très humainement, luy rendant grant honneur de sa part. Là se feirent les honneurs et les recueilletes d'ung costé et d'aultre, entre les princes, les seigneurs et les nobles hommes, et puis prindrent le chemin contre la cité. Le Roy des Rommains estoit habillé d'ung pourpoint à gros cul, à la guise de Behaigne, et d'une robe de drap bleu brun; et avoit ung chapperon par gorge, dont la patte venoit jusques à la selle, et estoit decouppé à grans lambeaulx; et portoit en son chief ung petit chappel gris, à court poil, et sur son chappel avoit une petite et estroitte couronne d'or, et estoit la premiere couronne dont il avoit esté couronné à Ais en Allemaigne. Il fut homme de bonne taille, beau seigneur, et povoit avoir vingt six ans d'eage. Ung chevalier portoit toujours une espée devant luy. Ses sergens à masse, ses huissiers d'armes, roys d'armes et heraulx, chascun se mit en son devoir. Les clairons du Roy sonnerent l'entrée, et non aultres; et toujours tiroit le Roy le duc de Bourgoingne le plus près de luy qu'il povoit, en luy faisant grant honneur et grant chiere. Et quant à la personne du duc dessusdit, il estoit vestu d'une robe noire, et portoit le collier de son ordre à son col, et certainnement il sembloit aussi bien prince et grand maistre que nulz que je veisse deppuis. Il estoit monté sur ung roussin bay, et recepvoit les honneurs que luy presentoit le Roy si doulcement et tant honnestement que la façon et la mode estoit à tous plaisante et agreable, car de plus courtois prince ne mieulx saichant ce qu'il devoit faire en tel cas n'a pas regné de son temps.

Et touteffois, servant à mon propos, pour ce que à l'heure je estois paige du duc, et ne pouvoie lors comprendre ne sçavoir pourquoy ne à quelle raison se faisoient les misteres ne les honneurs, je fay une question par maniere de incidence. Ce duc de Bourgoingne, qui tant scet d'honneurs et de biens, va au devant de la seconde personne de chrestienté en election ; luy qui est de nativité maternelle, et en subgection de plusieurs seigneuries à luy appertenans, subject de l'empire, pourquoy c'est il faict qu'il[1] n'est descendu jus de son cheval, comme les aultres princes de l'empire font journellement devant leur Empereur ou devant le Roy des Rommains, ayant possession par election, et d'abondant desjà une couronne prise à Ais? Certes ce n'a pas esté du temps que j'ay esté paige, ne escuyer, ne josne homme que j'ay ceste question demandée ne sceue. Ad ce je respons deux poinctz ou deux raisons qui ne sont pas à oblier ou à non ramentevoir, pour appaiser les demandeurs. La premiere si est que le duc Philippe de Bourgoingne estoit filz, en tiers, du Roy Jehan de France, et yssu paternellement du noble lit, du sang et de la maison royalle de France, ce que le duc vouloit bien monstrer aux Allemans. Et la seconde fut qu'icelluy monseigneur Frederich d'Austrice n'estoit encores que Roy des Rommains, et non pas Empereur receu, mais esleu, et les seigneuries qu'il tenoit en l'empire, en tant qu'elles povoient estre

1. « Pourquoy c'est il faict que le duc. » Ms. nº 2869. Dans les éditions précédentes ces mots ont été transportés au commencement de la phrase : « pourquoy c'est il faict que luy qui est... »

subjectes ou tenues, c'estoit comme de l'Empereur, et non pas comme du Roy des Rommains; et touteffois je crois la premiere raison plus vraye.

Tant chemina celle noble compaignie, qu'ilz arriverent à l'entrée de la cité, et là les citoyens apporterent ung palle de drap d'or, porté par les plus notables bourgeois d'icelle cité, soubz lequel palle entra le Roy des Rommains ; et à la verité travailla beaucoup, et mist grant paine de faire que le duc de Bourgoingne entrast avecques luy soubz ledit palle. Mais le duc ne le voult point faire, mais chevauchoit au senestre costé du Roy, la teste de son cheval aussi avant que la cuisse de celluy du Roy. Toute la noblesse, tant de l'empire comme de Bourgoingne, chevauchoient en belle ordonnance. Là estoit le digne arcevesque de Besançon[1] à pied, et en procession tous les prelatz et les gens d'eglise de la cité, portans relicques et choses devotes, au devant du Roy : et tant cheminerent qu'ilz arriverent au palays, où le Roy descendit, et le duc avec luy, lequel convoya le Roy en l'eglise et en sa chambre, et puis print congié, et s'en revint en son hostel. Et n'est à oublier que Simon d'Oursan, ung gentilhomme de la conté, comme mareschal heritier de l'Empereur à Besançon, eut le cheval du Roy, de son droit.

Chascun jour visitoit le duc de Bourgoingne le Roy, et le dimenche suyvant, fit le duc ung grand et riche disner où le Roy et les seigneurs de sa compaignie disnerent, et ay bien souvenance que le duc porta celluy jour une echarpe d'or garnye de balais et de

1. Quentin de Flavigny, dit Ménard, archevêque de Besançon de 1438 à 1462. C'était un prélat très aimé de Philippe le Bon.

perles, que l'on extimoit valoir plus de cent mille escuz. A la table du Roy ne disna que le duc, son hoste, qui moult courtoisement et de grand cueur le receut et festoya en son logis; et moult souvent tranchoit le duc la viande, et la presentoit au Roy, et le servoit à celuy disner, comme celluy qui bien le sçavoit faire. Et après le disner se retraist le Roy, et les principaulx de son hostel, en une chambre, et là vint le duc, son chancelier, et aultres de son conseil, et là fut commencé à ouvrir les matieres de leurs affaires, dont, à ce que j'entendiz et sceuz deppuis, et grant temps après, le plus grant affaire qui fut entre eux estoit pour les contez de Haynault, de Hollande et de Zeelande, pour ce qu'elles estoient venues par succession de madame Jaques de Haynault[1]; et disoit on que celles seignories, venans à fille, devoient revenir à la seignorie de l'empire. Et pareillement furent aucunes questions pour la duchié de Brabant, que l'on disoit non estre relevée par le duc de Bourgoingne souffisamment, et dont autrefois en avoit esté question entre l'Empereur Sigismond et le duc dessusdit, pour ceste matiere. Et aussi fut question de madame Marguerite[2] de Bourgoingne, mariée au duc

1. Jacqueline de Bavière, comtesse de Hainaut et de Hollande, fille de Guillaume de Bavière et de Marguerite de Bourgogne.

2. Catherine et non Marguerite de Bourgogne, fille de Philippe le Hardi, mariée à Léopold, duc d'Autriche. Marguerite, son aînée, avait épousé en 1385 Guillaume de Bavière, comte de Hollande et de Hainaut. Cette princesse mourut le 26 janvier 1425, instituant pour son héritier le duc Philippe qui la fit, selon son désir, inhumer dans l'église des Chartreux, près Dijon. (D. Plancher, t. IV, p. 109.) L'assignation de son douaire avait donné lieu à de longues négociations dont les pièces sont conservées aux Archives de la Côte-d'Or, B 294 à 297.

Lupus d'Austrice, et demandoit monseigneur de Bourgoingne de grans arreraiges deubz en ceste partie sur les biens dudit Lupus. De toutes ces choses furent plusieurs grandes et notables raisons alleguées par le conseil d'ung costé et d'aultre, et furent plusieurs journées et assemblées tenues à l'hostel du Roy, en la chambre de son conseil. Et environ six jours après vint au lieu de Besançon madame Ysabel de Portugal, duchesse de Bourgoingne, accompaignée de la contesse d'Estampes[1] et de plusieurs aultres dames et damoiselles; et se partirent tous les princes et seigneurs de la maison du duc pour aller au devant d'elle; et mesme le Roy des Rommains accompaigné de sa chevalerie alla au devant de ladicte duchesse bien ung quart de lieue hors de la ville. La duchesse entra en une litiere couverte de drap d'or cramoisi, et après elle deux haquenées blanches couvertes de mesme la litiere, et les menoient deux varlets à pied. Après venoient douze dames et damoiselles à haquenées harnachées de drap d'or, et après quatre chariotz plaings de dames; et certes en ceste compaignie avoit de belles filles, dont sur toutes avoit le bruit, pour la beaulté, Blanche de Sainct Simon, qui depuis fut dame de Bergues en Brabant. Ainsi entra la duchesse, et tousjours l'accompaigna le Roy des Rommains, et adextra la littiere, comme s'il ne feust qu'un simple conte, l'emmena en son logis, descendit à pied avec elle, et la conduisit en sa chambre, et fit tant d'honneur celle fois et tousjours à la duchesse, aux dames et damoiselles de sa compaignie, que grant louange

1. Jacqueline d'Ailly, comtesse d'Étampes.

luy en fut donnée de chascun. Puis s'en retourna le Roy, et le duc de Bourgoingne le convoya, et toute la seigneurie.

Plusieurs assemblées, festois, bancquetz, danses, mommeries et esbattemens furent faictz pour festoyer le Roy des Rommains; et me souvient que souvent dansoit le Roy avec la duchesse, et le duc de Bourgoingne avec la contesse d'Estampes; et quant le Roy dansoit, tousjours deux chevaliers, à tout chascun une torche, dansoient devant luy, eulx tenans par les mains; et ceulx que je y veiz le plus souvent danser et aller[1], ce fut le duc de Bronswich, et Jehan, monseigneur de Cleves, et souvent le seigneur de Charny, qui pour lors estoit un moult bel chevalier, et chevalleureux de sa personne, et dont de ses faictz je deviseray de brief en la poursuyte de mes memoires.

Dix jours ou environ demoura le Roy des Rommains à Besançon, et, sur les matieres debatues par le conseil d'ung chascun costé, furent tant baillées de responses, et si notablement les causes remonstrées, qu'ilz se partirent en bon accord. Ne de la part du duc ne furent faictes aucunes reprises que j'aye sçu. Et donna le duc de grans dons au Roy en tapisseries de haulte lice, en chambres de broudures et en chevaulx, couverts et bardez moult honnorablement; et le Roy donna des gratuitez d'Allemaigne au duc, comme haulbergons et cranequins faictz en Noremberg, moult beaulx et moult bien faictz. Vint prendre le Roy congié de la duchesse et des dames; le convoya le duc plus d'une lieue, et ainsi se partit le Roy des Rommains de Besan-

1. Ne faudrait-il pas lire *baller* ?

çon, par ung mardy, dixiesme jour de novembre mil quatre cens cinquante deux[1].

CHAPITRE VIII.

De quelques festes et ebatemens en la maison du bon duc Philippe de Bourgogne; comment l'Empereur de Constantinople luy envoya demander secours contre les Turcs; et comment la duchesse de Luxembourg veint vers iceluy duc de Bourgogne, pour avoir aide contre la rebellion de ses subjets.

Ainsi se partit le Roy des Rommains de Besançon, et le duc de Bourgoingne retourna pour celle nuict en la cité, et landemain se partirent le duc et la duchesse pour aller en une des places du prince d'Oranges[2], pour parfaire et accomplir le mariaige de Jehan de Chalon[3],

1. Lisez : *quarante-deux*. Olivier de la Marche n'a pas fait attention que, cette année-là, le 10 novembre tombait un samedi. Philippe le Bon étant resté un jour de plus que son hôte à Besançon, et ayant quitté cette ville le mardi 13 au matin (voy. plus haut, p. 275, la note *in fine*), c'est au lundi 12 qu'il convient de fixer le départ de l'empereur.

2. Nozeroy, d'après les derniers éditeurs de Gollut, *Les Mém. hist. de la république séquanoise*, col. 1151, note. Voy. aussi quelques détails sur ce mariage, dans Ed. Clerc, *Essai sur l'histoire de la Franche-Comté,* t. II, p. 460.

3. C'est de Guillaume et non de Jean de Chalon qu'il est ici question. Le contrat de son mariage avait été dressé le 9 août 1438. Il existait bien aussi en ce temps un Jean de Chalon, mais il était frère du prince d'Orange, seigneur de Châtelbelin et d'Arlay, et était marié à Marguerite de Bourgogne. — D'après les *escroes* de l'hôtel, Philippe le Bon quitta Besançon le 13 novembre 1442, arriva ce jour à Quingey, fut à Salins du 14 au 16 et alla ensuite

seigneur d'Arguel, pour lors seul filz dudit prince, avec madamoiselle Katherine de Bretaigne, fille du conte d'Estampes[1], et de la seur du duc d'Orleans dessus nommé. Celle damoiselle Katherine estoit josne, belle, et de grant lieu venue, et fut deppuis dame fort renommée. Et à celle feste furent le duc et la duchesse, ensemble toute la seignorie, grandement festoyées; et de là se retirerent faire leur pelerinaige à Sainct Houan[2], où le corps du glorieux confesseur monseigneur sainct Claude gist et repose. Puis retournerent à Dijon, où ilz parferent le surplus de l'iver, de la karesme et du temps pascal en volleries, chasses, dances et festiemens, selon les saisons et le temps; et n'estoit lors aucune nouvelle de guerre, ou question qui touchast ou apertinist au duc ou à ses aliez.

A l'occasion du temps oyseulx, le seigneur de Charny dessusdit s'accompaigna de douze chevaliers et escuyers, tous du duchié ou conté de Bourgoingne, feaulx ou subjectz; et fit publier ung an devant, par tous les royaulmes chrestiens, une emprinse d'armes, et y envoya roys d'armes, heraulx et poursuivans à ses despens, en intencion que luy, treziesme de nobles

à Nozeroy, puis à Saint-Claude. Le 20, il était à Arbois, le 21 à Vadans, à Dôle le 22 et le 25 à Dijon. Il y eut un autre voyage du duc de Bourgogne à Saint-Claude au mois de juillet 1443, avec le duc de Savoie. Philippe le Bon en revint seul à Dijon le 25 juillet.

1. Richard de Bretagne, comte d'Étampes, marié à Marguerite d'Orléans, sœur du duc Charles. Son fils aîné, François II, fut le dernier duc de Bretagne.

2. Ancien monastère de Condat, autrement dit Saint-Oyan de Joux, dont saint Claude fut abbé vers 640. (*Bollandistes* au 6 juin, col. 648 et suiv.; Dunod, *Histoire de l'église de Besançon,* t. I, p. 65 et suiv. ; Christin, *Dissertation sur l'établissement de l'abbaye de Saint-Claude,* 1772.)

hommes, garderoient un pas, le temps et terme de six sepmaines, pour combatre et faire armes, fust à pied, fust à cheval, à tous nobles hommes venans à icelluy pas. Et me souvient que premierement furent icelles armes publiées pour estre faictes à la chaussée d'Auxonne; et depuis fut le pas remis et executé à l'arbre Charlemaigne qui siet à la charme de Marsenay, près de Dijon; et se debvoient icelles armes faire en la presence et soubz le jugement du duc de Bourgoingne ou de son commis. Par l'execution du pas on entendra les chappitres, mais pour ce que les chappitres[1] sont mal aisés à recouvrer, et que l'escripture en est longue, je m'en passe, et deviseray de l'execution de ce noble pas par où tout se pourra entendre et congnoistre; et commenceray ainsi qu'il s'ensuyt.

Pierre de Bauffremont[2], chevalier, seigneur de

1. « On entendra les chapitres, desquels, pour ce qu'ils sont. »

2. Pierre de Bauffremont était un des chambellans les plus aimés de Philippe le Bon. Par lettres closes datées de l'Ecluse le 14 octobre 1432, celui-ci le constitua après la mort d'Antoine de Toulongeon, « pour l'experience » qu'il avait « de ses sens, loiauté et vaillance, » gouverneur et capitaine général de ses pays de Bourgogne, Charolais, Mâconnais et Auxerrois, « aux gages de mareschal et autres droiz, prouffiz, honneurs, preeminences telz que faisoit ledit feu messire Anthoine. » (Archives de la Côte-d'Or, B 11942, n° 216.) Le 9 juillet 1456, il érigea en sa faveur en comté la baronnie de Charny à laquelle furent annexées les châtellenies de Pouilly et d'Arnay-le-Duc, qui avaient été données par le duc à sa fille naturelle Marie, en faveur de son mariage avec Pierre de Bauffremont, à la charge que « ou cas où ladicte dame yroit de vie à trespas sans hoir de son corps ou les hoirs de son corps legitimes et naturelz sans hoirs de leurs corps » icelles châtellenies d'Arnay et de Pouilly retourneraient au duc et à ses successeurs, séparées dudit comté en tel état qu'elles étaient au temps du transport. (Archives de la Côte-d'Or, B 1287; Peincedé, t. I, p. 181 et 509.)

Charny, de Molinot et de Montfort, luy trezíesme de chevaliers et escuyers, natifz ou subjectz de la duchié et conté de Bourgoingne, nobles hommes de quatre lignées, et sans vilain reproche, font assavoir à tous nobles hommes, excepté ceulx du royaulme de France et des pays et subjectz du duc de Bourgoingne, qu'ilz tiendront un pas six sepmaines durant, l'an mil quatre cens cinquante trois[1], en la charme de Marcennay près de Dijon, pour faire armes à tous nobles hommes des condictions dessusdictes, soubz le jugement du duc de Bourgoingne; et commencera icelluy pas et armes le premier jour de juillet l'an dessusdit, et finira les six sepmaines accomplies ; et par chascun jour sera trouvé pendant à l'arbre Charlemaigne, qui est en ladicte charme, deux escuz, l'ung noir, semé de larmes d'or, et l'aultre violet, semé de larmes noires, dont celluy qui touchera ou fera toucher à l'escu violet, semé de larmes noyres, sera tenu de combatre à pied, à l'encontre de l'ung de ceulx qui gardent le pas, quinze cops de hache, ou de poux[2] d'espée, dont le gardant le pas livrera les bastons, et le venant de dehors aura le choix. Et est à entendre que se le venant de dehors choisit la hache, ilz combatront tous deux de la hache, et pareillement de l'espée. *Item*, et le noble homme qui touchera à l'escu noir semé de larmes d'or sera tenu de courre onze courses de lance à fers esmouluz, à cheval, en selle et harnois de guerre, à l'encontre pareillement de l'ung de ceulx qui gardent le pas; et se aucung noble homme touche les deux escuz, il sera

1. C'est une erreur de date commise par le copiste du ms. nº 2869. Il faut lire 1443.

2. « Poussés. »

tenu de faire armes en toutes les deux façons. Et furent iceulx chappitres moult bien faictz et articulez de plusieurs poinctz, contenans et esclarcissans les perilz et les amendes qui debvoient estre par ceux qui en faisant lesdictes armes seroient portez par terre, feust à pied, feust à cheval, ou desembastonnez, dont de plusieurs choses ne me souvient. Et mesmement fut esdis chappitres expressement declairé que nulz nobles hommes, de condiccion dessusdicte, ne se pourroient trouver devant les escuz sans y laisser gaige d'espée ou d'esperon, ou faire armes, selon le contenu d'iceulx chappitres. Mais ay seullement mis par escript l'effect de l'emprise dudit seigneur de Charny et de ses compaignons, qui fut envoyée et publiée par les royaulmes chrestiens, comme dit est, et executée comme vous orrez cy après.

Pendant le temps que le pas se preparoit en son exécution, comme dit est, le duc et la duchesse firent de grans chieres en leur ville de Dijon, et là furent faictes unes joustes à selles plattes, et en harnois de jouste, de josnes gens et de nouveaulx jousteurs, pour apprendre le mestier. Et furent ceulx de dedans, Adolf, monseigneur de Cleves, Cornille, bastard de Bourgoingne, Jaques de Villiers et Philippot Copin. Icelluy Philippot fut ung escuyer moult gentil compaignon, et l'ung des merveilleux jousteurs de son temps; et à celle cause fut ordonné avec ces deux josnes seigneurs pour soutenir le faiz, se besoing faisoit. Là jousterent Philippe Pot, Anthoine Rolin, Jehan du Boz, le Moyne de Neufville, Anthoine de Herin, Cornille de la Barre, Jehan Courault, et plusieurs [autres] josnes gens et nouveaulx jousteurs. La jouste fust bien joustée et vivement, et mainctz furent portez hors de leurs selles; et gaigna le prix de dedans le bastard de Bourgoingne, et de dehors un escuyer allemand, de l'hostel du prince d'Oranges, nommé Rambot. Et la cause principalle pourquoy j'ai escript ceste simple jouste, c'est pour dire verité de deux nobles personnaiges : c'est Adolf, monseigneur de Cleves, qui[1] print tel commencement à la jouste celle fois, que depuis il a esté tenu l'ung des gentils coureux de lance et ung des bons jousteurs, et qui [plus] souvent a jousté et gaigné pris que l'on ait sceu de son temps; et au regard de Cornille, bastard de Bourgoingne, ce fut deppuis l'ung des plus gentils hommes d'armes, et ung vaillant, saige et veritable cappitaine; et se Dieu l'eust souffert vivre longuement, il avoit apparence pour faire de grans services à la maison de Bourgoingne. Mais il mourut josne chevalier, en la guerre que firent les Gantois, comme cy après le pourrez veoir, à la poursuyte des memoires presentes.

En telle plaisance se executoit le temps et la saison, et venoient au duc embassades de toutes pars, et lors arriva devers luy ung chevalier grec[2], de la court et chambellan de l'Empereur de Constantinoble[3]; et aporta lettres et embassades, de par l'Empereur dessusdit, au duc de Bourgoingne, l'advertissant de ses nouvelles,

1. « C'est d'Adolf, monsieur de Clèves, et de Cornille, bastard de Bourgongne, lequel Adolf prit. »

2. Théodore de Caristos, « archer habile et audacieux » (Hammer, t. II, p. 417), appelé Théodore Crystino par Wavrin (6e part., liv. Ier, vi, t. II, p. 31). V. sur cette ambassade Wavrin, *loc. cit.*, et le *Livre des faits de Jacques de Lalaing,* ch. vii, t. VIII des *Œuvres* de Chastellain, p. 32, et *infra, Mémoires,* ch. x.

3. Jean Paléologue II.

et luy requerant de secours et de ayde. Et quant à ses nouvelles, il estoit adverty que le grant Turc faisoit une grande et très puissante armée en intencion de passer en Grece, et de venir devant sa cyté de Constantinoble, et trouvoit l'Empereur peu ou nulz princes disposez à son secours. Parquoy luy, congnoissant le duc estre bon amy et vray catholicque, mettoit sa fiance et son confort, après Dieu, en luy seullement; car desjà avoit tant approuvé et sceu de son noble vouloir et de son povoir, que ses naves et ses navieres, à grans fraiz et à grant puissance, avoient waucré la mer de Ponant[1] et fait grand secours à la chrestienté; et pour ce envoioit devers luy, en esperance de secours et d'ayde; et certes le chevalier embassadeur estoit tenu l'ung des adrois archiers, à leur maniere, qui fut en toute Grece; et, pour appreuve, je le veiz courir à cheval, et en courant bander son arc et mectre sa barbe en sa bouche, pour le doubte de la corde, et tirer derriere luy plusieurs fleiches, qui estoit chose moult nouvelle, à la façon de pardeçà.

En ce temps, madame Jehanne de Gueurich[2], duchesse heritiere de la duchié et pays de Lucembourg et conté de Cheny, vint au lieu de Dijon, à secours et à remede,

1. Sauvage a remplacé « Ponant, » qu'il considérait être contre le sens de l'auteur, par « Levant. »

2. Élisabeth de Luxembourg, fille de Jean, duc de Gorlitz, marquis de Moravie, mariée à Antoine de Bourgogne, duc de Brabant, fils de Philippe le Hardi, puis à Jean de Bavière, dont elle devint veuve en 1425. Les empereurs Venceslas et Sigismond, ses oncles, avaient engagé au duc Antoine de Brabant le duché de Luxembourg en garantie de sa dot, de 120,000 florins, qui n'avait jamais été payée. Par suite, Élisabeth avait continué à jouir du duché. La Marche lui donne à tort le prénom de Jeanne.

devers le duc de Bourgoingne, son parent[1], luy remonstrant comme les Lucembourgeois l'avoient dechassée de son heritaige et de sa duchié de Lucembourg[2], et avoient mandé le duc de Zasses[3], et prins et receu ses commis et ses gens d'armes, en la faveur tant dudit duc comme du Roy Lancelot[4] de Honguerie, son nepveur[5]; et recongneurent iceulx à seigneurs, leur firent sairement et dechasserent leur noble heritiere souveraine dame dessusdicte. Et pour icelle cause ladicte duchesse fut devers l'Empereur, son nepveur, et devers tous les princes de l'empire, qui tous luy estoient prouchains de lignaige; mais oncques ne y trouva confort, port, faveur ou ayde, pour ce que iceulx ducz de Zasses sont grans, nobles et puissans en Honguerie, Behaigne et Germanie. Et fut contraincte icelle dame de venir à refuge et à confort devers icelluy duc de Bourgoingne, son nepveur et prochain parent du

1. Il était neveu de ses deux maris, l'un du côté paternel et l'autre du côté maternel.

2. Sur les droits de cette duchesse sur le Luxembourg, v. Monstrelet, ch. CCLXXIV, t. VI, p. 73; *Anchiennes cronicques d'Engleterre*, de Wavrin, t. II, p. 49; Bertholet, *Histoire du duché de Luxembourg*, t. VII, p. 373 et suiv., et *infra*, t. II, ch. x.

3. Guillaume III, duc de Saxe et landgrave de Thuringe, fils de Frédéric Ier, dit le Belliqueux.

4. Ladislas d'Autriche, couronné roi de Hongrie en 1441, mais reconnu en cette qualité seulement le 13 février 1453.

5. Les droits que Guillaume de Saxe prétendait faire valoir lui venaient de sa femme, Anne d'Autriche, fille de l'empereur Albert II, et par sa mère, Élisabeth de Luxembourg, nièce à la mode de Bourgogne d'Élisabeth de Gorlitz, dont il est ici question. Ladislas, frère germain d'Anne, né posthume le 23 février 1440, était donc beau-frère et non pas neveu de Guillaume, et il avait les mêmes droits successifs que sa sœur au duché de Luxembourg. V. Bertholet, *op.* et *loc. cit.*

costé de Behaigne et de Baviere. Si fut à icelle dame faict grant honneur et grant recuillotte.

CHAPITRE IX.

Comment treze gentilshommes de la maison du duc de Bourgongne teindrent le pas d'armes à tous venans, près Digeon, en une place nommée l'Arbre Charlemaigne.

Or est bien le temps que je me boute ou temps oiseulx et plain de plaisances et de honnestes passetemps, et que je recite l'execution de cestuy noble pas[1] crié et publié par tous les royaulmes et seigneuries chrestiens, affin de ramentevoir la chevallerie monstrée de tous les partiz, et aussi par maniere d'escôlle et de doctrine aux nobles hommes qui viendront cy après, qui, peult estre, desireront de eulx monstrer et faire congnoistre en leur advenir comme leurs devanchiers, et de monstrer et faire reblandir leurs blasons en leur cotte d'armes estendue et couchée sur leurs corps, prestz et apparaillez de endurer la for-

1. Le pas de l'arbre Charlemagne, ouvert le 11 juillet 1443, a été aussi cité par Monstrelet, ch. CCLXXII, t. VI, p. 68 et suiv., ou plutôt cet auteur en fait connaître les jouteurs et les conditions. Mais la description complète ne se trouve que dans Olivier de la Marche. V. aussi Paradin, *Annales de Bourgongne*, liv. III; le P. Ménestrier, *Traité des carrousels*, 1664, et *Histoire généalogique de la maison de Rabutin*, publiée par Henri Beaune. — Monstrelet l'appelle le pas « séant sur le grand chemin venant de Dijon à Auxonne au bout de la chaucié partant de ladicte ville d'Auxonne et ung gros arbre appelé l'arbre des Hermittes. » Il n'a pas fait attention ou n'a pas ajouté que ces armes, d'abord publiées, en effet, « pour estre faictes à la chaussée d'Auxonne » (voy. plus haut, p. 284), se tinrent en réalité à Marsannay, près Dijon.

tune telle qu'elle, à la chasse et poursuitte de noblesse et de renommée, a accoustumé de se donner. Et est besoing, avant que je entre à l'accomplissement des armes, que je devise de l'estat des pompes et preparacions que fit le seigneur de Charny, chief et fournisseur de la despence du pas, et comment fut ceste sollempnité haultement et par grans fraiz menée et conduitte, dont à mon rapport je demande à tesmoignaige tous les escriptz et registres faictz par les roys d'armes et heraulx presens à ceste chose.

Premierement, le seigneur de Charny fut, près du temps et espace d'ung an, accompaigné des seigneurs et nobles hommes escriptz et nommez cy après, et chascun[1] en fournissant ses armes, et portoient tous par emprise chascun une garde devant[2], à la maniere de la garde d'un harnois de jambe, et la portoient au genoul senestre les chevaliers[3] dorée, et semée de larmes d'argent; et les escuyers[4] d'argent, semée de larmes dorées. Et debvez sçavoir que c'estoit belle chose de rencontrer telz treze personnaiges ensemble, et d'une parure; et firent leurs assais et preparatoires en l'abbaye de Sainct Benigne de Dijon.

Et, en suyvant lesdiz chappitres, le seigneur de Charny fist clorre, à maniere d'ung bas palis, l'arbre Charlemaigne, qui siet à une lieue de Dijon, tirant à Nuis, en une place appellée la charme de Marcennay[5];

1. Mot omis ou supprimé dans les éditions précédentes.
2. « D'argent. »
3. « Estant icelle. »
4. « La portoyent. »
5. Marsannay-la-Côte, près Dijon, au pied de la côte qui produit les grands vins de Bourgogne.

et contre ledit arbre avoit ung drap de haulte lice, des plaines armes dudit seigneur, qui sont escartelées de Bauffremont et de Vergy[1], et au millieu ung petit escusson de Charny. Et à l'encontre[2] dudit tapis furent attaichez les deux escuz semez de larmes, c'est assavoir au dextre costé l'escu violet, semé de larmes noires, pour les armes à pied, et au senestre l'escu noir, semé de larmes d'or, pour les armes de cheval; et, pour garder iceulx, estoient roys d'armes et heraulx vestuz et parez des cottes d'armes dudit seigneur.

Tenant à l'arbre Charlemaigne, ainsi que au pied, a une fontaine, grande et belle[3] et laquelle ledit de Charny fit reedifier de pierre de taille, et de un hault capital de pierre. Au dessus[4] avoit ymaiges de Dieu, de Nostre Dame et de madame saincte Anne; et du long dudit capital furent eslevez en pierre les treze blasons des armes dudit seigneur de Charny et de ses compaignons, gardans et tenans le pas d'icelle emprise.

Ung petit plus avant sur le grant chemin, et d'icelluy costé retournant devers la ville de Dijon, fust faicte une haulte croix de pierre, où fut l'ymaige du crucifix; et devant l'ymaige, ainsi que à ses piez, estoit à genoulx et eslevée la presentacion dudit seigneur, la

1. Voir plus loin la description des blasons des treize tenants du pas de l'arbre Charlemagne.

2. « A l'entour. »

3. La fontaine *Charles*. Au XVIIIe siècle, Courtépée (*Description du duché de Bourgogne*, 2e édit., t. II, p. 217) disait qu'elle était dégradée. Elle se trouve sur le bord de la grande route de Dijon à Beaune, « près, dit le même auteur, de la baraque Millot. »

4. « Au dessus duquel. »

cotte d'armes au doz, le bacinet en la teste, et armé comme pour combatre en lices.

Plus avant furent les lices dressées pour faire les armes, et au millieu des deux lices avoit une haulte maison de bois, forte et charpentée et couverte; et regardoit icelle maison sur chascune des deux lices[1], dont du cousté du grant chemin fut la lice pour combatre à pied grande et spacieuse; et de l'aultre part fut celle qui estoit pour faire les armes à cheval, plus grande beaucop, comme il appertenoit; et au millieu d'icelle lice fut la toille mise pour la conduicte des chevaulx et pour servir à la course des hommes d'armes, comme il est de coustume en tel cas. Celle lice fut de bonne haulteur et grandeur; et aux deux boutz de ladicte lice furent faiz deux marches qui se montoient à degrez, faiz de si bonne grandeur que l'on povoit aider à l'homme d'armes tout à cheval pour l'armer, aisier ou desarmer, selon le cas; et hors de ladicte lice, du cousté de Dijon, aux jours qu'il besoing faisoit, avoit une grande tente, haulte et spacieuse, tendue pour ayder et soulaiger le venant de dehors, se mestier en avoit.

1. L'enlèvement de ces lices, que Pierre de Bauffremont avait fait établir à ses frais, donna lieu à un assez curieux procès dont on trouve la trace dans le compte de la recette générale de Bourgogne pour l'année 1449; nous n'en connaissons malheureusement pas l'issue, nous ne savons même s'il y fut donné suite. Le receveur y marque en dépense le salaire d'un chevaucheur de l'écurie chargé de porter au seigneur de Charny certaines lettres que lui écrivaient le maréchal de Bourgogne et les gens du conseil de Monseigneur, « pour savoir s'il advouoit l'appellacion emise en France par Aymé Berjoud, son procureur, de la demolicion des lisses qui estoient près de l'orme Charles, faicte par les gens de monseigneur le mareschal. » (Archives de la Côte-d'Or, B 1713, fol. 133.)

Ledit seigneur de Charny fit son appareil pour tenir l'estat et l'assemblée de ceulx qui avec luy devoient garder le pas dessusdit, et prepara son estat en trois chasteaulx seans près d'icelluy lieu, dont celuy dont[1] luy et ses compagnons issoyent, armez et preparez pour faire armes ou pour combatre, fut une moult gente place mieulx edifiée que forte, qui se nomme Parigny[2], qui siet à un petit traict d'arc de l'arbre Charlemaigne, de l'aultre part du grant chemin tirant contre Rouvre[3]; et l'aultre fut un chastel appertenant à l'abbaye de Sainct Benigne de Dijon[4], nommé Marcennay, et siet du cousté dudit arbre, tirant à la montaigne, environ trois traictz d'arcs; et ce lieu fut ordonné pour festoyer toutes gens, à toutes heures, et sans destourber ou empescher les affaires, consaulx, essaiz ou pourveances des gardans le pas. Et le troisiesme chastel fut une place nommée Couchy[5], appertenant audit seigneur de Charny, qui siet au pied de la montaigne tirant à Gevry en Dijonnois[6], et y peult

1. « Duquel. »

2. Perrigny, village à une lieue de Dijon.

3. Rouvre, ancienne châtellenie ducale, à deux lieues de Dijon, dans la plaine.

4. Une partie du village appartenait en effet à l'abbaye de Saint-Bénigne, et une autre à celle de Saint-Étienne de Dijon. (Courtépée, *loc. cit.*, p. 216.) Il y avait aussi en ce lieu un monastère de bénédictines, nommé Saint-Urbain, et cité dans des titres de 1255 et 1256. (V. Dom Plancher, *Histoire de Bourgogne*, t. I, p. 291.)

5. Couchey, village à une lieue et demie de Dijon, au pied de la Côte d'Or. La baronnie de ce lieu, avec château flanqué de quatre grosses tours, appartenait à Pierre de Bauffremont, du chef d'Anne ou Agnès de Saulx-Courtivron, sa première femme.

6. Gevrey-Chambertin, à 10 kil. de Dijon.

avoir une lieue dudit arbre; et celle place servoit à festoyer ceulx qui avoient faict armes oudit pas, après que chascun et à[1] chascune fois qu'ils avoient leurs armes achevées. Ces trois places sont à une lieue l'une de l'aultre, qui estoit moult bien seant au mistere; et certiffie que, tout le pas durant, chascune des trois places fut tapissée et garnye de meubles et de vaisselle, tant de buffet comme de cuysine, et à chascune avoit maistres d'ostelz, serviteurs et pourveances de vivres et vins, et maniere de faire si honnorable, que toutes gens de bien y estoient recuilliz et serviz si grandement que mieulx on ne le sçavoit faire. Et tint le seigneur de Charny bien deux mois entiers court ouverte en toutes les places dessusdictes, à si grande et plantureuse despense, que de mon temps, pour si grant terme, sans maison de prince, je n'ay point veu le pareil.

Or est bien temps que je me passe des preparatoires et misteres de cestuy hault et noble pas, et que je viengne à l'execution et effect de la matiere commencée. Mais ainçois me fault ung petit toucher et ramentevoir comment en icelluy temps se rassemblerent au lieu de Chalon sur la Sonne le duc de Bourgoingne, le duc de Savoye et le conte de Geneve; et après plusieurs festiemens et grans chieres, le temps approucha que le pas dessusdit se debvoit executer; et fut rappourté audit lieu de Chalon que ung chevalier du royaulme de Castille, nommé messire Pietre Was[2] de Saavedra[3] avoit fait touchier les deux escuz qui pen-

1. Quatre mots omis dans les éditions précédentes.

2. *Sic.* Plus loin Vasque.

3. Pietre Vasquez ou Vasque de Saavedra. Nous ne conservons

doient à l'arbre Charlemaigne, pour faire armes à pied et à cheval, selon le contenu des chappitres, et que les nobles hommes gardans ledit pas avoient desliberé que le seigneur de Charny, leur chief en ceste partie, auroit la premiere bataille, et fourniroit ledit premier chevalier, car telle fut tenue la coustume entre eulx, que quant aucung faisoit touchier aux escuz, les gardans le pas desliberoient entre eulx et par conseil lequel des treze fourniroit pour celle fois; et conclurent pareillement que se emprise ou requeste d'estrangiers se levoit en l'hostel du duc en celluy temps, par accord du prince, iceulx gardans le pas en debvoient avoir la congnoissance avant tous aultres. Et furent ces choses faictes, gardées et executées comme vous orrez cy après; et peult on legierement croire que chascung desiroit beaucop de veoir les armes des deux chevaliers, car ledit messire Pietre[1] estoit assez congneu en l'hostel du duc pour homme renommé; [et] avoit fait armes à Colonne[2], où plusieurs de l'hostel du duc avoient esté, et nouvellement venoit d'Angleterre, et de tout estoit yssu et sailly à son grand honneur.

Ces choses, avec plusieurs aultres, faisoient de chascun desirer de veoir les armes et la bataille des deux chevaliers, comme dit est; et se partirent les deux ducz de Bourgoingne et de Savoye, ensemble toute la seigneurie, de Chalon sur la Sonne, et allerent coucher

pas les variantes de notre ms. où ce dernier nom est écrit tantôt Saavedra tantôt Suavedra. Voy. sur ce personnage une note de Mlle Dupont dans les *Anchiennes cronicques d'Engleterre* de Jean de Wavrin, t. II, p. 51.

1. « Pierre. » Ms. nº 2869.

2. Cologne.

à Nuys; et lendemain vindrent, au souleil levant, à l'arbre Charlemaigne, pour veoir les armes de pied, qui furent mises à celluy jour; et fut par un jeudy unziesme de juillet mil quatre cens cinquante trois[1].

Les princes venuz, ilz monterent en la maison pour ce ordonnée, qui fut parée et tapissée moult honnorablement; et tenoit le duc de Bourgoingne ung petit blanc baston en sa main, pour jecter et faire separer les champions, leurs armes achevées, comme il est de coustume en tel cas. Et au regard de la lice, c'estoit chose moult triumphale à veoir, car elle estoit parée de deux pavillons pour les chevaliers, armoyez de leurs armes et devises en blasons, bannieres et aultrement; et fut le costé du seigneur de Charny garny et paré de quatre bannieres de ses armes. L'entrée de l'assaillant en la lice estoit du costé de Dijon; et celle du deffendeur et garde du pas estoit costé de Nuys.

Environ huict heures du matin se presenta devant le duc de Bourgoingne, juge en ceste partie, messire Pietre[2] Vasque de Saavedra, et estoit vestu de robe courte de drap noir, et portoit un chapperon de drap noir, et tout noir son habillement. Il avoit devant luy ung officier d'armes du Roy de Castille, vestu de sa coste d'armes, et se presenta moult humblement et par bonne façon devant le duc; et se dirent[3] par l'officier d'armes ces paroles ou les semblables : « Très « hault et très puissant prince, veecy messire Pietre « Vasque de Saavedra, qui se presente par devant « vous comme son juge en ceste partie, pour faire et

1. Lisez : *quarante-trois*.

2. « Pierre. » Ms. n° 2869.

3. « Et fit dire. »

« accomplir les armes à pied selon le contenu des « chappitres, et les devises ordonnées pour l'escu vio- « let, à l'encontre du noble chevalier le seigneur de « Charny, chief et garde de cestuy noble pas, vous « suppliant que luy et moy vuillez avoir pour recom- « mandés. » Sur quoy le duc le receut, et bienviengna moult humainement; et se retraït le dessusdit en son pavillon pour soy armer; et povoit avoir le chevalier trente et deux ans d'eage.

Tantost après se partit le seigneur de Charny, garde, chief et deffendeur de cestuy noble pas. Il estoit armé, comme à faire armes en tel cas appertient, la cotte d'armes vestue et le bacinet en la teste; et avoit levé sa visiere le plus avant qu'il le peust faire, et estoit celle visiere couverte d'ung volet bien delié, dont de ce fut parlé diversement. Les ungs disoient qu'il le faisoit afin que l'on ne veist comment ne de quelle façon estoit sa visiere trouée, et les autres disoient qu'il le faisoit pour monstrer la couleur plus vive, car de sa nature il avoit la face fort blanche et palle. Il estoit monté sur ung cheval couvert de ses armes, et estoit suyvy de six coursiers harnachez de satin cramoisy, couverts d'orfavrerie d'or moult richement; et furent les paiges vestuz des couleurs de luy, noir et violet; et devant luy estoient à cheval ses douze compaignons, la garde au genoul, et richement vestuz et en point. Monseigneur Loys de Bourgoingne, conte de Nevers, le accompaignoit, et les chevaliers, ses freres de la Toison [d'or], et tant de nobles hommes, que longue chose seroit de le racompter. Il avoit une bannerolle en sa main dextre, plainne d'ymaiges et de devocions, et dont il seignoit moult souvent, et en tel estat entra en la lice ; puis mit pied à terre et s'adressa devant le duc de Bourgoingne, son prince et son juge, et après avoir fait la reverence moult doulcement, dist ces paroles ou semblables : « Mon très redoubté et souve- « rain seigneur, je me presente par devant vous « comme mon seigneur et mon juge, pour, à l'aide « de Dieu, faire, fournir et accomplir mes armes à « l'encontre du chevalier, selon le contenu de mes « chappitres, et selon les condictions de l'escu violet « touché par ledit chevalier, vous suppliant en toute « humilité que luy et moy vuillez avoir pour recom- « mandés. » Le duc le recuillit moult doulcement, et s'en alla ledit de Charny en son pavillon.

Ne demoura guieres après que le seigneur de Blamont, pour lors mareschal de Bourgoingne, qui conduisoit l'ordonnance de la lice, car c'est le droit et le mestier de mareschal, se tira devers le seigneur de Charny, garde du pas, et luy demanda les bastons pour combatre les armes ; car, selon le contenu des chappitres cy dessus escriptz[1], il et ses compagnons devoient livrer les bastons de chascune bastaille. Si luy furent incontinent livrez, et mis ès mains de deux roys d'armes, c'est assavoir deux haches semblables, et deux estoctz, que l'on nomme espées d'armes aussi, semblables et pareilles, et furent iceulx bastons portez et presentez au juge, et puis presentez au chevalier venant de dehors, pour choisir desquelx des deux manieres de bastons il vouloit ses armes accomplir, car en luy en estoit le choix, selon le contenu des

1. « Ainsi que nous avons dit. » Monstrelet donne le texte de ces chapitres, ch. CCLXXIII, t. VI, p. 68.

chappitres. Le chevalier choisit la haiche, et print l'une des deux ; et furent les espées rapportées, et l'autre hache deslivrée à ceulx qui servoient l'entrepreneur.

Pendant ce temps se faisoient les cris par les roys d'armes et heraulx aux quatre coings de la lice, et commandoient, de par le duc de Bourgoingne, que nul ne demourast en la lice close, s'il n'estoit commis du duc ou de son mareschal, ou s'il n'avoit de sa personne combatu en lices ou champs clos ; et deffendoient, sur peine d'estre corporellement puni à la voulenté du prince, que nul, de quelque estat qu'il fust, ne parlast, toussist ou fist signe pour advantaiger ou advancer nul des champions, en faisant et fournissant la bataille de leurs armes. Toutes les serimonies et appareilz appertenans à tel cas furent faictz, lesquelles j'ay voulu bien au long escripre, tant pour ce que ce furent les premieres armes que je veis oncques, comme aussi pour apprendre et advertir les lisans, se besoing en ont, des nobles serimonies appertenans aux nobles et recommendez mestiers d'armes.

Environ neuf heures du matin, les deux chevaliers furent prests, conseillez et desliberez, et se retraïct chascun de la lice, excepté huict hommes d'armes armez de toutes pieces, aians chascun ung bon[1] baston blanc en la main, sans aultre glaive, et furent[2] par la lice par bonne ordonnance, pour separer les champions quant besoin seroit. Et ne demoura guyeres que messire Pietre Vasque de Saavedra saillit hors de son pavillon, la cotte d'armes au doz et le bacinet en la teste ; et avoit ledit messire Pietre fait desclouer et

1. « Long. »
2. « Rangés. »

oster la visiere de son bacinet, tellement qu'il avoit tout le visaige descouvert, et mectoit sa teste hors de son bacinet comme par une fenestre. Et d'aultre part saillit le seigneur de Charny, vestu de sa cotte d'armes, bacinet en teste, la visiere close ; mais incontinent qu'il apperceut sa partie sans visiere, tout froidement il leva la sienne, et la recula tout derriere son bacinet, et tellement qu'il avoit le visaige tout descouvert. Les deux chevaliers se saignirent de leurs bannerolles, et puis prindrent les haches, et marcherent l'ung contre l'aultre moult vigoureusement. L'Espaignol estoit moyen homme, de forte et grosse taille, et tenoit sa hache le maillet devant son visaige, un grant tour loing de la main, par maniere de garde ; et le seigneur de Charny estoit grant et puissant chevalier, et l'un des renommez de son temps, et tenoit sa hache près de luy, le bout d'embas haulcé et amesuré pour deffendre et pour assaillir ; et à l'aborder, l'Espaignol ferit le seigneur de Charny sur la main dextre, tendant à luy faire perdre la hache, mais non fit, car ledit de Charny rabatit de la quehue, et d'une marche rua le bout dessous, après le pied de son compaignon. Le chevalier desmarcha moult asseurement, car par deux fois entresuivans le quist le seigneur de Charny au pied. Fierement se requirent les chevaliers, et soubstenoient et l'ung et l'aultre de grans coups sur leurs haches ; fut attaint le seigneur de Charny sur le grand gardebras senestre, et ledit seigneur de Charny donna ung cop, de la dague d'ambas de sa hache, rez à rez du bort et du visaige dudit messire Pietre. Et ainsi se queroient les deux chevaliers chevalleureusement, et tant chaudierent leur bataille que les quinze coups contenuz par les chappitres furent accompliz, et gecta le duc le baston, et furent les champions prins par les hommes d'armes et escoutes à ce ordonnez; et revindrent devant le duc, chascun soy ouffrant de parachever son emprinse, se faulte y avoit. Mais le duc dist qu'ilz en avoient fait assez; et ainsi s'en retourna chascun en son costé, la hache au poing, regardant l'un l'autre, pour ce que nul ne vouloit partir de la lice le premier. Mais il fut dit que ledit messire Pietre seroit le premier yssant, pour ce que le seigneur de Charny gardoit le pas, et se retrayerent les chevaliers au grant honneur de toutes les parties; et les ducz de Bourgoingne et de Savoye tirerent à Dijon, où ilz furent grandement festoyez et convoyez[1]. Et furent icelles armes faictes et accomplies par un jeudi unziesme jour de juillet mil quatre cens cinquante et trois[2], comme dessus est dit.

Le landemain[3] se partirent les deux ducz, et allerent ensemble jusques à Sainct Claude, où le duc de Savoye se deppartit pour tirer en son pays; et pendant ce temps se firent les armes de cheval au lieu ordonné, entre le seigneur de Charny et messire Pietre Vasque dessusdit; et, selon mon souvenir, le treziesme jour du mois dessusdit se presenterent les deux chevaliers pardevant Loys monseigneur, conte de Nevers, commis par monseigneur de Bourgoingne, son lieutenant, juge en ceste partie, environ huict heures du matin.

1. « Conjouis. »

2. Lisez : *quarante-trois.*

3. Lisez : *le surlendemain;* en effet d'après les *escroes* de l'hôtel, le duc aurait encore dîné à Dijon le 13; il a dû partir le soir ou le lendemain matin pour Montroland.

Le chevalier espaignol entra le premier, monté et armé de toutes armes, sa bannerolle de sa devocion en sa main, faisant le signe de la croix. Son cheval estoit couvert d'ung drap de soye, myparty de bleu et de blanc, et sembloit bien chevalier asseuré, accoustumé et apprins du mestier d'armes; et se presenta devant le juge, qui le receut très agreablement.

Ne demoura guieres que se presenta le seigneur de Charny, entrepreneur et garde du pas. Le costé de sa part de la lice estoit paré des bannieres de ses cottes, et il entra dedans la lice noblement accompaigné. Il estoit monté et armé comme en tel cas appertient, faisant de sa bannerolle signe de catholicque chevalier. Son cheval estoit couvert d'ung drap d'or blanc, et après luy avoit cinq paiges à cheval, vestuz les paiges[1] de satin noir et violet, et les chevaulx estoient parez par la maniere que s'ensuyt.

Le premier estoit couvert de drap d'or bleu, le second de velours sur velours violet, le tiers de satin figuré, noir, à une grande croix de sainct Andrieu, de drap de damas blanc, le quatriesme de satin noir, broudé d'orfavrerie, à la devise dudit seigneur de Charny, et le cinquiesme de drap d'or cramoisy. Pompeulx et homme de haulte affaire sembla le chevalier, et se presenta devant le juge; et puis furent les lances apportées, ferrées et mesurées par les commis, et furent les lances baillées aux chevaliers, après les crys et solempnitez faictes, pour faire et accomplir les armes de cheval, selon l'ordonnance du pas et le contenu des chappitres.

1. Deux mots supprimés dans les éditions précédentes.

Les chevaliers laisserent courre l'ung sur l'autre, et de la premiere course ilz rompirent tous deux leurs lances de plaine attainte. De la seconde course attaindirent tous deux en glissant. De la tierce tous deux aggraverent les fers de plaine attainte. La[1] quatriesme course, faillirent tous deux. La cinquiesme, le seigneur de Charny fit une rude attainte sur le grand gardebras du chevalier, et le chevalier de celle course rompit sa lance sur la rondelle du seigneur de Charny. La sixiesme course, le seigneur de Charny fit une forte attainte entre les quatre poinctz sur le chevalier, mais ledit chevalier attaindit sur la visiere de l'armet du seigneur de Charny, et rompit la pointe de sa lance. La septiesme course, ilz faillirent tous deux. La huictiesme course, attaindirent tous deux, mais l'attainte fut plus durement donnée par le seigneur de Charny. La neufiesme course, le seigneur de Charny fit attainte et le chevalier faillit. La dixiesme, tous deux consuyvirent l'ung l'aultre très durement, et rompit le chevalier sa lance. Et la onziesme et derniere course, faillirent tous deux d'attainte, et furent les deux chevaliers menez devant le juge; et fut dit par le seigneur de Charny, et fait dire par ledit messire Pietre, qu'ilz se presentoient devant le juge pour achever et fournir leurs armes, chascun à l'encontre de son compaignon, selon la condiction de l'escu noir semé des larmes d'or, et le contenu des chappitres. Sur quoy leur respondit monseigneur le conte de Nevers, juge commis en ceste partie, que bien et chevalleureusement avoient leurs armes accomplies, et qu'ilz avoyent assez

1. « A la..., » et de même pour les phrases suivantes.

fait ; et leur commanda, de par monseigneur le duc de Bourgoingne, de toucher l'ung à l'autre. Si s'embrasserent et toucherent les deux chevaliers, et depuis demourerent freres et bons amys ; et, par le pourchas du seigneur de Charny, fut depuis ledit messire Pietre retenu chambellan et de l'hostel du duc de Bourgoingne, et fut fort aimé et prisé en la maison pour ses vertuz, et fit de grans services au prince tant sur les infidelles, en grandes embassades, en guerre, par mer et par terre. Et à tant pour ceste fois me taiz dudit messire Pietre, pour revenir au parachever le recit de l'execution de cestuy noble pas.

Pendant le temps de l'execution des armes faictes entre le seigneur de Charny et ledit messire Pietre Vasque de Saavedra, arriva à l'arbre Charlemaigne ung chevalier du royaulme de Castille, nommé messire Diago de Valiere[1]. Cestuy chevalier se partit d'Espaigne pour venir au pas dessusdit. Le chevalier fut de petite et moyenne taille, mais de grant et noble vouloir, gracieulx et courtois, et fort aggreable à chascun. Il arriva audit arbre, armé de toutes armes, fors que de la teste ; et estoit couchié sur son chariot, et faisoit mener son destrier en main, et devant luy avoit ung herault portant sa cotte d'armes, par lequel il fist toucher l'escu noir, semé de larmes d'or, et cuidoit que prestement il deust estre delivré avant [qu'] entrer en la ville ; mais les heraulx gardans les escuz luy dirent qu'il tirast en la ville et print logis, et que le seigneur de Charny et ses compaignons, gardes du pas, luy

1. Diègue de Valera, qui fut ambassadeur du roi de Castille. Il reçut aussi plusieurs missions du duc qui l'attacha à sa personne.

manderoient le jour à qui[1] il devroit ses armes fournir. Ce qu'il feit[2].

Le lundi, quatorziesme de juillet suyvant, se presenta devant le conte de Nevers, juge commis en ceste partie, ung escuyer nommé Thibault, seigneur de Rougemont[3], lequel fut ordonné par les gardans le pas pour fournir à l'emprise dudit messire Diago de Valiere. Celluy escuyer fut de noble maison, et homme bien renommé de vaillance, et de sa personne le plus grant et le plus hault de stature noble homme qui pour lors fust en toute Bourgoingne, et monté et armé comme en tel cas appertient. Son cheval estoit couvert d'ung satin cramoisy fort vermeil; et fut accompaigné de ses compaignons gardes du pas et de plusieurs aultres; et d'autre part se presenta ledit messire Diago de Valiere, monté et armé comme il appertient. Son cheval estoit couvert d'ung cendal vermeil, à une grande croix blanche floretée, et sur chascun bout une coquille d'or.

Et après les presentacions, crys et cerimonies appertenans faictes et passées, chascun print son bout, et commencerent à fournir leurs armes par la maniere qui s'ensuit. Pour abreger, ilz coururent les cinq premieres courses sans faire atteinte l'ung sur l'aultre. La[4] sixiesme course, le chevalier espaignol rompit et agreva le fert de sa lance sur le gardebras de son compaignon. La septiesme, ledit Espaignol rompit sa

1. « Auquel. »

2. « Ce qui fut faict. »

3. Thibaut, seigneur de Rougemont, de Trichâtel, de Mussy et de Ruffey-sur-l'Ognon.

4. « A la..., » et de même aux phrases suivantes.

lance de plaine atteinte, et fut rompue par l'arrestz. La huictiesme course, firent tous deux atteintes l'ung sur l'aultre en glissant, et pareillement la neuviesme et dixiesme course ; et la unziesme et derniere course, ils consuyvirent l'ung sur l'aultre très durement, et rompit le chevalier espaignol sa lance. Et ainsi furent icelles armes achevées ; et après la presentacion faicte devant le juge, et qu'ils eurent touché l'ung à l'aultre, ilz se deppartirent, et tira chascun à son bon plaisir.

Le mercredi suyvant, se presenta devant le juge ung escuyer gascon, nommé Bernard de Vostin, lequel Bernard avoit fait toucher pour faire armes à cheval. Il estoit monté et armé comme appertenoit ; et d'aultre part se presenta Guillaume de Vauldrey, seigneur de Courleou, lequel fut ordonné par ses compaignons pour fournir icelluy Gascon ; et fut icelluy Guillaume ung moult vaillant escuyer, et depuis chevalier très renommé, et de sens et de conduicte. Son cheval estoit couvert de satin cramoisy, à grans lettres de brodure en bordure, et par dessus la couverte avoit semé plusieurs grosses campanes d'argent, à maniere de poires; et, après presentacions et cerimonies, chascun print son bout, et fournirent leurs armes à la maniere qui s'ensuyt.

Des trois premieres courses ne firent point d'atteinte. La[1] quatriesme course ilz trouverent tous deux l'ung l'autre par les armetz, et de telle atteincte que tous deux rompirent leurs lances. De la cinquiesme et sixiesme, tous deux ne se trouverent point. La septiesme se rencontrerent si durement sur les grans

1. « A la..., » et de même aux phrases suivantes.

gardebras, que le fert dudit de Vauldrey fut agravé et rompu, et le Gascon rompit sa lance ; et depuis de la huictiesme, neuviesme, dixiesme et unziesme course, ne firent point d'atteinte ; et furent icelles armes achevées par la maniere dessusdicte.

Ainsi se fournissoit icelluy noble pas, et venoient nobles hommes de tous coustez et de divers pays, pour eulx esprouver à celle haulte et chevaleureuse epreuve ; et d'aucungs, non disposez à ce, laisserent à l'arbre, ès mains des heraulx, gaige d'espée ou d'esperons, selon le contenu des chapitres cy dessus declairez.

Et pendant ce temps retourna le duc de Bourgoingne de son voyaige de Sainct Claude[1], et revindrent avec luy plusieurs nobles hommes savoiens, pour veoir les armes du pas, et principallement pour veoir faire ung chevalier savoien, nommé messire Jehan de Compaiz[2], seigneur de Torain, lequel fit toucher les deux escuz, pour faire armes de sa personne à pied et à cheval, et avoit en sa compaignie six nobles hommes portans ses robes de livrée, qui tous six firent armes à cheval audit pas. Et pareillement trouva le duc en son chemin un escuyer, serviteur du duc de Millan Philippe, qui se nommoit Jaque de Vesque[3], conte de Sainct Martin[4], lequel conte estoit moult bien accompaigné à

1. Le duc était de retour à Dijon dès le 25 juillet.

2. Campaiz et Compaiz dans le ms. n° 2869. Compays dans Sauvage et les éditions postérieures, et ailleurs Compeys, ce qui est la vraie forme de ce nom.

3. Lisez : *Visque.*

4. Le duc prit en grande amitié le comte de Saint-Martin. Par lettres du 14 avril 1445, après Pâques, il ordonna d'acheter « six tasses verées et martellées pesans douze mars deux treseaulx, »

la façon de Lombardie, et se monstroit très homme de bien, et venoit pour faire armes audit pas, et fut par le duc très voulentiers veu et bien recuilly; et ne se firent nulles armes jusques au lundy suivant, comme vous orrez.

Le lundy, vingt neuviesme jour de juillet, vint le duc et la seignorie tenir son lieu de juge audit pas, et ce jour fut fait armes à cheval devant luy par trois fois, dont le premier qui se presenta devant le juge fut ledit Jehan de Compais, seigneur de Torain, lequel se partit de la ville de Dijon ayant ses chevaulx couvers et ses parures, armé, heaulmé et paré de grans plumas très honnestement. Il estoit, de sa personne, monté sur un destrier couvert de cendal blanc, semé de ses lettres, qui furent d'or, et me semblerent de paincture, et furent trois lettres, qui firent en mot A V F. Il estoit vestu d'une longue robe d'orfavrerie; et en monstrant l'ouvraige par maniere defigurée, ladicte robe estoit broudée de perles, à très grande largesse. Il avoit après luy quatre chevaulx, dont le premier estoit couvert de satin vert brodé à coliers de mastins, le second de drap d'argent, party de rouge et de bleu, le tiers d'ung satin figuré bleu, argenté selon les figures, et le quart estoit couvert de satin cramoisy, tout plain de ses lettres en brodure; et ses paiges vestuz de sa devise, qui estoient robes rouges à une manche bleue; et pareillement estoient vestuz les six

au prix de 9 livres 15 sols, « pour icelle vaisselle donner et presenter de par monseigneur à Jacques de Visques, conte de Saint Martin, conseiller et chambellan de mondit seigneur, au baptisement d'un sien filz qui sur les sains fons de baptesme a esté levé au nom d'icellui seigneur. » (Archives de la Côte-d'Or, B 1694, fol. 136.)

nobles hommes qui, dessous luy, avoient faict toucher, par Savoye le herault, pour faire armes à cestuy noble pas ; et alloyent par ordre devant ledit de Compays, et plusieurs nobles hommes de Savoye qui l'accompaignoient ; et en tel estat vint à la tente ordonnée pour soy armer.

Tantost après entra dedans la lice ung escuyer garde du pas, nommé Antoine de Vauldrey, seigneur de l'Aigle. Icelluy escuyer fut homme de bonne taille, vaillant et puissant, et très bien renommé, frere germain de Guillaume de Vauldrey, dont cy dessus est faict mention; et depuis fut chevalier de très bonne recommandacion. Il estoit armé de toutes armes, et sur ung destrier couvert de satin cramoisy, broudé en bordure de grandes lettres noires; et du cousté de son entrée estoit la lice parée de bannieres et de pennons de ses armes; et tantost entra ledit de Compaiz armé et prest; et firent leurs presentacions, et print chascun son bout, et leur furent leurs lances baillées; et ainsi firent leurs armes, comme vous orrez.

Les deux premieres courses ilz faillirent; à la tierce ils firent atteinte l'ung sur l'aultre, en la banniere dessus les armetz, et rompit ledit de Compaiz sa lance. A la quatriesme, ledit de Vauldrey fit atteinte sur son compaignon en la teste. La cinq et sixiesme course faillirent tous deux. A la septiesme se trouverent tous deux si rudement qu'ilz rompirent leurs lances, et fut atteint ledit de Compais sur le grand gardebras, et ledit de Vauldrey rez à rez de la lumiere de l'armet. La huictiesme, neufiesme et dixiesme, ne firent point d'atteinte; la unziesme et derniere, ledit de Vauldrey rompit sa lance sur la rondelle dudit de

Compaiz; et ainsi furent leurs armes accomplies, et revindrent devant le duc. Mais il ne fut point ordonné qu'ilz touchassent ensemble, pour ce qu'ils avoient encoires à faire les armes à pied selon la condiction de l'escu violet, semé de larmes noyres, touché à la requeste dudit de Compaiz par Savoye le herault.

Assez tost après que ledit de Compaiz fut desarmé, il emmena en la lice et conduisit l'ung des six escuyers de sa compaignie qui avoit fait toucher l'escu noir, semé de larmes d'or, pour faire armes à cheval, et se nommoit Couraut[1] de Belle Val, et estoit ung Alemand norry en l'hostel dudit de Compaiz. Ledit Couraut estoit monté et armé comme il appertenoit. Son destrier estoit couvert de cendal blanc, au mot et lettre d'or dudit de Compaiz, et telle ou semblable que celle en quoy il avoit couru; et pareillement tous les six que presenta ledit de Compaiz firent armes en semblables houssures. Et, comme garde et deffendeur du pas, se presenta de l'aultre part un escuyer grand seigneur et de noble maison, nommé Guillaume de Vienne, seigneur de Mombis. Son costé de la lice estoit paré des bannieres de ses nobles armes de Vienne, dont il estoit de nom et d'armes, et en grand partaige de seigneuries; et à ceste cause fut debatu, par une question qui sourdist entre les seigneurs de Bourgoingne, ses parens, à celle mesme heure sur les rens, assavoir si ledit Courault estoit gentilhomme de quatre lignes; et prouva ledit Couraut sur les rens, par le conte de Fribourg et aultres seigneurs d'Allemaigne, à qui il estoit voisin, qu'il estoit gentilhomme

1. *Aliàs.* Conrart ou Conrad, ce qui doit être la vraie forme de ce prénom.

de quatre lignes. Ledit seigneur de Mombis estoit monté et armé ; son destrier estoit couvert d'ung satin vermeil, broudé de fleurs d'orfavrerie blanche; et après luy avoit deux chevaulx couvertz, l'ung de satin gris, et l'aultre de drap de damas de celle couleur; et chascun de ses paiges vestu de mesme la couverte.

Les presentacions et cerimonies faictes, on leur bailla les lances; et coururent les quatre premieres courses sans atteindre l'ung l'aultre. La cinquiesme course ledit de Vienne consuyvit ledit Couraut entre les quatre pointz, et rompit sa lance par la poignée. A la sixiesme course, ledict Couraut consuyvit ledit de Vienne sur costiere, et fit très bonne atteinte; et ledit de Vienne fit atteinte en glissant, et defferra sa lance. La septiesme consuyvit ledit de Vienne son compaignon au dessoubs du grant gardebras. La huictiesme, neufiesme et dixiesme course, faillirent tous deux; et à la unziesme et derniere course, ledit Couraut fit atteinte en glissant au dessous du gardebras dudit de Vienne; et ainsi furent icelles armes accomplies.

Les tiers armes qui se firent celluy jour furent d'un escuyer nommé Bartholomy de Thymis, seigneur de Bigarme[1]; et le presenta ledit de Compaiz, monté, armé et paré comme il est dit dessus de son compaignon; et d'aultre part se presenta ung moult vaillant escuyer et honneste, garde du pas, nommé Jehan, seigneur de Ru. Ledit de Ru fut monté et prest pour ses armes fournir, et estoit son destrier couvert et paré d'ung drap de damas blanc. Et après les devoirs accomplis, leur furent les lances baillées; et fut telle

1. *Alias* de la Bigarne. (Sauvage et les éditions postérieures.)

leur fortune, qu'ilz coururent neuf courses sans atteindre ou trouver l'ung l'autre. La dixiesme course, ledit Bartholomy fit atteinte sur son compaignon au gardebras; et l'unziesme et derniere course, icelluy Bartholomy fit atteinte sur le seigneur de Ru en l'armet. Ne oncques ledit de Ru ne peut faire atteinte, dont il estoit moult deplaisant, et requist par plusieurs fois de povoir encoires courre; et pareillement faisoit son compaignon. Mais pour ce que l'on ne sçavoit quel nombre de gens pourroient venir au pas, et les adventures considerées que journellement en tel cas adviennent, le prince ne voullut pas que l'on excedast le nombre des courses, veu le contenu des chapitres; et se deppartirent ainsi icelles armes. Et qui bien eust congnu ledit seigneur de Ru, il l'eust excusé par la fortune, car il fut de son temps tenu pour homme de bien, vaillant, et adroit de sa personne.

Le mardi suyvant, trentiesme jour d'icelluy mois, se presenterent à une fois trois escuyers de la compaignie dudit seigneur de Compaiz, armez et montez, et leurs chevaulx couverts à la parure dessus escripte; et d'aultre part se presenterent trois des gardes du pas à une fois; et après les presentacions faictes et les manieres en tel cas accoustumées, tous se retirerent d'ung costé et d'aultre hors de la lice, excepté ung escuyer nommé Josse de Sainct Jore, conduict par ledit de Compays, qui[1] estoit ordonné à faire ses premieres armes. Et des gardes du pas demoura ung escuyer nommé Guillaume, seigneur de Chamdivers. Son cheval estoit paré d'ung drap de damas blanc, à grans ouvraiges. Les lances leur furent baillées, et de

1. « Lequel escuyer. »

la premiere course ledit de Chamdivers fit une grande et forte atteinte sur son compaignon. La[1] seconde, ledit de Chamdivers fit encores atteinte sur le gardebras. La troisiesme, quatriesme, cinquiesme, sixiesme, septiesme, huictiesme et neufiesme course, faillirent tous deux. La dixiesme course, ledit de Chamdivers desarma ledit de Sainct Jore de son grant gardebras, de plaine atteinte; et la unziesme et derniere course ne se trouverent point, et furent leurs armes achevées.

Ne demoura guieres que ledit de Compais, pour le cinquiesme de ses gens, et celluy qui pour ce jour debvoit faire ses secondes armes, là presenta comme dessus et fut[2] ung escuyer nommé Jaquemart Brunier, et d'aultre part se presenta un escuier nommé Jehan de Sicon, garde du pas. Il estoit prest, monté et armé sur ung destrier couvert de drap damas bleu; et fut homme de bon lieu et bien renommé. Pour abreger, ces escuyers prindrent leurs lances, et coururent trois courses sans atteindre. A la quatriesme, Jaquemart atteindit Sicon au haut de la piece. La cinquiesme, sixiesme, septiesme, huictiesme, neufiesme et dixiesme, faillirent tous deux, et à la unziesme et derniere course, firent très dure atteinte l'ung sur l'aultre, et rompit ledit Jaquemart sa lance; et par telle maniere furent icelles armes achevées.

Celles armes achevées, ledit de Compais presenta le sixiesme de ses gens; et fut un escuyer, nommé Nycot de Villette. Il estoit prest, monté et armé comme dessus. Et d'aultre part se presenta le tiers garde du pas pour celluy jour; et fut un chevalier moult hon-

1. « A la..., » et de même à la suite.
2. Quatre mots omis dans les éditions précédentes.

norable, vaillant et renommé, nommé messire Amé Rabustin, seigneur d'Espiri, duquel chevalier sera cy après escript par honnorable recommandacion, à l'entresuite de mes memoires. Le chevalier estoit monté et armé comme il appertenoit, et son destrier paré et couvert d'ung drap damas bleu, à la parure de son compaignon, qui devant lui avoit fait armes. Toutes choses faictes en devoir, les lances leur furent baillées, et, ainsi que les armes sont journales et les bonnes adventures à la disposicion de fortune, ils coururent et acheverent leurs armes, et les unze courses limitées, sans faire atteinte l'ung sur l'aultre. Moult deplaisans furent, et l'ung et l'aultre requirent tous deux au duc leur juge moult humblement de pouvoir courre plus longuement. Mais le duc, pour les causes dessusdictes, ne le voulut souffrir, et ainsi se deppartirent. Ainsi fut l'emprise dudit Jehan de Compais, seigneur de Torain, tant de luy que de ceulx qu'il avoit amenez, touchant les armes à cheval, faicte et achevée ; et ne restoit plus de son emprise que la fourniture des armes à pied, que de sa personne il avoit emprises, selon les condictions de l'escu violet.

Si se prepara de son costé pour icelles fournir, au temps et au jour qui luy fut assigné et baillé ; et de l'aultre costé se prepara Anthoine de Vauldrey, seigneur de l'Aigle, qui estoit ordonné pour faire icelles armes contre ledit de Compais. Et pendant ce temps se fournissoient les armes des aultres nobles hommes venuz au pas dessusdit ; et se presenta Jaques de Visque, conte de Sainct Martin, par un mecredi, derrenier jour d'icelluy mois. Icelluy conte de Sainct Martin fut natif de Piedmont, et serviteur du duc de Milan, comme dessus est dit, et avoit fait toucher, par Palatin le herault, l'escu noir, semé de larmes d'or. Ledit conte estoit monté et armé comme en tel cas appertient; et estoit son destrier couvert d'ung demy satin vert, selon mon souvenir; et sçay bien que par dessus la couverte avoit cinq licornes richement brodées. Il avoit suyte de trois chevaulx parez et couverts. La premiere couverte fut de satin noir, brodée et orfavrisée très richement, à maniere de monstres de mer; et estoit la figure d'une femme, depuis le nombril en amont, tenant maniere de tirer fleches d'un arc turquois; et le demourant d'icelle femme estoit la queue d'une serpent vetortivée, qui s'estendoit à la parure et au remplissement de ladicte couverte; et de telles figures fut semée en plusieurs lieux. Le tiers cheval de suyte[1] fut couvert de satin cramoisy. Ses paiges estoyent vestuz de satin vert à l'italienne mode, et portoient armetz et heaulmes à grans plumas très honnestement.

Et d'aultre part se presenta le deffendeur du pas, qui fut un chevalier frere dudit seigneur de Charny, chef des gardes du pas dessusdit. Cestuy chevalier se nommoit messire Guillaume de Bauffremont, seigneur de Sey et de Sombarnon[2], homme chevalleureux de sa personne et fort renommé. Le chevalier se presenta prest pour ses armes fournir. Son destrier estoit couvert d'ung velours sur velours violet, et après luy avoit trois chevaulx de parure, dont le premier estoit couvert de ses armes, le second de drap d'or gris, et le tiers de velours cramoisy.

1. Deux mots omis dans les éditions précédentes.
2. Scey-sur-Saône et Sombernon. Sé et Sey dans le ms. n° 2869.

Presentacions faictes, chascun print son bout et leur furent les lances baillées. De la premiere course ilz faillirent tous deux d'atteindre. La[1] seconde, le conte de Sainct Martin fit atteinte sur le grant gardebras de son compaignon. La tierce, le seigneur de Sey fit atteinte sur le bord de la baviere du conte. La quarte, le conte fit atteinte en glissant sur le heaulme du seigneur de Sey, et le desarma; et le seigneur de Sey consuyvit le conte au bord de la baviere de l'armet, et rompit sa lance et son arrest, et dont ledit conte ploya très fort. Prestement fut le seigneur de Sey rarmé de son grant gardebras. Et la huictiesme course, le conte fit atteinte sur costiere en glissant; la neufiesme se trouverent l'ung l'autre très durement, et rompit le conte sa lance, et le seigneur de Sey agreva le fert de la sienne plus d'ung doygt; et des aultres deux courses, dixiesme et unziesme, ne firent point d'atteinte; et ainsi furent icelles armes accomplies.

Ce mesme jour et assez sur le tart, se presenta ung escuyer du Daulphiné, nommé Henry de Gouvignon, monté et armé pour faire armes à cheval; et me semble que son cheval estoit couvert d'ung sandal rouge, sans aultre devise; et d'aultre part se presenta ung escuyer nommé Jehan de Chaumergis, garde du pas. Icelluy Chaumergis fut ung grant et puissant homme d'armes, moult renommé de vaillance, et fut l'ung des premiers escuyers d'escuyerie du duc de Bourgoingne; et se presenta prest et armé pour deffendre le pas en son endroit. Son cheval estoit couvert d'un drap damas violet. Cerimonies faictes et accomplies, les escuyers furent saisis de leurs lances, et chascun à son bout;

1. « A la..., » et de même aux phrases suivantes.

et laisserent courre l'ung sur l'aultre, et coururent la premiere et deuxiesme course sans atteinte faire. A la tierce, Chaumergis print ledit Gouvignon sur costiere, et luy donna très bonne atteinte. La[1] quatriesme ledit de Gouvignon trouva ledit de Chaumergis sur le grant gardebras, et aggrava sa lance. La cinquiesme, se trouverent l'ung l'autre très durement, et rompit Chaumergis sa lance. La sixiesme, consuyvirent l'ung l'autre en glissant. La septiesme, ledit de Gouvignon fit une atteinte sur costiere, et rompit sa lance. La huictiesme, trouverent l'ung l'autre tous deux à l'entour des armetz, et rompirent leurs lances en plusieurs pieces. A la neufiesme, se trouverent tous deux au bort de la veue, et du cop aggraverent les fers de leurs lances, et partit le feu des armures d'ung chascun. La dixiesme, firent tous deux atteinte, dont le feu saillit. L'unziesme et derniere course, Chaumergis fit atteinte sur son compaignon et dont le feu saillit, et son compaignon faillit d'atteinte. Si furent les armes accomplies.

Le sixiesme jour du mois d'aoust, et fut par un mardi, se presenta un escuyer du pays de Daulphiné, et compaignon de Henry de Gouvignon dessus nommé, et se nommoit Loys de la Basine, seigneur de Bermette; il estoit monté et armé sur ung destrier couvert de satin, my party de bleu et violet. Et tantost après se presenta le comte d'Albert, seigneur de Valengin[2], prest, monté et armé pour sa part du noble pas deffendre. Son cheval estoit couvert d'un drapt de soye vert, semé de brodure, et d'orfavrerie de soleils d'or eslevés; et par dessus chascun souleil, comme au

1. « A la..., » et de même à la suite.
2. Jean, comte d'Arberg et seigneur de Valengin.

millieu, avoit boutons de roses eslevés, apparent de leurs feuilles et fleurs. Il estoit suyvy de six chevaux de parure, et sur chascun cheval un petit paige vestu richement, de telle couleur et de telle sorte que la houssure et parure du cheval que chascun chevauchoit; et d'abondant avoient iceulx paiges cheveulx crespez à la façon d'Allemaigne; et croy qu'ilz furent artificiez, non pas les leurs propres. Le premier cheval estoit couvert d'une barde d'assier, et le paige dessus estoit armé d'ung harnois blanc de Millan. Le second fut couvert d'orfavrerie sur bleu, et toujours le paige de mesme; le tiers, d'orfavrerie sur rouge; le quart, d'orfavrerie sur vert; le cinquiesme, de drap d'or noir; et le sixiesme, bardé d'assier. Les devoirs faictz, chascun fut saisy de sa lance, et coururent les quatre premieres courses sans faire atteinte. A la cinquiesme, le conte attaindit en glissant son compaignon. De la sixiesme ne se trouverent point. La[1] septiesme, ils s'atteindirent tous deux, et rompit ledit de Bermette le fert de sa lance. La huictiesme, neufiesme et dixiesme course, faillirent tous deux. La unziesme et derniere course, ledit de Bermette fit une atteinte à la visiere de l'armet du conte; et ainsi furent icelles armes faictes et accomplies.

Ce mesme jour et assez tost après celle heure, se presenta pour faire armes un escuyer nommé Jaques de Montagu; et croy qu'il estoit du Daulphiné, mais ne suis pas bien memoratif s'il estoit du Daulphiné ou de Savoye. Icelluy escuyer se presenta, monté et armé sur ung destrier couvert de satin vermeil; et d'aultre part se presenta le garde du pas, qui fust ung escuyer

1. « A la..., » et de même aux phrases suivantes.

natif de Savoye, mais il estoit tenant terre en la conté de Bourgoingne, et se nommoit Jaques de Challant, seigneur de Manille[1]. Icelluy de Challant fust ung homme valleureux plain d'honneur et de vertuz, si prudent, si vaillant et catholicque, qu'il avoit et eust, de sa vie, sa part en bonne renommée de tous ceulx qui eurent de luy congnoissance; et fust despuis chevalier et conte. Il se presenta armé et monté sur ung destrier couvert d'ung drap de soye bleue, broudé et florettć de fleurs moult gentement. Et estoit suyvy de cinq chevaulx couverts, et les paiges vestuz à la parure de chascune couverte. Le premier cheval estoit couvert d'une couverte de ses armes, et dessus estoit monté Savoye le herault, vestu de la cotte d'armes de mesme. Le deuxiesme estoit couvert d'ung rouge drap de laine, broudé très richement de la devise dudit de Challant. Le tiers estoit couvert d'orfavrerie. Le quatriesme de demy satin bleu, paint de branches et de fuilles d'argent, et le cinquiesme bardé et couvert d'assier. Les devoirs faictz, les escuyers prindrent leur bout, la lance sur la cuisse; puis laisserent courre, et faillirent tous d'eux l'atteinte, de la premiere et de la deuxiesme course. La[2] tierce, ledit de Challant fit atteinte en croisée; de la quatriesme et cinquiesme ne se trouverent point. La sixiesme, Challant fit une dure atteinte soubz le hault de la piece de son compaignon. La septiesme, faillirent. La huictiesme, Challant fit atteinte en glissant. De la neufiesme et dixiesme course, ne firent point d'atteinte, et à la unziesme et derniere course, ledit de Challant fit atteinte en glissant; et

1. Maville ou Aymaville, d'après Palliot.
2. « A la..., » et de même aux phrases suivantes.

par telles manieres furent accomplies icelles armes.

A ce noble pas vint et se transpourta, et ne sçay à la verité se ce fust d'avis deliberé ou de soubdaine voulenté, ung Piemontois, nommé Martin Ballart. Cestuy Martin fust ung grand homme maigre, bien representant, et de condicion grant parlier et fort grant vanteur, et apparent de petite vertu; et fist toucher l'escu noir, semé de larmes d'or, pour faire armes à cheval; et tenoit parolles qu'avant qu'il partist, feust par requeste, ou par le droit du pas, ou aultrement, il combatroit à pied trois ou quatre des meilleurs des gardes du pas. De ses parolles se rioit le duc qui voulontiers veoit telles nouvelletez; et si faisoient ceulx qui ouïrent ledit Martin. Et pour ceste cause le seigneur de Charny et ses compaignons differarent longuement à le recepvoir, et luy bailler homme ne jour. Touteffois il se prouva, par ses congnoissans, noble homme, et tant pourchassa que force fust de le recepvoir; et par desliberacion luy fut baillé Jehan de Chaumergis, qui desjà avoit fait armes à l'encontre de Henry de Gouvignon; et sembloit bien aux seigneurs gardans le pas que ledit de Chaumergis estoit assez homme pour luy fournir et achever ce qu'il demandoit. Et à la verité j'ay souvenance qu'ilz coururent devant le duc, et ne sçay à quel jour; mais me semble mieulx que aultrement que ce fut le jour dessusdit; et fut vray que ce jour ou aultre, durant le temps et terme dudit pas, ledit Martin Ballard vint et se presenta, accompaigné du conte de Sainct Martin. Son cheval estoit couvert d'ung demy satin vermeil, et estoit grant et bel homme d'armes. D'aultre part se presenta ledit de Chaumergis, garde du pas. Il estoit monté et armé comme il appertenoit. Son destrier estoit couvert de drap damas violet, comme la premiere fois; et me souvient qu'en la presentacion que fit Martin devant le duc, il dit en son piemontois qu'il estoit très mal armé. Pour abreger, les lances leur furent baillées, et furent courues les unze courses sans faire atteinte, car ledit Martin ne courut oncques cop par quoy il puist atteindre, ne que on le puist trouver; et n'adressa pas bien celuy jour pour soy monstrer tel, ne si à redoupter qu'il disoit. Finablement ilz furent emmenez devant le juge, et dit ledit de Chaumergis, par licence, audit Martin : « Tu as dit que tu com-« batras à pied trois ou quatre des meilleurs de nostre « compaignie. Je t'offre devant mon souverain seigneur, « cy present, que si tu me veulx combatre à pied, je « te donneray quatre pieces de mon harnois, ostées « de dessus moy, d'avantaige. » Ledit Martin, qui si baudement souloit parler et respondre, se monstra ebahi de premiere face, et touteffois il s'excusa sur son harnois, et dit qu'il reviendroit une aultre fois, saisy d'ung, de deux ou de trois harnois, et feroit tellement que son honneur y seroit gardé. Se toucherent ensemble par commandement du juge, et se despartirent; et me desplaist qu'il a convenu que j'aye escript et recité ceste chose, sans avoir gardé, glosé ou palié l'honneur dudit Martin, car tout noble est tenu de garder l'honneur d'ung aultre, et principalement en escriptures, où sont couchées et empreintes les memoires des hommes bonnes ou mauvaises. Mais deux causes le m'ont fait en telle maniere ramentevoir. La premiere, pour continuer ma verité au recit des presentes memoires, et l'aultre pour donner exemple et doctrine aux josnes gens qui mesdits memoires liront cy après, qu'ilz se gardent d'estre vanteulx ne golias en parolles, car souvent et communement le lyon en parolles est la brebis en œuvres; et celluy qui quiert avoir et atteindre à honneur et renommée par la vantise de sa propre langue, ressemble le chien courant qui chasse et veut prendre le cerf ou la beste sauvaige, et de sa langue va toujours criant et abayant après, tellement que, tant plus la quiert et cuyde approucher le chien, plus fuit et s'esloingne la beste à son povoir.

Ainsi se fournissoit et achevoit le pas dessusdit, et se passoit et expiroit le temps et les jours limitez des six sepmaines, que debvoit durer l'emprise de l'arbre Charlemaigne; et s'estoient desjà faictes et accomplies toutes les armes à cheval de tous ceulx qui avoient fait toucher l'escu noir, et avoient les treze compaignons esté fourniz pour armes à cheval; tellement que desjà Jehan de Chaumergis avoit, pour sa part, faict deux fois armes; et ne restoit plus à fournir, pour tous ceulx qui avoient fait touscher aux escuz, sinon les armes à pied emprises par Jehan de Compais, dessus nommé, qui avoit faict toucher l'escu violet, comme il est escript cy dessus, que tous les touchans aux escuz ne fussent fourniz.

Et advint que, pendant le temps que se faisoient les armes dessusdictes, Jaques de Visque, conte de Sainct Martin, s'adressa à Guillaume de Vauldrey, seigneur de Courlaou, et luy demanda se, pour l'amour de sa dame, il ne luy vouldroit point fournir et accomplir unze courses de lance à fers esmouluz, et se feroient icelles armes selon et par les condictions des chappitres du pas. Ledit Guillaume se monstra moult joyeulx de ceste requeste, et fit response audit conte qu'il le mercioit, luy accordant son desir, et luy requerant de sa part qu'il luy voulsist accorder d'abondant encoires unze courses de lance, des condictions dessusdictes, et ainsi seroient vingt deux courses, ce que le conte accorda liberallement d'aultre part.

Et en icelluy temps messire Diago de Valierc, le chevalier d'Espaigne, qui desjà avoit fait armes au pas à l'encontre de Thibault de Rougemont, et après congié et licence du duc, leva et chargea une emprise d'ung volet actaiché à son costé senestre, et le pourta à court et par la ville de Dijon publicquement. Laquelle chose venue à la congnoissance du seigneur[1] de Charny et de ses compaignons, tindrent conseil en la chappelle[2] de la Thoison, et proposa le seigneur de Charny, remonstrant à ses compaignons comment le temps des six sepmaines se passoit fort, et n'avoient nulles nouvelles, ne n'estoit apparent que plus ou peu fussent chargez d'armes nouvelles, et comment, à leur requeste, le duc leur avoit donné congnoissance de toutes emprises d'armes durant le pas, concluant que, par honneur, l'emprise du chevalier ne povoit ou debvoit plus avant aller, sans estre levée par l'ung d'eulx; et par commune voix manderent au chevalier, par nobles gens et heraulx, qu'il se tirast en ladicte chappelle. Ce qu'il

1. Deux mots omis dans les éditions précédentes.

2. « En la chapelle de l'ordre. » Il s'agit de la chapelle ducale ou Sainte-Chapelle du palais des ducs à Dijon, où se tint en 1433 le troisième chapitre de l'ordre de la Toison d'or. (V. J. d'Arbaumont, *Essai historique sur la Sainte-Chapelle de Dijon,* dans les *Mémoires de la commission des antiquités de la Côte-d'Or,* t. VI.)

fist; et luy venu, le seigneur de Charny luy dit que bien fust il venu, car il portoit ce que celle compaignie desiroit à veoir, et que plus avant ne seroit en travail de son emprise, car ils estoient ceulx, chascun en droit soy, qui le vouloient decharger et alleger de sa charge; et pour ce qu'ils ne savoient s'il avoit choisi ou desiré en son couraige d'avoir à faire ou à besoigner à nul d'eulx treze, ils luy prioient qu'il le dist et declairast; et ilz luy offroient liberalement que celluy qu'il choisiroit leveroit son emprise, et luy accompliroit et fourniroit son desir en ceste partie. Le chevalier, qui moult courtois estoit, les marcia moult honnorablement, et dit qu'il avoit chargé et levé son emprise par commandement de sa dame, pour accomplir certains chappitres d'armes qu'il avoit cloz et seelez d'elle, et ne sçavoit l'effect ne la teneur, pour les delivrer et accomplir au premier noble homme, des condictions à ce propices, qui tant d'honneur luy feroit que de toucher à son emprise; et que de luy il n'avoit nul esleu ne choisi, mais qu'il se tenoit bienheureux de soy estre trouvé en si honnorable colliege et[1] compaignie que la leur; et que lequel d'eulx qui luy plaira de[2] faire cest honneur que d'y toucher, fust le très bienvenu, et s'en tenoit plus honnoré que d'aultre personne de tout le monde. Lors sault avant Jaques de Challant, seigneur de Manille, et requist au seigneur de Charny et à ses compaignons, moult humblement, que luy fessent ceste grace qu'il peust lever icelle emprise. Ce qu'il fit et la leva; et le chevalier lui bailla ses chappitres, qui furent pres-

1. « Et si bonne. »
2. « Et que celuy d'eulx auquel il plairoit de luy. »

tement descloz et desseellez, pour veoir le contenu en iceulx.

Par la maniere dessus escripte, se requirent les armes d'entre le conte de Sainct Martin et Guillaume de Vauldrey, et, par emprise levée, les armes de messire Diago de Valiere et de Jaques de Challant. Et reste maintenant, pour le tout reciter par ordre, de deviser premier l'execution des armes du conte dessusdit. Et si fut vray que le huictiesme jour d'aoust, par un jeudi, se presenterent en la lice accoustumée, devant le duc de Bourgoingne, le conte de Sainct Martin d'un cousté, et Guillaume de Vauldrey de l'aultre, ces deux montez et armez comme en tel cas appertient, chascun honnestement couvert et en poinct, et des couleurs ne me souvient. Presentacions et devoirs accoustumés furent faictz, et leurs lances baillées, dont il advint que, de celle premiere course ledit de Vauldrey donna tel cop au clou de la visiere du conte, qu'il rompit ledit clou, et demoura ladicte visiere desclouée et pendante à l'aultre clou, et avoit le conte le visage descouvert. Pour abreger, pour celluy jour ne peut estre l'armet du conte de Sainct Martin refaict, et furent icelles armes remises à l'endemain; auquel jour, neufiesme d'aoust, revindrent les dessusdits, renouvelez de parures de chevaulx, armés et prests pour leurs armes fournir; furent saisis de leurs lances, et de celle premiere course d'icelluy jour, qui fut la seconde course d'icelles armes, ne firent point d'atteinte. A la tierce, ledit de Vauldrey fit atteinte sur le grant gardebras du conte et le desarma, tellement qu'il fallut forger et ouvrer audit gardebras, et mist on bien deux heures avant qu'il en fust rearmé.

La[1] quatriesme course, ledit Guillaume de Vauldrey atteindit le conte au bras de la lance, au plus près du costé; et de ce cop luy faussa le bras, et rompit sa lance rez à rez du fert, tellement que le fert demoura dedans le bras dudit conte, et prestement apparut le sang et la blessure. Si commanda le duc que prestement il fust desarmé et mis en point; et certes le duc et toute la compaignie et[2] seigneurie furent moult desplaisans de l'advanture; et mesmes ledit de Vauldrey regrettoit à merveilles la blessure de son compaignon. Ainsi furent icelles armes remises à une aultre fois; et de celle atteinte fut parlé diversement, et disoient les uns que l'avantbras du conte avoit esté faussé, et d'aultres disoient, et croy qu'il fut ainsi, que ledit conte avoit accoustumé de courre d'ung coin de la lice et d'aborder sur son homme comme au millieu de la toille, et que de celle traverse ledit de Vauldrey, qui couroit du droit et du long de la toille, le veoit venir en croisée, le bras de la lance à la faulte de la garde, nu, et que de l'aultre course le luy avoit mandé le seigneur de Charny, luy conseillant qu'il courust du long de la toille. Mais ce qui doit advenir advient, et fut telle ceste adventure.

Celluy jour estoient assignées les armes de pied entre Jehan de Compais, seigneur de Torain, savoien, qui avoit fait touchier les deux escuz, et dont les armes de cheval estoient desjà achevées, et Anthoine de Vauldrey, seigneur de l'Aigle, et frere dudit Guillaume, qui ce jour avoit faict armes à l'encontre du conte de Sainct Martin. Et la cause pourquoy si longue-

1. « A la..., » et de même aux phrases suivantes.
2. Deux mots omis dans les éditions précédentes.

ment on avoit mis à delivrer ledit de Compais, estoit pour une douleur de gravelle qui print ledit Anthoine, et dont[1] à icelle heure n'estoit il bien guari, combien que le jour empris et baillé aux parties se tint et executa ; et disna le duc et toute la seigneurie en la maison des lices, aux despens du seigneur de Charny, moult haultement et honnorablement receu et festoyé ; et tantost après le disner, le duc se tourna du costé de la lice qui estoit ordonnée pour combattre à pied, le baston blanc en sa main, comme juge en ceste partie. Il estoit accompaigné de son sang, de sa noblesse et de son conseil, moult honnestement ; et ne dura guieres que Jehan de Compais se presenta devant le duc moult humblement, pour fournir et accomplir ses armes, selon les condictions de l'escu violet qu'il avoit fait touchier, et selon les chappitres escriptz de ce noble pas. Et se presenta ledit de Compais desarmé, et vestu d'une longue robe d'orfavrerie ; et, après la reception du duc, ledit de Compais se retraïst en son pavillon pour soy armer et mectre en point pour ses armes fournir ; et ne demoura guieres que du chastel de Perigny saillit Anthoine de Vauldrey, seigneur de l'Aigle. Il estoit armé pour combattre à pied, le bassinet en la teste, à visiere levée ; et sur son harnois paré de sa cotte d'armes, et son cheval couvert de mesmes ses armes. Le seigneur de Charny et ses compaignons l'accompaignoient, et d'aultres nobles hommes, ses parens et amys ; et ainsi entra en la lice, mist pied à terre, et se presenta pareillement devant le juge, son souverain seigneur, moult humblement ; et porta la parolle de sa presentacion le seigneur de Charny. Le

1. « Et dont encores. »

duc le receut par moult bonne façon, et se retraït ledit de Vauldrey à son pavillon; et ne demoura guieres que ledit de Vauldrey fit delivrer au mareschal de Bourgoingne les deux paires de bastons dont les armes se devoient combatre; et furent deux haches et deux espées, et chascune paire semblable. Le mareschal les presenta au juge, et puis les presenta à Jehan de Compais, pour choisir desquelz des deux bastons il vouloit fournir l'emprise de sa bataille; et pour le choix avoir[1] de retenir baston pour luy, ledit de Compais choisist la bataille des espées et en retint l'une; et l'aultre, ensemble les deux haches, rendit au mareschal. Si furent les bastons reportez, et l'espée d'armes baillée à ceux qui servoient ledit Anthoine, et tandis se firent les crys et les deffences accoustumées; et sur ce se retraïct chascun de la lice, excepté les huict hommes d'armes, gardes et escoutes, pour deppartir les champions, ensemble ceulx qui avoient autrefois combatu en lices ou champ clos, et ceulx qui avoient licence ou commandement du duc ou de son mareschal. Et ce faict, saillirent les champions hors de leurs pavillons; et, à mon souvenir, me semble que Anthoine de Vauldrey partit, ou que je le veiz le premier. Il avoit la visiere de son bassinet levée, et fit une grande croix de sa bannerolle; et le seigneur de Charny luy bailla son espée, laquelle ledit Anthoine print et empoigna à deux mains, la main senestre renversée et couverte de la rondelle; et ainsi marcha ledit de Vauldrey. D'aultre part partit de son pavillon Jehan de Compais, armé comme en tel caz appertient[2], sa cotte d'armes

1. « Et pource qu'il avoit le choix. »
2. « Comme il appartient. »

au doz et le bassinet en la teste, la visiere close; et en se seignant de sa bannerolle et prenant son espée, il veit ledit de Vauldrey qui marchoit à visiere levée; par quoy prestement ledit de Compais s'arresta, et de sa main dextre voulut lever la sienne; mais ledit de Vauldrey de son cousté, quand il veit ledit de Compais hors de son pavillon à visiere close, il abattit la sienne; et puis, veant son compaignon la sienne lever, il s'arresta pour lever la sienne; dont si bien advint que tous deux, et chascun seul, ne pouvoient leurs dictes visieres lever ne ouvrir; et demourerent les bassinetz cloz. Si reprindrent leurs espées, et me souvient que ledit de Compais portoit son espée, la main senestre devant, non renversée; et estoit celle main armée et couverte de la rondelle; et, pour regaigner place en la lice à l'encontre de son compaignon, il couroit sans aultre marche. Fierement s'assemblerent les deux escuyers, et donna ledit de Compais le premier coup, mais ce fut sur la rondelle dudit de Vauldrey; et de ce rabat ledit de Vauldrey donna de la poincte de l'estoc au bassinet de son compaignon. Que feroy je long prologue, ou long recit d'icelles armes? Les escuyers furent puissans, durs et couraigeulx aux armes; et se requirent l'ung l'aultre si asprement, que en peu d'heures ilz acheverent les quinze coups contenuz en leurs chappitres, et des aultres par dessus sans avantaige ne perte de place ou de bastons, l'ung envers l'aultre; et si souvent se consuyvirent de plaine atteinte sur les corps, que les cottes d'armes de l'ung et de l'aultre furent en plusieurs lieux rompues et dechirées; et fut la fin telle, que ledit de Vauldrey enferra son compaignon en la visiere; et quand ledit de Compais se sentit enferré, il gecta l'estoc de toute sa force à la visiere de son compaignon, et, de ce cop, pareillement print en ladicte visiere; et se tenoient les champions enferrez l'ung l'aultre par les visieres, lesquelles ils levoient à leurs epées, tellement que tous deux avoient le visaige nu et descouvert; et sur ce le juge gecta le baston, et furent par les gardes prins et separez, vindrent devant le juge, et offrirent tous deux de parachever, si faulte y avoit; mais le duc de Bourgoingne leur dit que bien et durement avoient leurs armes accomplies, et qu'ilz en avoient fait assez, leur commandant de toucher ensemble et de demourer freres et amys. Ce qu'ils firent prestement, et se retraït chascun d'eulx au bout de la lice; et partist ledit de Compais le premier dehors, pour les causes contenues ès armes que feist le seigneur de Charny à l'encontre de messire Pietre Vasque. Se[1] partirent icelles armes à l'honneur des parties, et, à la verité, ce furent armes aussi bien combatues et aussi fierement, et autant de coups donnez sur le corps d'ung cousté et d'aultre, que j'en veiz depuis nulles; et ainsi je ne veiz oncques puis jusques à[2] ce jour nulles armes combatre de l'estoc en armes à pied, sans retraicte; et qui les entreprendra, il les trouvera dures à achever. Et furent cestes armes combatues l'an dessusdit par ung jeudy huictiesme d'aoust, environ cinq heures du vespre.

Par les armes dessus escriptes fut achevé ce noble pas, quant à l'execution, pour ce que tous ceulx qui avoient touchez ou faict toucher les escuz estoient four-

1. « Si se. »
2. Deux mots omis dans les éditions précédentes.

niz, feust à pied ou à cheval; et ne restoit plus que l'expiracion des six sepmaines que les escuz devoient demourer attaichez et penduz à l'arbre Charlemaigne, attendans tous nobles hommes qui toucher y vouldroient, et dont encoires aucungs jours restoient. Et oultre, et par dessus l'ordinaire du pas, s'estoient desjà executez les armes requises entre le conte de Sainct Martin et Guillaume de Vauldrey, par la maniere cy dessus declairée et escripte; et ne restoit plus que d'accomplir et faire les armes emprises par messire Diago de Valiere et par Jaques de Challant, et ce par emprise portée par l'ung des chevaliers, comme pareillement il est dit cy dessus.

Le dixiesme jour d'aoust, par un jour sainct Laurens, vint monseigneur de Bourgoingne, madame son espouse, toutes les dames et la seignorie, pour veoir les armes des deux nobles hommes; et là se presenta Jaques de Challant, seigneur de Manille, moult noblement acompaigné du seigneur de Charny et de ses compaignons, comme d'aultres ses parens et amys; et se presenta sur ung destrier couvert de drap damas bleu, broudé de ses lettres et devises moult gentement; et estoit monté et armé pour ses armes fournir. D'aultre part se presenta le chevalier qui avoit porté l'emprise monté et armé comme en tel cas appertient. Son cheval estoit paré, selon mon souvenir, d'un demy satin blanc [et] violet, en escarteleure; et seoit le chevalier moult bien à cheval; car de sa taille il estoit gent et adroit, et moult aggreable à ung chascun. Devoirs furent faictz et lances leur furent baillées, dont il advint que de la premiere course Jaques de Challant feit une atteinte sur le grant gardebras du chevalier, dont il fut desarmé, tellement qu'il convint ouvrer audit gardebras, par les armuriers, plus de trois heures; et tandis que l'on refaisoit ledit gardebras, le seigneur de Charny fit appourter le bancquet au duc et à la duchesse, et à toute la seignorie, sur les rens, moult grandement de viandes et de vins; et si tost que le chevalier peut estre rearmé, les compaignons reprirent la toille, et lances leur furent baillées; et de rechief, et de celle seconde course, ledit de Challant fit atteinte en la lumiere du chevalier, et le chevalier atteindit bas sur ledit de Challant. Les nobles hommes couroient de la force de leurs chevaulx, et se rencontrerent si durement, que le destrier de l'Espaignol ne peust le cop soustetenir, ains cheut à terre; et prestement furent relevez le chevalier et le cheval; mais de celle cheute le harnois de l'Espaignol fut tel atourné et forcé, qu'il se trouva tout desarmé; et convint remectre icelles armes à un aultre jour.

En dedans peu de jours après, le terme des six sepmaines que devoit durer ce noble pas fut passé et expiré, et le lendemain, qui fut par ung dimenche, un peu devant la grant messe, les roys d'armes et heraulx s'assemblerent de toutes pars, pour plus honorer le mistere, et, les cottes d'armes vestues, apporterent par ordre et à grant magnificence, les deux escuz qui avoient esté six sepmaines penduz et attaichez à l'arbre Charlemaigne, et sur lesquelz estoit fondé le pas dessusdit. [Puis] entrerent dedans l'eglise Nostre Dame de Dijon, et à genoulx offrirent et presenterent les dessusdits escuz à la glorieuse Vierge Marie, lesquels escuz sont encoires en ladicte eglise, en une chappelle à la main dextre, que[1] on vient au chœur[2].

1. « Quant on vient. »

2. Dans la chapelle dite de l'*Apport* et plus tard du *Bon-Espoir*. Philippe Pot y fit aussi placer un tableau votif avec sa devise : *Tant L vaut*, qui passa ensuite au château d'Agey. — En revenant du pas de l'arbre Charlemagne, Pierre de Bauffremont et ses douze compagnons d'armes, trouvant sur leur passage, avant d'entrer à Dijon, l'hôpital du Saint-Esprit, situé à la porte même de la ville, s'y arrêtèrent quelques instants et y firent d'abondantes aumônes. Pour perpétuer le souvenir de ces libéralités, frère Pierre Crapillet, alors maître de l'hôpital, fit peindre ou graver leurs blasons au-dessus de la porte d'entrée de la maison. Cette porte a depuis longtemps disparu, mais le dessin des blasons nous a été conservé, avec quelques différences assez étranges, par Pierre Palliot qui relate le fait dans *La vraye et parfaite science des armoiries*, p. 651, et par François Calmelet, dans son *Histoire de l'hôpital du St-Esprit de Dijon* (ms. de la Bibl. de cette ville), dont il a été le dernier maître et commandeur. D'après Palliot, ces armoiries étaient peintes de chaque côté de l'écu du duc de Bourgogne, et il les blasonne dans l'ordre suivant :

Pierre de Bauffremont, seigneur de Charny : *Ecartelé*, au 1er et au 4, *vairé d'or et de gueules*, qui est de Bauffremont; aux 2 et 3, *de gueules à trois quintefeuilles d'or*, qui est de Vergy; sur le tout, *de gueules à trois écussons d'argent*, qui est de Charny.

Guillaume de Bauffremont, seigneur de Scey-sur-Saône : De même.

Le comte d'Arberg, seigneur de Valengin : *D'or au pal de gueules, chargé de trois chevrons d'argent.* — *De gueules au pal d'azur, chargé de deux chevrons d'argent* (Fr. Calmelet).

Guillaume de Champdivers : *D'or au chevron d'azur.* — *D'azur au chevron d'argent* (Fr. Calmelet).

Guillaume de Vaudrey, seigneur de Courlaou : *Émanché de gueules et d'argent,* — *de gueules et d'azur* (Fr. Calmelet).

Antoine de Vaudrey, seigneur de l'Aigle : De même et *un lambel de...* (Manque dans Fr. Calmelet).

Amé de Rabutin : *Ecartelé,* au 1er et au 4, *cinq points d'argent équipolés à quatre d'azur;* aux 2 et 3, *d'or à une croix de sable.* — *Echiqueté de gueules et d'argent* (Fr. Calmelet).

Guillaume de Vienne, seigneur de Montbis : *De gueules à l'aigle d'or.* — Avait disparu du temps de Fr. Calmelet.

Thibaut de Rougemont : *D'or à l'aigle de gueules, becquée et membrée d'azur.* — Disparu.

Jean, seigneur de Rupt : *D'azur à la bande d'or* (*d'argent,* Fr. Calmelet) *accompagnée de sept croix recroisettées, au pied fiché, de même.*

Jean de Cicon : *D'or à une fasce de sable, et un lambel de...* — *D'azur à la fasce d'argent, et un lambel à trois pendants.* (Fr. Calmelet).

Jean de Chaumergis : *De...* — *Cinq écussons posés en croix, chargés de..... et une bordure* qui paraît *componée* (Fr. Calmelet).

Jacques de Chalant, seigneur de Maville ou Aymaville : *D'argent au chef de gueules, au bâton de sable brochant sur le tout.* — *Un lion d'azur tourné à senestre, en champ d'argent* (Fr. Calmelet).

Outre les différences qui viennent d'être indiquées et qu'on ne s'explique guère, il est à noter que, d'après Fr. Calmelet, les blasons avaient été gravés, tandis que Palliot dit qu'ils étaient peints, et que, dans son dessin, ils sont rangés de gauche à droite, de chaque côté de la porte d'entrée de l'hôpital, dans l'ordre suivant : 1° écu de France sommé d'une couronne fleuronnée non fermée ; 2° écu de Bourgogne dans lequel les deux écartelés du bas sont remplacés par un champ de gueules plein (armes de Dijon) ; 3° Guillaume de Champdivers ; 4° le comte d'Arberg ; 5° Pierre de Bauffremont ; 6° Guillaume de Bauffremont ; 7° Jean de Chaumergis ; 8° Jacques de Chalant ; 9° Jean de Rupt ; 10° Jean de Cicon ; 11° Guillaume de Vaudrey ; 12° Amé de Rabutin. — Au-dessus de la porte un écu aux armes de l'église romaine, *deux clefs en sautoir*, à la première partition, et à la seconde *la croix double* de l'ordre du Saint-Esprit.

FIN DU TOME PREMIER.

TABLE

INTRODUCTION.

1. L'Introduction possède une table à part, dressée par Olivier de la Marche lui-même, et que nous avons insérée plus haut, en tête du volume. Mais il n'a pas réalisé en entier le plan qu'il s'était d'abord tracé; c'est pourquoi il nous a paru utile de donner ici, avec l'indication de la pagination qui facilitera d'ailleurs les recherches, la table des chapitres qu'il a effectivement rédigés dans cette partie de ses *Mémoires*. V. *supra*, p. 177, note 1.

LIVRE PREMIER.

FIN DE LA TABLE DU TOME PREMIER.

Nogent-le-Rotrou, imprimerie Daupeley-Gouverneur.

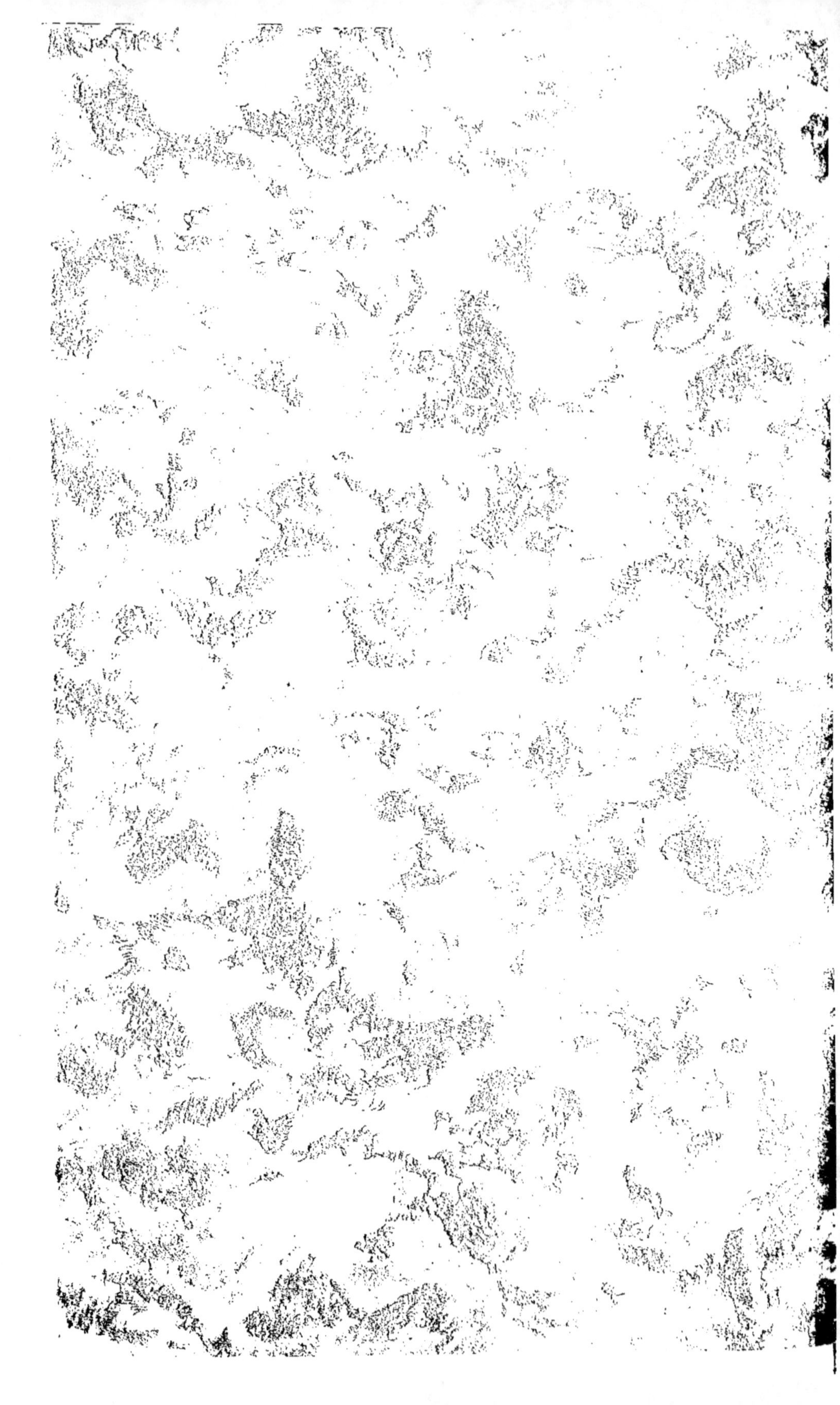

www.ingramcontent.com/pod-product-compliance
Lightning Source LLC
LaVergne TN
LVHW020609110826
845149LV00002B/417

* 9 7 8 2 0 1 1 2 7 5 2 5 7 *